• 学前教育专业大学教材丛书
• 江苏省高等学校精品教材

学前教育学

第四版

刘晓东　卢乐珍　等著

江苏凤凰教育出版社
Phoenix Education Publishing, Ltd

图书在版编目(CIP)数据

学前教育学/刘晓东等著. —南京:江苏凤凰教育出版社,2009.1(2024.8重印)
学前教育专业大学教材
ISBN 978-7-5343-9073-9

Ⅰ.①学… Ⅱ.①刘… Ⅲ.①学习教育—教育理论—高等学校—教材 Ⅳ.G610

中国版本图书馆CIP数据核字(2009)第036761号

学前教育专业大学教材

书　　名	**学前教育学**
作　　者	刘晓东　卢乐珍　等
责任编辑	韩宇新　吴曼丽
装帧设计	私书坊_刘　俊
出版发行	江苏凤凰教育出版社(南京市湖南路1号A座　邮编:210009)
苏教网址	http://www.1088.com.cn
照　　排	南京前锦排版服务有限公司
印　　刷	江苏凤凰通达印刷有限公司(电话:025-57572508)
厂　　址	南京市六合区冶山镇牡丹村6号(邮编:211523)
开　　本	787毫米×1092毫米　1/16
印　　张	23.75
版　　次	2009年3月第1版
印　　次	2024年8月第13次印刷
书　　号	ISBN 978-7-5343-9073-9
定　　价	65.00元
网店地址	http://jsfhjycbs.tmall.com
公 众 号	苏教服务(微信号:jsfhjyfw)
邮购电话	025-85406265,025-85400774
盗版举报	025-83658579

目　录

修订版前言

本书的这次修订，删除了第一版中的第二章，还删除了第七章第四节、第十六章第二节和第三节的第四部分。

在修订版中，引言、第一章、第二章、第六章、第十章、第十五章的作者是刘晓东；第三章、第九章的作者是卢乐珍；第四章的作者是楼必生；第五章、第十四章的作者是刘晶波；第七章的作者是郑荔；第八章、第十三章的作者是张俊；第十一章的作者是孔起英；第十二章的作者是邱学青。

将此书选作教材的教师还可进一步选取拙著《儿童教育新论》（江苏教育出版社 2008 年版）、《解放儿童》（江苏教育出版社 2008 年版）以及《儿童文化与儿童教育》（教育科学出版社 2006 年版）的有关内容，以作为这本学前教育学教材的补充。

欢迎读者对本书的编排体系和内容提出批评并不吝赐教。

刘晓东

2009 年 1 月 3 日于南京

原版前言

本书试图全面阐述学前教育的基本概念、基本命题、基本历史线索，并试图展现学前教育学的完整框架。本书试图体现20世纪我国学前教育学历史发展的沉淀厚度，也试图体现世纪之交我国学前教育学的历史面貌和发展水平。本书由卢乐珍教授和我担任主编工作，对本书各章进行了统稿和审订工作。由于所搜集的资料有限，再加上我们学术水平的限制，本书即将面世之际，我们却又忐忑不安。我们诚挚地希望得到读者和大家的批评与指教。

本书可供学前教育研究人员用作参考资料，也可用作高校学前教育学教材。

谨向参考文献中的各位作者致谢。我个人还要感谢参加本书写作的各位作者，感谢他们的合作和耐心。由于出版周期较长，我本人所写的内容有一部分已先期发表，特向读者说明并请谅解。

刘晓东

2000年12月于南京师范大学随园校区

2004年2月25日修订

2004年12月2日改定

引　言

学前教育是以学龄前儿童为对象的教育。它包括家庭中的学前教育和学前教育机构(托儿所、幼儿园)中的教育(即组织化了的学前教育)。学前教育学是探讨学前教育的基本概念、基本命题、基本历史及基本理论框架的一门学科。

艾宾浩斯在谈及心理学的发展史时曾说过一句名言:“心理学有一漫长的过去,但仅有一短暂的历史。”如果将这种评价心理学发展史的话移到学前教育发展史的描述中,应当说也是十分恰当的。人类不断生成的历史也是教育不断生成的历史。教育的历史,包括儿童早期教育的历史与人类历史一样长久。然而,有目的、有计划地开展教育的学前教育机构的建立却是随着机器大工业的产生而产生的,它产生的历史还不到两百年。由于我国具有一定规模的机器大工业生产晚于西方产生,所以我国近现代学前教育机构的产生也要比西方晚一些。严格地说,我国学前教育真正堂而皇之地进入教育的舞台应当是以清政府1903年颁行癸卯学制为标志的,细细算来,迄今不过百年的时间。

然而在这百年中,我国学前教育事业尽管历经波折,但发展至今,已蔚为大观。

中国学前教育近百年的历史是不断学习国外先进学前教育的历史。20世纪初期我们学日本，1919年杜威访华以后我们学欧美，新中国成立后我们曾一度学习苏联……

中国学前教育近百年的历史是不断探索、不断致力于学前教育本土化的历史。在五四运动前后兴起的新文化运动对传统的儿童观和教育观都进行了深刻的批判。在学习欧美的同时，陶行知、陈鹤琴等教育家对学前教育的科学化、本土化进行了卓越的尝试，为我们积累了宝贵的经验。20世纪二三十年代，陶行知不满当时幼稚园存在的外国病、金钱病、富贵病，试图将幼稚园办成劳苦大众的幼稚园，但最终未能实现。新中国成立后，中共和政府对学前教育进行全面的社会主义改造，学前教育终于向劳动人民的子女打开了大门，陶行知等人在旧中国未实现的梦想在新中国变成了现实。1949年后我们曾一度完全否定了陶行知、陈鹤琴的教育思想，特别是在“文革”全面的社会动荡中，学前教育自然也在劫难逃，受到了很大的干扰和破坏。但在十一届三中全会以后，改革开放政策使学前教育焕发了新的活力。我们开始认真地学习国外先进的儿童教育观念，我们开始从陶行知、陈鹤琴、张雪门等老一代教育家的幼教理论与实践中提炼历史的经验与教训。我们开始打开学科视野，从自然科学和人文科学中为学前教育理论的发展汲取营养。在20世纪80年代我们进行了学前教育综合教育等课程改革的实验，90年代我们又加入了“素质教育”的潮流，从中探讨学前儿童素质教育的种种问题。在21世纪的起始点上，我们的教育，包括学前教育，已开始了教育现代化的征程。

百年中国学前教育的历史是一个在波折中向前推进的历史。

1899年，瑞典作家爱伦·凯曾断言21世纪是“儿童的世纪”。20世纪的中国学前教育史是一个不断认识儿童、不断给儿童松绑、不断为儿童的解放和发展而努力奋斗的历史，是不断地为儿童谋幸福的历史。

我们相信在21世纪，随着儿童研究的逐步深化，随着学前教育观念逐步走向现代化，儿童权益保护将会得到更多的关心，学前教育将会受到更多的重视，学前教育学将会受到更多的关注，学前儿童也将更有可能拥有一个幸福的童年，获得更好的发展。

我们相信，学前教育学在教育学科群之中具有独特的、重要的地位和价值。由于学前儿童的主体发育水平与成人有很大差距，在学前教育那里，教育对象与学校教育中的教育对象相比，其种种特征都得到了放大，这种放大实际上是对普通教育学基本问题的种种特征的放大。所以，研究学前教育学可以更深刻地认识普通教育学。李泽厚曾断言，在21世纪，教育学将会成为人文社会科学的中心学科。如果说教育学是21世纪的中心学科的话，那么目前被视为“小儿科”的学前教育学将会成为教育学科群中的一门显学，将会成为教育学科群中受人关注、受人器重的少数几个中心学科之一。

目前的学前教育理论尚未十分成熟，但在新的世纪里，学前教育学将会得到长足的发展。随着改革开放政策的进一步推进，随着中国经济的迅速腾飞，中华民族的文化也将实现一个伟大的复兴。在这一文化复兴运动中，我们将会向世界贡献第一流的科学家、哲学家、艺术家，我们也将向世界贡献第一流的教育思想。我们相信，在中华民族的文化复兴运动中，中国学前教育将会有所作为。

中华民族素有尊师重教的传统，我们应当继续发扬这一传统，同时又与国际上先进的教育观念接轨。这种保持中华民族优良教育传统，同时又实现了教育观念现代化的具有中国特色的学前教育，将会向世界提供一个教育现代化的崭新模式。

我们对中国21世纪的学前教育、学前教育学充满了期盼，充满了信心。

第一章 百年中国学前教育

19 世纪与 20 世纪之交的中国在内忧外患的风雨中，为文化变革和社会革命蓄积着能量。也就是在这一时期，近现代形态的学前教育诞生了。在 20 世纪与 21 世纪相交之际，回首中国学前教育的百年历程，对于继往开来应当说具有特殊的意义。

第一节 西方学前教育的产生以及对学前教育产生重要影响的西方教育家

具有公共教育性质的学前教育是机器大工业生产的产物。由于工业革命最早产生于西方，这种具有公共教育性质的学前教育自然也最早在西方诞生。清朝末期，由于中国资本主义有了一定规模的发展，于是社会自发地产生了兴办学前教育机构的需要。但中国学前教育机构的出现又不完全是自发产生的，它还受到西方文化特别是西方学前教育思想的强力影响。因此，在探讨中国学前教育的产生及其演变问题之前，我们有必要将西方学前教育的产生情况作一简要叙述，而且有必要对学前教育产生过重要影响的那些西方教育家作一介绍。

一、西方最早的学前教育机构

1816 年，英国空想社会主义者欧文在苏格兰纽兰纳克创办了一所幼儿学校，目的是谋求儿童特别是社会下层出身的儿童的生存、健康和幸福，这堪称是欧洲最早的幼儿教育机构。1837 年，德国幼儿教育家福禄培尔在卡伊尔霍附近的一座名为勃兰根堡的小城开办了一所幼儿教育机构，专收 3～7 岁的儿童。1840 年，他将此机构命名为“儿童花园”(Kindergarten)，从此以后“Kindergarten”便成为表示幼儿园的专用词汇而传遍全球。1851 年德国政府下令禁办幼儿园，不过福禄培尔的幼教思想仍迅速传播到欧洲各国和美国；一批福禄培尔式的幼儿园建立起来，直到 1861 年德国才取消了开办幼儿园的禁令。

幼儿教育机构的产生，标志着幼儿教育不再仅仅存在于家庭之中，而且还可以存在于家庭之外，它意味着社会组织化的学前教育产生了。

社会组织化的学前教育的产生不是偶然的。19 世纪初期，欧洲最早发生了工业革命。工业革命导致了社会化大生产的出现，社会化大生产又导致了幼儿教育的社会化。另一方面，机器大工业的出现使大批女工外出工作，以一种社会组织的方式照料这些女工的孩子也成为社会需要。最初仅办些幼儿托管机构即可满足这种社会需要。不过事实上，由于对儿童早期教育价值的发现，人们并不满足于简单地托管幼儿，这最终促使社会化的学前教育机构应运而生，而且迅速地在工业化生产较发达的国家和地区获得了发展。

二、对学前教育产生重要影响的西方教育家

对儿童早期教育价值的发现，可以追溯至柏拉图、亚里士多德、

昆体良、普卢塔克、奥古斯丁等人，他们都有关于儿童教育的言论。但第一个专门对学前教育提出了深刻认识并有系统论述的，当属夸美纽斯。

（一）夸美纽斯

夸美纽斯（1592—1670），捷克著名的教育家。他相信教育可以使种族更新，因此，儿童不论贫富贵贱、不论男女都应受到教育。教育必须从幼年开始，而且应当适应自然。为此目的，他提出一个理想的学制，这个学制涉及从出生的儿童到 24 岁的青年，共分为 4 级，每级 6 年。第一级为母育学校，包括儿童生活的头 6 年；第二级为小学，儿童就学年龄为 6～12 岁；第三级为拉丁学校，就学年龄是 12～18 岁；第四级为大学，就学年龄是 18～24 岁。

这里的母育学校实际上就是夸美纽斯的学前教育机构。夸美纽斯著有《母育学校》，这是历史上第一部论述学前教育的专著，集中体现了夸美纽斯的学前教育思想。夸美纽斯认为，学前教育应当在家庭中进行，家庭就是母育学校，母亲就是母育学校的教师。母育学校是为儿童以后所要学习的一切奠定基础的，这一时期的儿童所接受的应当是简易的实物课程。

夸美纽斯具有丰富的儿童教育思想，其中有许多仍具现代意义。福禄培尔把儿童比作花木，把教师比作园丁；卢梭关于按照儿童的本性进行教育的观念；裴斯泰洛齐使用可感觉的物体进行教学的观点等等，在夸美纽斯的著作中都可以找到初步的论述。夸美纽斯提出的包括学前教育的统一学制基本上也被后世采用。可以看出，夸美纽斯对后世的教育是很有影响的。

这里应当指出的是，夸美纽斯的母育学校指的是学前家庭教育，他没有主张公共的、社会化的学前教育。

夸美纽斯的主要著作有《大教学论》、《母育学校》等。

另一位对学前教育有重要影响的人物是卢梭。也许说他对儿童教育的思想有重要贡献，可能更为确当。

（二）卢梭

卢梭(1712—1778)，法国启蒙思想家、教育家。卢梭的教育思想主要集中于他的教育著作《爱弥儿》一书中。卢梭对儿童教育的贡献首先是“儿童的发现”。他认为儿童不是小大人，儿童有他自己独特的生活；儿童期的存在是自然规律，儿童期的存在并非单纯地为成年生活作准备，它具有独立存在的价值。这种关于儿童的观念在人类的儿童观演变史上是前无古人的。卢梭的另一个贡献就是强调教育应当尊重自然，反对揠苗助长。他认为教育的首要目的就是保护儿童善良的本性，他主张教育要与儿童天性的自然发展一致起来。

卢梭根据儿童的发展将教育分为四个阶段。第一阶段，从出生到5岁，以身体养护为主；第二阶段，从5岁到12岁，注意体育、经验、感官的教育；第三阶段，从12岁到15岁，注重知识的教育；第四阶段，从15岁至20岁，着重道德、宗教及情感的教育。

在教育的第一阶段，卢梭认为应以父亲为教师，母亲为保姆。教育的第一要事，就是注意儿童的健康，凡妨害儿童身体发育、限制儿童心灵自由、违反儿童天性的，不管什么事物，都要避免。他反对在这一阶段对儿童进行识字教育和道德教育。

在教育的第二阶段，卢梭认为应注意感官训练。为了发展儿童的感觉，卢梭认为应当尽量给儿童以活动的机会，让他们亲自去接触和研究周围的一切事物。这一时期不要直接对儿童进行理智教育，尤其不要强迫儿童阅读书籍，在他看来，“读书是幼年儿童的灾难”。关于行为的训练，卢梭采用“自然后果的方法”，儿童打破窗子，不妨就让他受冷挨冻……

卢梭划分的教育阶段中第一阶段和第二阶段与学前儿童是有关联的。

卢梭认为对儿童特别是年幼儿童进行教育，其首要目的就是保护儿童善良的本性，他主张教育要与儿童天性的自然发展一致起来。他自称这种教育为“否定教育”。后来的教育家往往认为否定式的教育是无所事事，但实际情况并非如此。“那种试图不成熟地造就思想，以成人的职责去教育孩子的教育，我称之为积极教育。那种想在直接授予知识前让知识工具的器官美化，努力以恰当的感性练习为理性知识开路的教育，我称之为否定式教育。一种否定式教育不是浪费光阴，无所事事，远远不是……它是为了让孩子在到达理解真理的年龄时，能够走上引导他向真理进发的道路；在他获得认识和热爱善良的本领时，走上引导他成为善良人的道路。”①卢梭认为教育要与儿童天性的自然发展一致起来。可见，否定教育论并非不要教育。杜威对卢梭的教育理论推崇备至。卢梭的否定教育论对后世学前教育学基本观念的建构也具有重要的意义。

（三）福禄培尔

福禄培尔（1782—1852），德国著名的幼儿教育家，幼儿园的创始人。福禄培尔曾研究过夸美纽斯的《母育学校》，还曾用两年时间跟随瑞士著名的儿童教育家裴斯泰洛齐，致力于儿童游戏、音乐及母亲教育等学科的学习和研究。

福禄培尔认识到当时德国许多家庭的母亲没有充分的时间教育子女，而且也没有受过相应的训练，不可能做好教育工作。于是，1837 年，他在德国的勃兰根堡建立了一所教育机构，专收 3～7 岁的儿童。由于终日和幼小儿童打交道，许多人因为不能理解其工作的意义，从而把他视为“和孩子们混在一起的老傻瓜”。1840 年，福禄培尔把这个机构命名为“幼儿园”，拟定了幼儿园游戏和作业的内容与方法。他还创办报刊宣传学前儿童公共教育的思想。

福禄培尔认为，幼儿园的任务是发展儿童的体格，锻炼儿童的外部感觉器官，使儿童认识人与自然，并在游戏、娱乐和天真活泼的活动中，为升入小学做好准备。

① 转引自[英]伊丽莎白·劳伦斯著，纪晓林译：《现代教育起源和发展》，北京语言学院出版社 1992 年版，第 137 页。

为了发展幼儿的主动性和创造性，福禄培尔认为幼儿教育应当使用游戏、作业和练习。

福禄培尔详细论述了儿童游戏的整个体系，并且阐发了游戏在教育上的巨大意义。他认为游戏是儿童认识世界的工具，是快乐生活的源泉，在游戏过程中最能表现和发展儿童的积极性和创造性。值得注意的是，福禄培尔的教育思想是以神学为其理论基础的，所以具有神秘主义色彩。他认为游戏是一种本能性的活动，是儿童内心世界的反映，通过游戏可以表现和发展神的本源。

与其游戏理论相适应，福禄培尔为幼儿园设计了“恩物”和作业体系。什么是“恩物”？福禄培尔认为，大自然包罗万象，是一种神意的安排，通过观察和研究自然界的神奇奥妙，人们可以认识上帝的全知全能；自然界是上帝的恩赐物，是使人认识上帝的大学校。为了适合儿童教育的特殊要求，应当仿照大自然的性质、形状和法则，制作简易的物件，作为儿童认识万物、理解自然的初步手段。这就是“恩物”的由来。“恩物”是幼儿园里玩游戏和做作业使用的玩具和材料。

“作业”是“恩物”的发展，是为儿童设计的各种制作活动。“恩物”是由特定的材料组成的，其本身形状不变；作业则是用某些材料如纸、沙、泥、木、竹等制作某种物件。他主张在幼儿园里进行剪纸、贴纸、折纸、画画、黏土细工等作业。这些作业可以开阔儿童的视野，发展儿童的认识能力和想象力，培养儿童的艺术兴趣。

福禄培尔的主要著作有《人的教育》等。

福禄培尔对学前教育的贡献是开创性的。尽管空想社会主义者欧文第一个建立了公共学前教育机构，但他没有建立一套幼儿教育理论体系，而福禄培尔是教育史上第一个建立了较为完备的学前教育理论体系的人（夸美纽斯的《母育学校》也系统论述了学前教育，但是他的学前教育只是学前家庭教育，还不具备包括公共学前教育的完整概念）。他明确提出了幼儿园的任务，建立了游戏的理论体系，制作了一系列的玩具，提出了一套作业体系和教育方法，并且热情地宣传了幼儿教育思想，培养过不少幼儿园教师。福禄培尔为学前教育事业作出了巨大贡献。

（四）杜威

杜威(1859—1952)，美国教育家，也是20世纪影响最大的教育家。杜威的名字是和“儿童中心论”联系在一起的。杜威认为，传统教育的最大弊病就是把学科作为教育的中心，从外部把外在的教材强加给儿童。去除这一弊病的办法，就是把教育的中心从学科上转移到儿童那里。他声称：“我们教育中将引起的改变是重心的转移，这是一种变革，这是一种革命，这是和哥白尼把天文学的中心从地球转到太阳一样的那种革命。这里，儿童变成了太阳，而教育的一切措施则围绕着他们转动；儿童是中心，教育措施便围绕着他们而组织起来。”①事实上，儿童中心论的思想并非杜威首倡，杜威形成其教育思想时，儿童中心论的思潮正在欧美趋于高潮，而杜威的思想起到了推波助澜的作用，使这一思潮达到了巅峰。

杜威并不一味地鼓吹儿童中心论而漠视社会的现实需要。在这一方面，许多人是误解他的。事实上，他也是一个社会中心论者。他在《我的教育信条》中指出，“教师不是简单地从事训练一个人，而是从事适当的社会生活的形成”，教师应当“从事维持正常的社会秩序并谋求正确的社会生长”。可见杜威考虑教育问题时并没有忘记社会的需要。

杜威认为，教育即生长，教育即生活，教育即经验的改造。他认为，教育应当以儿童的本能、能力为起点，应当让儿童充分地表现自己的生命力；儿童的本能、能力的生长是通过其经验的不断改组、改造而实现的；儿童本能的生长、发展及经验的改造过程表现为社会性的活动就是生活。“教育即生长”、“教育即生活”、“教育即经验的改造”，这三者是相互联系、密不可分的。

杜威认为，在儿童自身的经验中，包含着可以组织到系统化的课程

① 赵祥麟、王承绪编译：《杜威教育论著选》，华东师范大学出版社1981年版，第32页。

中去的事实和真理等因素，而编排得当的教材在介绍人类系统的经验、事实和真理时，必定也会联系到儿童已有的经验，并且与儿童的学习动机、兴趣相吻合。教师在指导教学时，要努力使教材“心理化”，使教材成为儿童经验的一部分，同时通过对儿童现有经验的不断改造，最终使儿童掌握有组织体系的真理。在此基础上，杜威建立了以问题为中心的课程体系，并试图以作业为媒介，把儿童引入正式的课程中。而所谓作业，就是从做事情而获得各种知识和技能，即所谓做中学。①

1896 年，杜威在芝加哥大学哲学系、心理学系和教育学系创办了隶属于该系的实验学校(被称为杜威学校)。该校按儿童发展阶段进行编制。其中第一阶段招收4～8 岁儿童，称为学前教育部(或译为前初等教育班)。杜威将自己的教育信念落实到实验中，这一实验被美国学者称为“美国幼儿教育发展史的经典性记录”。②

杜威对哲学、心理学、教育学都有所贡献，他的主要教育著作有《我的教育信条》、《儿童与课程》、《学校与社会》等。

（五）蒙台梭利

蒙台梭利(1870—1952)，意大利幼儿教育家。蒙台梭利是意大利第一个女医学博士。1896 年获得博士学位不久，她被罗马大学聘为该校附属精神病诊所的助理医生，主要治疗对象为低能儿童。她开始研究低能儿童教育的先驱——法国教育家伊塔尔和赛甘的著作，并深受影响。1898 年，蒙台梭利在一次教育学研讨会上，阐述了自己对低能儿童教育的看法，她认为儿童智力缺陷问题主要不是医学问题而是教育问题；低能儿童是人类社会的成员之一，他们应同正常儿童一样受到教育。她的观点引起与会者的强烈反响。不久教育部长任命她为国立特殊儿童学校的校长。在此期间，她获得了对低能儿童教育的成功经验。从伊塔尔和赛甘的著作中受到启发，她设想如果把低能儿童使用的教

① 杨汉麟、周采:《外国幼儿教育史》，广西教育出版社 1998 年版，第 257～258 页。
② 滕大春:《今日美国教育》，人民教育出版社 1980 年版，第 65 页。

育方法用到正常儿童身上，是否能取得惊人的成果呢？一个偶然的机遇使其有机会尝试这一设想。1906年，罗马刚建成一批平民高层住宅，建筑师设想在每栋楼内开辟一个房间，由一名小学教师照管住户的学前儿童。这个计划委托给了蒙台梭利，由此诞生了为学前儿童开办的“儿童之家”。第一个儿童之家于1907年开放，随后又陆续建立了一批。蒙台梭利于1909年撰写《适用于儿童之家的幼儿教育的科学方法》，总结自己的实践经验，全面阐述了自己的教育观点和方法。此书出版后迅速传播，被译成20多种文字。慕名参观儿童之家的国内外人士络绎不绝。蒙台梭利还开办了国际培训班，亲自传播她的教育方法。蒙台梭利教育方法的普及，发展为世界范围内的蒙台梭利运动。

蒙台梭利对儿童有深刻的认识。蒙台梭利认为人类有两个胚胎期。一个是在母体里完成的“生理胚胎期”，另一个是在母体里尚未完成的“精神胚胎期”。蒙台梭利认为“精神胚胎”具有一种生长的本能，它具有一种下意识的感受能力与鉴别能力。用蒙台梭利的话来说就是，儿童具有“有吸收力的精神”。儿童不自觉地与周围环境中的人与物交互作用，从而获得各种经验与文化印象。也就是说，儿童有一种自动成长的冲动。

蒙台梭利还认为，儿童具有成长的敏感期。蒙台梭利早年从德弗里的昆虫研究中获得启示，指出生物界存在这样一个事实，即各类生物对于特殊的环境刺激都有一定的敏感时期，这种敏感期与生长现象密切相关，并和一定的生长阶段相适应。例如，毛虫在出生后第一阶段对光很敏感，为了得到强光，它爬上树梢。与此相关联的是树梢有最嫩的叶子，适于幼虫食用。当毛虫长为成虫后，可以吃较大的叶子，对光也就失去了敏锐的感受能力。蒙台梭利认为儿童心理的发展与此类似，也有各种敏感期，在发展过程中也经过不同的阶段，每个阶段都有某种心理的倾向性和可能性显示出来，过了特定的时期其敏感性则会消失。蒙台梭利认为儿童从出生到5岁是感觉的敏感期（2～2.5岁时达到高峰），秩序的敏感期是1岁多到4岁左右，语言的敏感期是在出生后两个月到8岁，动作的敏感期约从出生到6岁。[①]

蒙台梭利提出的“精神胚胎”、“有吸收力的心智”、“敏感期”等概念，都说明了儿童有一种自动成长的本能。所以她反对传统教育中将教育任务与儿童的兴趣对立起来的做法，而是精心地为儿童提供一种“有准备的环境”，充分尊重儿童成长的本能需要，充分发挥儿童活动的自由和学习的主动性。

蒙台梭利将她的幼儿教育机构称为“儿童之家”，一个“家”字将儿童与教师的关系以及教育环境的性质表现出来。“家”的含义反映了蒙台梭利的愿望，即向初离家门进入集体的儿童提供适合他们年龄的亲密与热情。

蒙台梭利为儿童感官教育设计了著名的蒙台梭利教具。她的著作主要有《适用于儿童之家的幼儿教育的科学方法》、《童年的秘密》、《有吸收力的心智》等。

上面我们所介绍的这几位教育家不仅对西方学前教育作出了直接的贡献，而且对我国的学前教育的理论发展与实践探索产生了重要影响。这几位人物的主要思想在学前教育理论界是尽人皆知的，即便是学前教育实践中的一般工作者也大都对他们或多或少有所了解。这几位教育家的主要著作均有中文译本在我国出版。

第二节
中国近代学前教育的产生

我国古代只有“小学”和“大学”，没有“中学”。有条件的人家其子弟在入“小学”以前也接受教育。由于我国古代封建社会较长，其生产方式是自给自足的小农经济，与此相适应，入“小学”以前的教育主要是在家庭中进行的。这种入“小学”以前的教育与近代产生的“学前教育”

① 杨汉麟、周采：《外国幼儿教育史》，广西教育出版社1998年版，第283页。

概念，有联系，也有区别。其有联系之处在于都是儿童早期教育；其不同之处在于，近代学前教育是与近代“学制”联系在一起的，具有公共教育的性质，是一种社会组织化的教育，而古代“小学”以前的教育则不具备这些特点。

我国近代学前教育是在一种复杂的历史、社会背景中产生的。

一、中国近代学前教育产生的历史原因

1840 年，英帝国主义的大炮轰开了中国国门，列强纷纷侵入中国，强迫清政府签订了一系列不平等条约，取得在华的种种特权，在进行军事占领、政治控制和经济掠夺的同时，大力加强文化侵略。他们在华传教，设慈善机构，办医院，立报馆，兴学校，建育婴堂，致使中国传统的封建教育向半封建半殖民地教育转化。随着帝国主义的不断侵略和近代民族资本主义经济的发展，受近代世界学前教育发展趋势的影响，中国儿童早期教育打破了单一家庭教育的模式，朝着建立和推广社会学前教育机构的方向发展。具体一些来说，中国近代学前教育的产生主要是由下面几个历史条件所促成的。

1. 清末民族资本主义的发展呼唤着学前教育机构的产生。早在明代嘉靖、万历年间，在商品经济比较发达的江南地区，资本主义生产关系开始出现，其中以苏杭地区纺织业最为明显。及至清代，丝织业有了更大的发展。而外国资本主义的入侵，既压迫但同时也刺激了近代民族资本主义的发展。很多劳动妇女走进工厂企业，参加生产劳动。解决婴幼儿的教养问题，使劳动妇女无后顾之忧，这是经济发展和大工业生产对社会幼儿教育的迫切要求，也是社会和时代的客观要求。创办学前教育机构，这是清末工业生产发展的必然结果。

2. 鸦片战争后，一部分先进的中国人面对列强坚船利炮的长驱直入，开始觉察到西方资本主义文明所显示的优越性，他们要求向西方学习，要求对传统教育进行改良。甲午战争失败更加刺激了早期资产阶级改良派，他们强烈要求维新变法，但 1898 年的“百日维新”终以失败

告终。

梁启超在戊戌变法失败后流亡日本。1902年他在自己主编的《新民丛报》上发表《教育政策私议》一文，借鉴西方按年龄进行分期教育的方案，强调“求学譬如登楼，不经初次，而欲飞升绝顶，未有不中途挫跌者”。他“取日本人所论教育次第”为榜样，提出一个“教育期区分表”（儿童身心发达表），将5岁以下列为“家庭教育期”和“幼稚园期”（幼儿期），将6岁至13岁、14岁至21岁、22岁至25岁分别列为“小学校期”（儿童期）、“中学校期”（少年期）、“大学校期”（成人期）。有人认为梁启超是最早把日本幼儿园制度介绍到中国的旅日学者。[①]

康有为在流亡日本期间，继续修改他的《大同书》。康有为自称从1884年起就开始“演大同主义”，并曾向自己的学生介绍过，谈论大同的人便从此多了起来。1913年，《大同书》部分内容发表，1919年以单行本发表。《大同书》有些篇幅涉及学前教育。在《大同书》里，康有为借鉴德国幼儿教育家福禄培尔的经验，提倡创设“胎教院”（人本院）、“育婴院”、“慈幼院”等社会学前教育机构，并从入院资格、教养宗旨、教养员职责、管理制度、环境选择等方面，提出了具体要求，尽管有空想成分，但比较全面地论述了学前教育。他是最早倡导公共学前教育的人物之一。

20世纪初，冯世德出版了《新教育学》等书，介绍了瑞士教育家裴斯泰洛齐、德国哲学家康德以及英国哲学家斯宾塞等人的教育言论，阐述儿童早期教育的必要性。与此同时，留日学生在自办刊物《浙江潮》上宣传西方和日本的教育制度、教育家言论和儿童教育方面的文章，对于促进中国幼儿教育机构的创立产生了积极影响。

这些具有先进思想的中国人开始对儿童教育表现出兴趣，这一方面是在备受列强欺辱的背景下出于强国强种、文化改良等方面的考虑，另一方面与当时世界范围内儿童教育蓬勃发展的大趋势亦有关系。瑞

① 陈汉才：《中国古代幼儿教育史》，广东高等教育出版社1996年版，第276页。

典作家、妇女运动的活动家、教育家爱伦·凯在1899年出版了《儿童的世纪》一书，提倡教育改革，预言20世纪是“儿童的世纪”。这种说法是由当时世界范围的儿童教育的理论与实践的勃发形势决定的，也就是说重视儿童教育是当时的时代精神中的重要内容。

儿童教育迅速发展的国际形势对清政府也是有所触动的。为了借鉴日本教育的经验，1902年4月，清政府管学大臣张百熙派京师大学堂总教习吴汝纶一行赴日考察教育制度。吴汝纶回国后写成《东游丛录》一书，主张中国兴办女学，创办学前教育机构。

曹广权曾赴日考察教育，对日本当时时兴的福禄培尔幼儿园有所了解，他带回福禄培尔的“恩物”玩具，并向国人介绍福禄培尔的幼儿教育思想、游戏的意义和恩物的用途。他还在自己家中开办家庭幼儿园，实践福禄培尔式的幼教课程——游戏、唱歌、谈话、手工。这是中国知识分子对福禄培尔和日本幼儿教育最早最详细的介绍，对中国最早的公共幼儿教育实践产生过重要影响。

3. 在华传教士积极倡导幼儿教育。西方幼儿教育思想早在明代就已通过传教士传入中国。传教士艾儒略写了一本《西学凡》，系统全面地把欧洲各国教育制度、教育(包括幼教)思想介绍至中国。传教士高一志译了一本《童幼教育》，向中国读者介绍西方的幼儿教育，这是中国境内最早宣传西方儿童教育的专著。

鸦片战争后，西方传教士开始在中国开教堂、办学校、设医院，在这些教会机构中，有时也附设有育婴堂、孤儿院，但基本上属于慈善性质。大约从19世纪80年代起，外国教会在中国沿海开始办有近代性质的幼儿教育机构，以后数量不断增加。据美国传教士林乐知所著《五大洲女俗通考》记载，至1903年，教会在中国设立的幼教机构“有小孩察物学堂六所，学生一百九十四人(男女各半)”。所谓小孩察物学堂即幼儿园。从整体来说，此前幼儿园发展还处于自发状态，并未纳入教会教育的整体规划中。1904年清政府颁布“癸卯学制”，该学制具有日本化倾向，这对一向倡导中国教育西化的传教士们是一个极大的刺激，促使传教士在发展教会学校、建构独特的教会教育体系方面付出更大努力，幼儿教育也被自觉纳入教育系统之中。1905 年 10 月，林乐知在《万国公报》上发表《论中国亟须设立幼稚园》一文，向基督教教会发出重视幼儿教育的呼吁。林乐知认为通过幼稚园最易达到传教的目的。在这期间，基督教在华的最大教育组织——中华教育会下属的诸多推行委员会中增设了幼稚园委员会，反映了教会希望在中国发展幼儿教育的愿望。

西方传教士在中国倡导幼儿教育、兴办幼稚园，其最终目的是传教，是为了实现精神文化层面的殖民统治，但客观上使中国出现了最早的近代学前教育机构，对中国近代学前教育的发展具有一定的启发作用。

二、“癸卯学制”：学前教育第一次被正式纳入国家学制

1898 年维新变法运动被镇压后，清王朝更是危机四伏。1900 年，八国联军进占北京。清政府在内外交困的形势下，于 1901 年宣布实行“新政”，把教育改革作为“新政”的重要内容之一。清政府指定专人制定新学制。管学大臣张百熙在 1902 年起草了《钦定学堂章程》，即“壬寅学制”，但未实行。1903 年，清政府又命张百熙、荣庆、张之洞重订学堂章程，即《奏定学堂章程》，亦称“癸卯学制”，在全国范围内正式颁行。

癸卯学制共分 3 段 7 级，第一段初等教育 13 年（含蒙养院 4 年，初等小学 5 年，高等小学 4 年）；第二段中等教育 5 年（设中学堂一级）；第三段高等教育 11～12 年（分为高等学堂或大学预备科 3 年，分科大学堂 3～4 年，通儒院 5 年）。

癸卯学制是我国第一个在全国颁行的学制，它第一次以国家学制的形式，将学前教育机构的名称确定了下来。

根据癸卯学制对蒙养院总的要求，清政府于 1903 年还颁布了《奏定蒙养院章程及家庭教育法章程》，这一章程对蒙养院的教育宗旨、招生对象、设置范围和地点、科目、教学方法、屋场设备、保教人员、行政管

理等都提出了具体要求。它规定,蒙养院实行“蒙养家教合一”的宗旨。“蒙养家教合一之宗旨,在于以蒙养院辅助家庭教育,以家庭教育包括女学”,“保育教导儿童,专在发育其身体,渐启其心智,使之远于浇薄之恶习,习于善良之轨范”。这一章程还规定,“蒙养院专为保育教导 3 岁以上至 7 岁之儿童”,还规定蒙养院设在育婴堂或敬节堂内,以堂内乳媪和节妇经过训练后充当蒙养院保姆。章程还规定,蒙养院保育教导的科目有游戏、歌谣、谈话、手技等 4 门,还规定,“蒙养院保育之法,在就儿童最易通晓之事情、最所喜好之事物,渐次启发涵养之,与初等小学之授以学科者迥然有别”。可以看出,章程已注意到学前教育的内容与方法应当尊重儿童的年龄特点。

癸卯学制和《奏定蒙养院章程及家庭教育法章程》颁布以后,先是湖北、湖南,后是京师、上海、江苏、广东等地,纷纷办起了蒙养院。

值得注意的是,癸卯学制没有女子教育的地位,不准设立女子学堂,所以蒙养院教师无法由学校培养。蒙养院保姆只能由经过训练的育婴堂、敬节堂节妇、乳媪充任,她们是一些文化层次极低、封建思想浓厚、缺乏近代科学知识的妇人,蒙养院教育的封建性和落后性由此可窥得一斑。

值得注意的还有,蒙养院的建制和办院的思想方法深受日本影响。蒙养院建制照搬日本 1900 年颁行的《幼稚园保育设备规程》。《奏定蒙养院章程及家庭教育法章程》的基本内容也是照抄日本《规程》的。在具体实施中,有的蒙养院还聘请日本女子担任保姆和院长,采用日本教材、玩具和教法,甚至将“日语”作为蒙养院必修科目,具有明显的殖民色彩。

由此可见,中国刚刚诞生的学前教育具有半封建半殖民地的色彩,这也是当时中国社会的半封建半殖民地性质在学前教育领域的一种表现。

但是,学前教育在中国的诞生是中国教育史上的重大事件,而癸卯学制以及《奏定蒙养院章程及家庭教育法章程》在我国学前教育史上则具有里程碑的意义。尽管在 1901 年,清政府为了落实“新政”中“兴学育才”的内容，就以“上谕”的形式命令各县州“多设立蒙养学堂”，但是，直到癸卯学制和相关章程才将学前教育正式纳入国家学制，这意味着我国公共学前教育的制度和体系正式诞生，标志着近代形态的学前教育在我国已瓜熟蒂落、呱呱坠地。尽管当时的学前教育还具有半封建半殖民地的色彩，但是，它的诞生适应和满足了民族资本主义发展的需要，反映了生产力发展和“强国强种”的需要，因而这一新生事物是进步的。

第三节
中国现当代学前教育的演进

一、新文化运动与儿童观、教育观的变革

戊戌变法运动的失败，使中国人民认识到，维新运动不能解决救亡图存的问题，必须用武力推翻清朝统治。孙中山领导的辛亥革命终于实现了这一使命，建立了民国，但是，各地的军阀又与他们所依靠的帝国主义势力相互勾结，中国形成了军阀割据、四分五裂的局面，使中国在半封建半殖民地的处境中越陷越深。一些先进的中国人面对这种时局，不得不更为深刻地思考救亡图存的问题。

早在第一次鸦片战争以后，当时的进步人士便主张“以夷为师”、“师夷长技以制夷”，就是说，要向西方学习，学习西方的长处，以抵制西方。但什么是西方的长处，各个时期的人有不同的认识，首先有人认为要学习西方的兵器，其次有人认为要学习西方的宗教（太平天国），再有人认为要学习西方的工业（洋务派），也有人认为要学习西方的政治（戊戌维新派）……这一切均未成功。这时候出来了一位人物，他认为应当学习西方文化。他就是蔡元培。

蔡元培 1917 年开始任北京大学校长，他提倡“学术第一”、“教授治校”、“讲学自由”、“兼容并包”，在短短几个月内将北大从一个封建的官僚机构改造成了生机勃勃的近代大学。人还是那些人，过去是死气沉

沉的，而今却生龙活虎。其原因究竟是什么？在于文化氛围已为之一新。新北大的出现使全国看到光明和希望，于是全国风起云涌，相互呼应，移风易俗的新文化运动在全国形成。

新文化运动是中国的启蒙运动，它对中国教育产生了深刻的影响。为什么会产生深刻影响？这是由教育与文化的特殊关系决定的。应当说，教育是一种文化，是文化的一部分，也就是说教育是文化的下位概念。然而，作为文化下位概念的教育，其本身又要面向全部文化，并将这些文化传递给年轻一代，从而使文化获得新生，从这个意义上来说，文化又处于教育的视野与范畴之内。由于二者之间的这种关系，教育的变革在新文化运动中便占据着重要的地位。

许多进步人士对旧文化、旧道德进行了激烈的抨击，在这种抨击中自然会涉及旧儿童观和旧教育观。

鲁迅在许多文章中表现出对儿童以及儿童教育的关心。在《我们现在怎样做父亲》一文中，他认为中国今后应当重视儿童，尊重儿童，提高儿童的地位。他说："后起的生命，总比以前的更有意义，更近完全，因此也更有价值，更可宝贵"，但可惜的是中国的旧见解又恰恰与这道理完全相反。本位应在幼者，却反在长者；置重应在将来，却反在过去。鲁迅指出，为了人类"去上那发展的长途"，则必须尊崇"后起的生命"，挚爱年幼的一代，以幼者为本位，甚至"前者的生命，应当牺牲于他"。鲁迅认为："我们从古以来，逆天行事，于是人的能力，十分萎缩，社会的进步，也就跟着停顿。"很明显，鲁迅已明确地认识到中国社会中传统的成人与儿童的关系是"逆天行事"的，认识到了儿童在这种违反天道的关系中的命运，认识到了儿童的受害最终是产生出病态的成人和病态的社会，所以在先于此文发表的《狂人日记》中，他便发出了"救救孩子"的呐喊。

鲁迅在对旧儿童观批判的同时，还在《二十四孝图》等文章里对封建教育的内容和方法进行了深刻的控诉、揭露和批判。

除鲁迅外，文学界、思想界一大批人士也对旧儿童观和旧教育观进行了批判，有些人士还为儿童创办刊物，译介童话，为儿童提供适宜的精神食粮。他们有破亦有立，但主要的贡献还在于“破”，即破除旧儿童观和旧教育观。在“立”的方面，一些学者在这一时期把西方的一些教育理论、教育学说分别译介过来，试图以此为理论基础建设新教育。

当时流行于世界的主要教育学说几乎都被译介过来，但在中国教育界产生了重大的实际影响的当属杜威的实用主义教育学说。

1919 年 4 月 30 日，杜威抵达上海，开始了他在中国长达两年加两个多月的讲学和教育调查活动。他到过并作过演讲的省有 11 个，足迹遍布半个中国。杜威离华之际，胡适曾在当日的《晨报》上发表《杜威先生与中国》一文以示送别。这篇文章对杜威来华宣传实用主义作了这样的评述：“他在北京的五种长期讲演录已经过十版了，其余各种小讲演录……几乎数也数不清了！我们可以说，自从中国与西洋文化接触以来，没有一个外国学者在中国思想界的影响有杜威先生这样大的。”胡适还说：“杜威先生最注重的是教育的革新，他在中国的讲演也要算教育的讲演为最多。”可见杜威的实用主义教育学说对当时中国的影响多么巨大。

杜威认为，教育即生活，学校即社会，他还主张从做中学。他把教育与民主社会和实际生活紧密联系，提倡教育应当以儿童为中心，反对传统教育以教师、书本和课堂为中心，主张从儿童的本能、兴趣和需要出发，以儿童自身的活动作为教育过程的中心。杜威所反对的与新文化运动所反对的大致相同，于是杜威的学说在中国备受青睐。在破坏旧教育建立新教育的过程中，当时的许多学者选择了杜威学说。当时名噪一时并产生过重要影响的教育学说，如陶行知的生活教育理论、陈鹤琴的活教育理论以及张雪门的行为课程等，都深受杜威教育学说的影响，甚至可以说它们都源于杜威的教育学说。

过去我们对杜威及其学说对中国的影响多作负面评价，这是相当片面的。当时的中国还是一个封建势力依然十分强大的国家，杜威对其实用主义教育学说的宣传，无疑给中国教育界带来了一股清新之风，同时也对封建传统教育进行了一次大扫荡，这对中国教育的近代化、现代化进程是有极大推动作用的。

杜威来华以后，中国学前教育从主要师法日本变为主要师法欧美。

二、学前教育科学化与本土化的努力

在当时的情况下师法先进国家的幼教思想以及运作方法都是必要的，但也出现了生搬硬套、食而不化的情况。一些教育家已经认识到了生搬硬套带来的弊端。陶行知就曾指出，当时的幼稚园有“三种大病”——“外国病”、“花钱病”、“富贵病”。[①] 为了使中国幼稚园教育科学化、中国化，陈鹤琴、张宗麟、张雪门、陶行知等人作了种种尝试和探索。

1925 年，陈鹤琴、张宗麟在南京鼓楼幼稚园开始了为期三年的课程试验，经过“散漫期”、“论理组织期”、“设计组织期”的探索，最后产生了“课程中心制”的幼教课程模式，俗称单元教学法。1928 年，陈鹤琴接受政府有关部门委托，起草了《幼稚园课程标准》，同年 8 月通过审查并向全国颁发实施。陈鹤琴是我国幼儿教育研究的重要开创者。

在中国幼教界，与陈鹤琴齐名的另一位幼儿教育家是张雪门。1926 年，张雪门拟定了“幼稚园第一季度课程”，1931 年开始对“行为课程”进行研究。1934 年参加北平市社会局起草的幼稚园具体课程实施方案，他还编订了《中国北方幼稚园课程大纲》。在 1936 年出版的《幼稚教育新论》中，他认为当时的中国社会复杂而混乱，幼稚教育也是一样。他将当时的幼稚教育分成四派：1. 以培植士大夫为目标的；2. 宗教本位的；3. 儿童本位的；4. 以改造中华民族为目标的。他认为前三者多少受外国影响，他试图创办以改革中华民族为目标的幼稚教育。

陈鹤琴长期在南京、上海等地开展幼教研究、培训幼教师资，而张雪门主要在北京等地开展幼教研究与幼教师资培训的工作，时人称他们二位为“南陈北张”。

---

① 陶行知：《创设乡村幼稚园宣言书》，载《新教育评论》二卷 22 期，1926 年 10 月。

1926年，陶行知发表《创设乡村幼稚园宣言书》以及《幼稚园之新大陆》等文，批评当时幼稚园之“三种大病”，决心将“外国的”、“花钱的”、“富贵的”幼稚园办成“中国的”、“省钱的”、“平民的”幼稚园，从而发动了幼儿教育的平民化运动。陈鹤琴、张宗麟等参加鼓楼幼稚园课程实验的一些人员接受陶行知的聘请，并投入到这场运动中去。但据张宗麟评价，由于政府不支持，有的教育家不热心，幼稚园又存在收费过高、师资匮乏、不适合劳工大众子女等问题，其成效并不太大。①

三、新中国的学前教育

早在瑞金苏维埃政权时期，共产党人就注意到儿童的解放问题，使儿童的生活发生了较大的改变。“过去九岁十岁的小孩，为地主富农看牛，现在没有了。过去，儿童不论在家还是帮人每天劳动时间总在十小时以上，同于一个大人，可以说全无休息与受教育的时间。现在，每日大部分时间受教育，做游戏，只早晨约一点半钟看牛，或做别事。农忙时，则劳动时间较多些——向老师请假，助父母做工。过去，受父母打骂，现在受打骂的很少了……”②

一位名为N.韦尔斯的外国人根据自己的观察，曾写下过这样的话：“中国共产党……解放了在他们统治下的所有的孩子们，对他们的生活给以自豪与意义，只是这一发现，我也是高兴的。关于他们的苏维埃社会最值得注意的事项之一，就是对于他们的孩子的尊重。”③从此处可以看出，中国共产党所从事的中国革命从一开始就很重视儿童的解放。外国观察者也是承认这一点的。

中国共产党通过长征胜利到达延安，建立陕甘宁边区以后，十分重视婴幼儿的保健和教育工作。在物资供应极端匮乏的情况下提出了

① 《张宗麟幼儿教育论集》，湖南教育出版社1985年版，第399～400页。

② 毛泽东：《长冈乡调查》，1933年。转引自日本世界教育史研究会编：《世界幼儿教育史》下册，吉林人民出版社1986年版，第292页。

③ 日本世界教育史研究会编：《世界幼儿教育史》下册，吉林人民出版社1986年版，第293页。

“一切为了孩子”、“孩子第一”的口号。毛泽东为边区儿童保育院成立写有“儿童万岁”的题词，表明党对儿童的尊重、关心和爱护。

新中国成立后，中国共产党获得了领导人民改造全国儿童教育的政治条件。新中国成立前夕的1949年9月，《中国人民政治协商会议共同纲领》获得通过。《共同纲领》明确规定了新中国教育的性质和任务：“中华人民共和国的文化教育为新民主主义的，即民族的、科学的、大众的文化教育。人民政府的文化教育工作，应以提高人民文化水平，培养国家建设人才，肃清封建的、买办的、法西斯主义的思想，发展为人民服务的思想为主要任务。”中央人民政府教育部成立不久的1949年12月，召开了新中国第一次全国教育工作会议，提出改造旧教育建设新教育要以老解放区的教育经验为基础，吸收旧教育某些有用的经验，同时借鉴苏联教育建设的先进经验。学前教育与学校教育一样面临全面的社会主义改造。

教育部根据《共同纲领》所规定的文化教育政策和方针，首先接管了原国民党统治区的学前教育机构，接收了原来的接受外国津贴的教会办的幼稚园及孤儿院、慈幼院、育婴堂等。其次从幼教机构的服务方向上、教育内容上进行了初步改革。改造旧的幼稚园，让其转向为工农子女开放，为国家建设服务。1951年10月，中央人民政府政务院命令颁布《关于改革学制的决定》，规定实施幼儿教育的组织为幼儿园，确立了幼儿园教育制度。幼儿教育成为社会主义教育事业的重要组成部分。旧中国的一些进步教育人士试图建立民族的、大众的学前教育，但由于政府不支持等各种原因，最终都未实现，而今在新中国，他们的梦想变成了现实。

这里值得一提的是我国幼儿教育机构名称的变化。1903年清政府颁布的“癸卯学制”将幼儿教育机构定名为“蒙养院”。1912～1913年民国教育部颁布的“壬子癸丑学制”将“蒙养院”更名为“蒙养园”。1922年北洋政府公布的“壬戌学制”将“蒙养园”更名为“幼稚园”。1951年中华人民共和国将“幼稚园”更名为“幼儿园”。

要对1949年以前的幼稚教育进行根本改造，最终要改造幼儿教育的理论基础和指导思想。在当时的背景下，幼儿教育的改造是在学习第一个社会主义国家即苏联的幼教理论和经验的基础上进行的。教育部聘请了苏联的幼教专家，翻译苏联的幼教著作，使苏联的幼教理论和经验迅速在中国传播。

苏联的幼教理论与旧中国流行的儿童本位的幼稚教育有较大的差别。它强调教育和环境在儿童发展过程中起主导作用；强调系统知识对儿童智能发展的影响，因而“教学”活动被引入幼儿园；在课程设计与实施方面采用分科教学模式等等。

新中国成立初期，我们收回办教育的主权，让幼儿园的大门向工农子弟打开，学习社会主义苏联的学前教育制度与理论，这对于社会主义的学前教育方向都具有重大的革命意义，但是也混杂着“左”的错误。在学习苏联幼教理论与经验的同时，教育部门开展对杜威儿童中心论、陶行知“生活教育”理论、陈鹤琴“活教育”理论的批判，当时的批判是一种简单的否定。由于一方面强调教育在儿童发展中的主导作用，另一方面又对儿童本位的教育理论进行批判，过度强调了“教育”这一外部因素在儿童成长中的作用，忽视了教育过程中儿童的主体地位，没有处理好幼儿发展与教育的辩证关系；课程实施一味采取分科教学模式也带来了一些弊端，使教学内容往往脱离了儿童的生活等等。

1958～1976年，我国还先后经历了三次大的运动——大跃进运动、农村人民公社运动和“文化大革命”。这使我国的幼教实践大起大落，直至处于崩溃的边缘。例如，心理学被说成“伪科学”，陈鹤琴的幼教理论再次遭到猛烈批判，陈伯吹关于儿童文学创作应当尊重“童心”、尊重“儿童情趣”的思想被冠以“童心论”而遭到批判，小学教师斯霞提出“儿童不但需要教师的爱，还需要母爱”，被认为是抹杀教育的阶级性，被冠以“母爱教育”而遭到批判。这些批判实际上进一步否定了儿童在教育过程中的地位，对于我国学前教育的理论和实践产生了极大的阻碍、干扰作用。进入“文化大革命”（1966年5月～1976年10月）后，整个国家遭到全面浩劫，学前教育亦未能免。由于在此以前已经否定了“童心论”和“儿童本位”的理论，这一时期的学前教育更不可能尊重儿童的身心发展的年龄特点。幼儿园中尊重儿童身心发展特点等基本教育原则都被视为“封资修”而强令废除，甚至连游戏等教育幼儿的有效手段也被强令取消，许多孩子被送去学工学农，去做糊纸盒、装火柴或在农田里拾麦穗、捡豆子之类的机械工作；幼儿也要背诵毛主席语录、毛主席诗词和“老三篇”（毛泽东著作《为人民服务》、《纪念白求恩》、《愚公移山》），并参加各种大批判活动，后来还提出要让幼儿“从小识别‘走资派’，做‘走资派’的死对头，做‘走资派’的掘墓人”……由于幼儿不可能理解这些东西，所以只好死记硬背，以致笑话百出。仔细思考这种“笑话”却让人悲从中来。一代儿童的幼年就这样给荒废了。“文革”结束后，文学界曾出现“伤痕文学”，其中就有对幼年时期的痛苦回忆与反思。

1978 年十一届三中全会以后，随着党和国家的政治生活的正常化，人的个性得到了一次大解放，儿童和儿童教育也重新获得了解放。

在改革开放的新时期里，心理学等一度被视为伪科学的学科又得到了承认，西方心理学流派以及教育学说在一浪高过一浪的“文化热”中逐步进入我国，皮亚杰、杜威、蒙台梭利、福禄培尔、科尔伯格等成为学前教育领域耳熟能详的名字。在学习和借鉴外国教育学、心理学思想的同时，学前教育理论界还对 1949 年前一批进步教育家的学前教育学说与实践给予了重新认识和评价。我们一边寻根，一边吸取外来文化，学前教育研究、学前教育实践进入了一个生机勃勃的新阶段。

改革开放政策推动了我国国民经济迅速增长，人民生活与过去相比有了长足的改善。随着经济生活水平的提高，人们对教育给予了更大的兴趣、关注、期待和投入。家长和社会对早期教育提出了更高的要求，也就是说大力发展学前教育已经成为社会的需要。恩格斯曾说过，一种事业一旦成为社会的需要，要比办十所大学更有益于推动这一事业的发展。由于发展学前教育成为社会需要，所以，学前教育的蓬勃发展也就成为大势所趋。20 世纪 80 年代以来，我国各省、市、自治区几乎都办有公开或内部发行的学前教育刊物。1987年，全国学前教育研究会与长沙师范学院还合办了《学前教育研究》，这是一份学前教育的理论刊物，专门为学前教育的理论探索与新成果的面世提供舞台。80年代以来我们翻译出版了大量国外的学前教育的理论著作，而且还出版了一系列国内学者的学前教育著作。学前教育的理论发展和学前教育事业出现了一个前所未有的繁荣局面。

从80年代开始，我国学者还对1949年以后的学前教育观念和学前教育实践进行了反思与改革。

南京、北京等地的学者率先对“幼儿园综合教育”问题进行了探讨。这些研究认为，幼小儿童心智发展以及他们对世界的把握基本上都处于混沌的、整体的、未分化的状态，因此分科教学与教育对象的发展是不相适应的；幼儿园分科教学存在许多弊病，例如，各科教学“各自为政”，教学内容有重复、脱节和矛盾的地方等等。为了去除分科教学的弊端，有的学者强调，幼儿教育课程应当体现“综合性”，这种综合性体现在三个方面和三个层次。三个方面的综合是指教育内容的综合、教育手段的综合、教育过程的综合，三个层次的综合是指主题活动的综合、一日活动的综合、个别活动的综合。[①] 这三个方面和三个层次的综合与幼儿园分科教学模式相比，从组织形式、教育内容到儿童观和教育观都是不同的，幼儿园综合教育更强调教育过程中幼儿的主体地位，更尊重儿童的学习兴趣和成长的需要，因而是一个进步。由于综合教育的模式较之分科教学模式有许多优点，因此很快在全国范围内得到推广。尽管个别地区个别幼儿园仍然使用分科教学模式，但这种分科教学模式已经受到了综合教育模式的影响，开始关注儿童在教育过程中的地位，过去的分科教学在那里已得到了某种程度的改良。

改革开放以来，除了幼儿园综合教育研究对我国学前教育有重要影响以外，“素质教育”思潮对学前教育亦有重要的影响。

---

① 赵寄石：《幼儿园综合教育课程的特点》，载《早期教育》1990年第5期，第3页。

"素质教育"的思想大致形成于20世纪80年代中期。"素质教育"概念,是在反对"应试教育"的背景下提出的。素质教育在对应试教育的批判过程中并未停留在应试教育的表面,而是进一步认识与批判应试教育背后所潜藏的传统的落后的教育观念。也就是说,素质教育概念刚提出时,它的对立面是应试教育,后来,随着素质教育观念的成熟,它的对立面由应试教育变成了传统教育。

素质教育的出现不是偶然的,它是对传统教育的一种否定或革新,它要求教育应当与社会和文化的迅速变革相适应,要求教育应当主动顺应现代社会的人才观念。

传统教育的基本倾向是"主知主义",传统教育的基本内容是间接经验,传统教育的主要形式是课堂教学,传统教育强调按社会对人才的理解而"塑造"年轻一代……传统教育的这些缺陷在我国学前教育领域也不同程度地存在着。由于学前儿童身心发展的特点与成人明显不同,学前教育更迫切地需要反对传统教育的上述弊端。所以素质教育的思想为学前教育界所欢迎。有的学者乘"素质教育"研究的东风,对幼儿园"素质教育课程"进行了探索。①

素质教育的研究影响了学前教育,同时,学前教育的研究也为素质教育思想的进一步发展提供了素材。由于学前教育的对象是幼小儿童,而幼小儿童与成人教育者在主体发展水平上有质的差别,因而在学前教育里,素质教育更容易发现受教育者的主体发展水平对教育者决策的种种要求和制约。也就是说,关心素质教育研究的人可以发现,学前教育的教育对象与其他年龄段的教育对象相比,教育对象的种种特性在学前教育那里都得到了放大。

素质教育思潮的实质是促使教育观念从传统向现代转换。从幼儿园综合教育研究到素质教育研究,我们可以发现,在世纪之交,我国教育包括学前教育正在从传统教育向现代教育迈步。

① 史慧中:《为幼儿奠定良好的素质基础》,科学普及出版社1997年版,第5页。

第二章 儿童与教育

“人只有靠教育才能成为人”，这是康德的名言，它所传递的道理已是众人皆知。不过，如果教育不得要领，任意妄为，儿童非但不能受益，甚至反受其害。在儿童的发展过程中，儿童发展的内部根据在于儿童自身，教育是而且只是一种外部条件。

对儿童认识得不清楚的教育不可能是好教育，不是建立在科学的儿童观之上的儿童教育学（包括学前教育学）不是科学的儿童教育学。历史与现实中的儿童教育往往存在许多弊病，其中原因很多，但其根本的原因是，教育者没有认识清楚教育对象，不懂得尊重儿童，不了解教育在儿童的发展机制中处于怎样的地位，因而也就不可能以适当的方式实现其“成人”（也即使儿童长大成人，成长为所处文化中理想的人）的使命。

第一节
儿童发展：自然？使然？

一、“自然—使然”问题

在西方，“人何以为人”这一问题又被称为“自然—使然”问题。“自然”指人的天性，“使然”指后来由环境、教育、文化等外部因素造成的性格、知识等等。

“自然—使然”问题是哲学、心理学、教育学的基本问题之一，它常被还原为“先天—后天”(先验—后验)、“天赋—经验”或“遗传—环境”等问题。

哲学史上对“自然—使然”问题的探讨有极其悠久的传统，这便是理性主义与经验主义的长期对立和斗争。心理学史中的“遗传—环境”问题实际上是这一传统的延续和反映。

在儿童心理学史上，历来有遗传论与环境论的争论。遗传论者认为，儿童的发展是由遗传决定的。英国的高尔顿曾用家谱法来研究天才遗传的问题，他得出的结论是，名人的亲族易成名人，这便足以证明血统确实影响着个人的发展，也就是说，天才基本上是遗传的。

环境论者持相反的论点。在他们看来，遗传只是给予了某种可能性，唯有环境和训练才能决定其发展的结果。有的甚至认为环境决定一切，根本否认遗传因素。行为主义的创始者华生就曾说过：“给我一打健壮的孩子，在我的特别环境里教养他们，我可以担保任择一个训练，可以使之成为任何专家——医师、律师、画家、企业家，同样可使之成为乞丐盗贼，不管他们祖先的才能、嗜好、品性和种族是怎样。”[①]这种自信来自他用实验方法直接控制环境因素的动物研究。

① 王克先：《学习心理学》，福建少年儿童出版社 1989 年版，第 46 页。

随着遗传论者与环境论者的论辩，可以说他们在一定程度上都放弃了激进的观点，并在一定程度上将对方的观点吸收到自己的阐释框架中。也就是说，强硬的遗传论者或环境论者均相应地变成了温和的遗传论者或环境论者。

大家都认识到，儿童发展是由遗传与环境（包括教育与文化等）两种势力交互作用和共同决定的。有的学者将遗传比作种子，把环境比作土壤。有土壤无种子固然长不出植物来，有种子而无土壤也不可能发育成长。有的则把遗传和环境分别比作燃料和氧气，要想燃烧起来，燃料和氧气缺一不可。同样道理，儿童要实现发展也需要遗传与环境的协同作用。不过，遗传论者与环境论者所达成的这种共识是相当笼统的，对于遗传与环境在儿童发展中是通过怎样的一种机制发挥作用的这一问题，大家尚未达成共识。

二、儿童发展：自然？使然？——皮亚杰与乔姆斯基的辩论

1975年10月，在法国巴黎附近的若约芒曾举行了一次著名的辩论。辩论会的主角便是著名的皮亚杰和乔姆斯基。辩论的主题是，从人的语言机制和语言习得角度来探讨儿童发展问题。①

乔姆斯基持一种较弱的天赋论立场。他认为儿童拥有一套天赋的"语言习得装置"，儿童通过这一天赋的语言习得装置，对最初接触的语言资料进行加工，从中生成出一套能够编造新语句的句法、语义和语音规则来。乔姆斯基认为"语言习得装置"实际上是一种天赋的语言器官，这种"心理器官"同人体的其他器官一样是有一个发育过程的。为什么儿童一般都是在5岁时才基本掌握人类复杂的语言系统呢？这是因为人的语言器官是不断发育的。另外，儿童语言发展一般都要经过

① 这次辩论会的全部论文、发言和事后的评论被整理成书（法文版），英译版为：*Language and Learning*：*The Debate between Jean Piaget and Noam Chomsky*，Harvard University Press，1980. 我国学者对这次辩论会也有介绍，有关内容可参见章士嵘：《认知科学导论》，人民出版社1992年版，第68～85页；吴道平：《自然？使然？》，载《读书》1995年第12期，第88～96页。等等。

咿呀学语、单词句和双词句等发展阶段，这也说明了儿童语言发展遵循着一种天赋的过程模式。许多研究还表明过了青春期后习得母语流利性的能力已经衰退。这些都说明，人的语言机能在5岁时完成，到了青春期便处于稳定状态，不再发展了。这是生物学的、遗传学的原因所决定的。一些关于大脑语言机能损伤的病人和有语言缺陷的家族的研究也都支持乔姆斯基的天赋论假设。

如何看待环境在认知发展、语言习得过程中所起的作用呢？乔姆斯基同其他较弱的天赋论一样，承认环境和经验在认知发展、包括语言习得过程中的作用，但是认为环境和经验只是像“扳机”那样起诱因、促进作用，发展的根本原因仍是天赋的认知结构的活动和成熟。也就是说，认知及语言能力的发展要从先天的内在结构中来寻求答案，环境只起辅助作用。

可以看出，乔姆斯基认为儿童发展的关键因素是生物学的因素，即“自然—使然”中“自然”这一面。

而皮亚杰在解释儿童发展问题时则偏向于“使然”这一面。

皮亚杰的发生认识论认为，人类的智力—心理发展具有阶段性。儿童2岁以前处于“感觉运动阶段”，首先获得动作的逻辑，渐渐发展出事物之间的次序、空间维度、事物的恒在性、因果性等知识。在2～7岁之间的“前运算阶段”，儿童将动作概念化，开始语言和符号思维。到了7～10岁“具体运算阶段”，儿童能够开始进行具体的运算，最后，从11或12岁开始的“形式运算阶段”，儿童开始形成假设—演绎能力。这几个阶段所处的年龄跨度和发展顺序是不变的。

值得注意的是，既然儿童智力—心理发展阶段的表达具有不变的顺序，这恰恰说明了儿童发展中具有“自然”的一面。

不过，上面我们已经提到，皮亚杰的理论侧重于“使然”这一面。皮亚杰认为，知识的获得和认知能力的发展是儿童与环境之间同化和顺应的结果。同化是有机体将外界元素，包括把客观事物的结构变为内在结构的整合作用。语言知识也是如此而来。也正因为皮亚杰有这样的主张，所以我们说他偏向于“使然”论。由于他认为人的知识以及认知结构是主体和环境相互作用，逐步建构而形成的，是在后天获得的，所以他的理论又称为建构论。

与皮亚杰不同，乔姆斯基认为语言的认知结构是天赋的而不是后天建构的。在他看来，按照目前我们所拥有的知识，认知器官和肉体器官应当说是可以比较的。乔姆斯基特别强调这样一点：环境中没有认知结构，认知结构也不会从环境转化到有机体内部，认知结构是在有机体内部，是物种的类所专有的，是先于外界的相互作用的；语言这种心智器官的本性就像心脏和眼睛一样本来就是先天地属于人的。①

与会的生物学家对乔姆斯基的理论更感兴趣。

有位生物学家指出，“适应”只能在某种结构上发展，而不能由适应而产生结构；结构本身要受到基因的限制。另一位生物学家则指出，认为生物体的性质的变化来自同化和新陈代谢的变化，认为生物体是由同化了的外界环境的因素所构成等等，其实都是学术骗子李森科的学说。

有的生物学家还用当时生物学上的新发现作为证据来支持乔姆斯基的学说。后来共同获得诺贝尔生物医学奖的生物学家胡贝尔和威塞尔在 20 世纪 60 年代中期发明一种技术，可以探测动物的视觉神经细胞是如何对外界事物的形状(如水平线、直线、移动的点等等)作出反应的。有趣的是，在动物出生后，有关视觉的每一类神经元总是通过遗传“预设”成只对某种视觉刺激产生反应。比如说，新生的猫有些视觉神经元“预设”为只接受水平带状形体。对这种神经元显示垂直线，它便毫无反应；如果水平带状形体在猫出生后一直不出现，则那种神经元将完全失去作用。也就是说，神经元的这种能力是由基因决定的，而环境提供了必要的刺激使视觉能力最终发育成熟。这种理论与乔姆斯基的

① 章士嵘：《认知科学导论》，人民出版社 1992 年版，第 82 页。

理论几乎如出一辙：语言能力是由基因决定，环境提供必要的条件，以便使这一能力发展起来。①

有的与会者则认为乔姆斯基和皮亚杰二者的理论并无根本的冲突，构成知识的元素是由基因决定的，而实际知识的形成却要经过“建构”过程。（事实上，上述生物学的发现也可以作为支持这一论点的证据。）这种观点如果成立，将消解正在激辩的两种理论的根本冲突。皮亚杰十分赞赏这种观点，并数度有意接受调和，有意修改自己的理论，然而乔姆斯基却坚持己见，无意接受调和。

这次辩论，正如著名的心理学家霍华德·加登纳教授后来所说的那样，是一次探索而非一种结论。在会上，论辩双方都对对方的理论感兴趣。乔姆斯基得到生物学家的支持，而皮亚杰学说较受心理学家和人工智能专家的赞同。②

值得注意的是，由于皮亚杰不同意存在先天的知识，他常被看作经验主义者。对此他颇感委屈。他在会上指出，他多年来不遗余力地反对经验主义，他认为自己同乔姆斯基有许多共同点，其中最重要的就是反对经验主义。

两位大师对经验主义的批评应当说不仅具有重要的理论意义，而且具有重要的现实意义。

皮亚杰指出，经验主义认为人的知识起源于观念，仅仅是客观外界事物的反映，忽视了认识主体的作用。事实上，任何“观察”都是主体的“观察”，“观察”从一开始就必须使用数学—逻辑框架，就必须对“事实”作出解释，以建立事物间的关系，如对应、接近、分离、度量等等，这些岂是一个消极的“白板”式的主体可以做到的。

乔姆斯基则指出，经验主义认识论在人类社会生活中危害极大。他说，如果人的大脑生来就是“白板”的话，那么，任何企图“塑造”或控

① 吴道平：《自然？使然？》，载《读书》1996年第12期，第91页，第94页。
② 同上，第94～95页。

制人们思想的行为就将是正当的。这正是法西斯思想的来源之一：认为人生来大脑白纸一张，思想完全由客体决定，可以由某些人任意加以填充、涂抹、塑造、控制，这是专制体制的理论根据。①

皮亚杰和乔姆斯基对"自然—使然"问题尽管未能完全一致，然而在某种程度上他们又是一致的，否则，皮亚杰这位年高德劭的世界级的学者便不会有意接受调和。这至少说明在皮亚杰看来二者的理论之间非但没有不可逾越的鸿沟，甚至可以取长补短、相互吸收。

皮亚杰与乔姆斯基就"自然—使然"问题的辩论是现代哲学史、心理学史中的重要事件。

三、皮亚杰与乔姆斯基辩论的教育学意义

皮亚杰与乔姆斯基的辩论以及二者对经验主义的批评，具有重要的教育学意义。大家知道，儿童教育便是有目的、有计划地利用外部环境与历史文化等对儿童施加影响的过程或活动。在传统的儿童教育活动中，教育者往往将注意的焦点集中在教育影响源上，往往对儿童的发展及其学习特点认识不足，这便是传统教育中灌输式教学得以久盛不衰的原因。这种传统的教育观念的理论基础实际上就是经验主义的——认为灌输给儿童什么经验，儿童就能接受什么经验，而没有注意到儿童自身是一个具有其自身发展规律的主体，是一个具有各种正处于发育过程中的生物器官和"精神器官"的主体，是一个由漫长的进化历史赋予其丰富的历史文化积淀因而具有巨大的发展潜能的主体，是一个具有主动成长的需要和积极的生命意志的主体。

对儿童发展的理解，皮亚杰和乔姆斯基有所不同，一个偏重于"使然"，一个偏重于"自然"，然而，他们有一个共同的观念，那就是承认儿童是发展的主体；尽管二者对儿童发展的具体机制的理解不同，尽管二者对环境在儿童发展中是以一个怎样的角色发挥怎样的作用持不同的

① 吴道平：《自然？使然？》，载《读书》1995年第12期，第95页。

见解，但二者共同的是：强调环境是儿童发展的必要条件，而且更值得注意的是，这种条件发挥作用的前提是：它必须与儿童自身的自然因素切实合作。杜威曾在19世纪和20世纪之交时主张，教育应当发生一种哥白尼式的革命，那就是从传统的以教材为中心的教育转换为现代的以儿童为中心的教育。“教材对儿童永远不是从外面灌进去。学习是主动的。它包含着心理的积极开展。它包括着从心理内部开始的有机的同化作用。毫不夸张地说，我们必须站在儿童的立场上，并且以儿童为自己的出发点。决定学习的质和量的是儿童而不是教材。”①在理解了皮亚杰和乔姆斯基的学说之后，我们更容易理解杜威的这一教育主张。

第二节
现代儿童教育理论的重要来源：园丁说

在教育思想发展史上有一种“现代”的理论在不断地孕育着，那就是相信成长和发展是人的天性。许多卓越的哲学家、教育家将儿童比作种子，比作花木，比作庄稼，把教师比作园丁，把儿童教育与种植活动相类比。这种取譬种植来探讨儿童教育的学说通常称为园丁说。在西方，这种思想最突出的代表者是夸美纽斯、裴斯泰洛齐、福禄培尔等。中国古代的王阳明、近代的曾国藩等人也提出过类似于园丁说的观点，在中国现代史上，叶圣陶还提出过教育是农业的思想，这些都可以说是中国的园丁说。

一、外国教育学中的园丁说

夸美纽斯开创了尊重儿童的现代教育理论的先河。夸美纽斯提出

① [美]约翰·杜威著，赵祥麟等译：《儿童与课程》，见《学校与社会·明日之学校》，人民教育出版社1994年版，第119页。

了著名的“种子论”，他认为在儿童身上自然地播有“知识、道德和虔诚”的种子；人不是一块可以随心所欲雕刻的木头，而是一个“不断地塑造着自己的活的形象”。既然将作为教育对象的儿童比作了种子，那么把教师比作园丁也便自然而然了。作为护花使者的园丁照料着花木，他们懂得尊重花木的天性，尊重花木的自然成长。既然儿童是种子、是花木，教师是园丁，那么如何进行儿童教育，自然可以从种植、养护花木的工作中体会出一些道理。

卢梭提出一种被称为“否定教育论”的儿童教育理论。后来的教育家往往认为否定式的教育是无所事事的，但实际情况并非如此。卢梭写道：“那种想在直接授予知识前让知识工具的器官美化，努力以恰当的感性练习为理性知识开路的教育，我称之为否定式教育。一种否定式教育不是浪费光阴，无所事事，远远不是……”[①]在《爱弥儿》一书中，卢梭把人的自然成长看成像植物生长那样，他认为教师也应当顺应儿童自然成长的天性，像园丁一样精心护理儿童。“大自然希望儿童在成长以前就要像儿童的样子。如果我们打乱了这个次序，我们就会造成一些早熟的果实，它们长得既不丰满，也不甜美，而且很快就会腐烂，我们将造成一些年纪轻轻的博士和老态龙钟的儿童。”[②]很显然，卢梭认为教育的过程应当顺应儿童成长的过程。

裴斯泰洛齐也有自己的“园丁说”，他的园丁说比前面二者更为鲜明和丰富。裴斯泰洛齐认为：“人就好像是一棵大树，在新出生的孩子身上隐藏着在其整个一生中所要展现的本领。”[③]他声称正确的教育如同园丁的艺术：“……在园丁的照管下，成千上万棵树木开花、成长了。园丁对树木的实际生长并不有所作为，生长的原理存在于树木本身。……他既没有提供生命，也没有提供呼吸。他只是看守着，以防止外部力量

---

① 转引自[英]伊·劳伦斯著，纪晓林译：《现代教育起源和发展》，北京语言学院出版社1992年版，第137页。

② [法]卢梭著，李平沤译：《爱弥儿》，商务印书馆1994年版，第91页。

③ 转引自[英]伊·劳伦斯著，纪晓林译：《现代教育起源和发展》，北京语言学院出版社1992年版，第165～166页。

的伤害或干扰。……但他必须充分认识人类心智的特殊构造，这一构造适于将人的各种能力结合起来，以利于实现人的最终使命。”[①]从此处我们可以发现，裴斯泰洛齐已认识到，儿童比花木还要复杂，尽管如此，儿童教育仍然可以从种植活动中得到启发。裴斯泰洛齐在其教育著作中多次将教师与园丁类比。

福禄培尔曾师从裴斯泰洛齐，他也指出，儿童是花木，教师是园丁。他说：“我们给动植物以空间和时间，因为我们知道根据存在于它们身上的法则、规律，它们能茁壮成长。对幼小的动植物要耐心，不能采用揠苗助长的办法。因为任何相反的做法都会打扰它们纯洁的展开和良好的发展，这是众所周知的。可是幼小的人类个体却被当作一块蜡，一堆泥，可以由人去任意捏造……对葡萄必须剪修，可是剪修并不等于有酒……尽管是小心翼翼地剪修，可是如果园丁在劳动中不能够被动地注意遵循植物的自然规律，也难免毁掉藤架。……在处理自然界的事物时，我们走的路是对的；可是在处理人时，我们却迷了路。而在两者中起作用的力量却是来自同一源泉，遵循同一规律。”[②]福禄培尔将接受教育的机构命名为“Kindergarten”，实际上的意义是“儿童花园”。（“kindergarten”在我国曾译作“幼稚园”或“幼儿园”。）这一名称实际上便体现了福禄培尔的“园丁说”思想。值得注意的是，福禄培尔认为“如果园丁在劳动中不能够被动地注意遵循植物的自然规律，也难免毁掉藤架”，并认为这种养护植物的道理也是一种教育上的原理，这与卢梭的否定教育论是极为相似的。

日本教育家小原国芳曾用这样一段话评价卢梭：“去年冬天，我在院子里栽了几株水仙，把两三株长势好的水仙移入花盆，加以精心照料。但两三个月后，这几株水仙却枯萎了。而另外几株留在院子里的

① 《裴斯泰洛齐教育论著选》，人民教育出版社1992年版，第327页。

② 转引自[英]伊·劳伦斯著，纪晓林译：《现代教育的起源和发展》，北京语言学院出版社1992年版，第210～211页。

水仙却长势很好,现仍在开花。卢梭的高明就在于此。”[①]这段话既体现了小原国芳对否定教育论的理解,又表现了他对否定教育的评价。值得注意的是,他的这种说理方式也具有园丁说的性质。

园丁说的意义在于,它将教育活动与种植活动相类比,使人们了解到教育与种植相通的最基本的原理,了解教育这一复杂现象和活动中最一般的规律;即:(1)“(树木)生长的原理存在于树木本身”(裴斯泰洛齐),教育者应当研究儿童成长的特点和规律,研究儿童成长的环境,如同园丁应当研究种子和土壤一样。(2)教育的目的应当立根于儿童自己的世界,这样的教育内容才能为儿童真正掌握;教育的方法应当顺应儿童成长的特点和规律,这样的方法才能有效地引导儿童发展。

二、中国的园丁说:取譬种植以论教育的智慧

叶圣陶说过一句话:教育是农业,不是工业。[②] 这句话从表面来看不是高深的理论,而事实上却浓缩着一种深刻的教育思想。它是叶圣陶从事教育工作数十年经验的总结。这种思想与西方的园丁说具有相通之处,它应当算是中国人自己的“园丁说”。

叶圣陶这位教育家现已故去,但他算是一位现代人。事实上,我国古代就有人提出过类似的教育思想。中国人自己的园丁说可谓历史久远。

我国古代有一个著名的“揠苗助长”的寓言故事,这一故事流传甚广,以至于“揠苗助长”成为汉语言中经常使用的一个成语。这一成语常用来批评那种不顾事物自身的发展规律,试图尽快取得效果,但由于急躁冒进,结果却事与愿违,好心做了坏事。许多人在谈到儿童教育中不顾儿童自然成长的速度而试图“大跃进”这一情况时,常用揠苗助长这一成语进行批评。这时候,揠苗助长这一成语里便蕴含着园丁说的

① 《小原国芳教育论著选》,由其民等译,人民教育出版社 1993 年版,第 346 页。
② 吴道平:《自然? 使然?》,载《读书》1995 年第 12 期,第 88 页。

教育思想。不过，我国古代这一故事的寓意所指较为宽泛，并未专指儿童教育，所以我们还不能将这一故事所寄寓的道理看作教育史上的园丁说。

从我们所接触到的资料来看，我国最早提出类似于园丁说思想的人是明代哲学家王阳明。王阳明已经认识到灌输式的传统教育有其巨大弊病。他批评说："近世之训蒙稚者，日惟督以句读课仿，责其检束……鞭挞绳缚，若待拘囚。彼视学舍如囹狱而不肯入，视师长如寇仇而不欲见……是盖驱之于恶……"①显而易见，他已发现传统教育违背了儿童的身心特点，摧残了儿童的自然天性。

王阳明把儿童比作"草木"，认为顺应其本性儿童才有可能舒畅地成长；违背其天性，就会对其发展造成阻碍甚至破坏。中国教育思想史方面的研究人员特别重视他下面的这段话："大抵童子之情，乐嬉游而惮拘检，如草木之始萌芽，舒畅之则条达，摧挠之则衰萎。今教童子，必使其趋向鼓舞，中心喜悦，则其进自不能已。譬之时雨春风，沾被卉木，莫不萌动发越，自然日长月化。若冰霜剥落，则生意萧索，日就枯槁矣。"②这里，王阳明用草木始萌、舒达、发越的自然生性，与童子"乐嬉游而惮拘检"的天性相类比，揭示出儿童身心发展的特点和规律。

王阳明根据儿童身心发展的特点和规律提出"使其趋向鼓舞，中心喜悦"的教育思想与方法。在中国古代教育史中，像王阳明这样对儿童教育有如此深刻认识的学者是十分鲜见的。更可贵的是，他认为"乐嬉游而惮拘检"是儿童的天性，成人应当尊重儿童喜欢游戏的天性，儿童早期教育不是抹杀这种天性，而是要利用这种天性。

把儿童"乐嬉游"的天性引导到学习上来，这种教育思想与方法，符合儿童身心发展的特点和规律，能够取得"时雨春风"、"萌动发越"、"日长月化"的最佳效果。这同近现代教育家提出的反对束缚儿童、解放儿

---

①《王文成公全书》卷二。

② 同上。

童的本能与天性的进步主张有相同之处。他在16世纪初叶的历史条件下能够提出这样“现代”的主张，是十分难得的。

王阳明还以种树浇树取譬，说明教育应当因材施教，应当有的放矢，应当考虑到儿童现有的发展水平并给予尊重。他说：“与人论学，亦须随人分限所及。如树有这些萌芽，只把这些水去灌溉；萌芽再长，便又加水，自拱把以至合抱，灌溉之功，皆是随其分限所及。若些小萌芽，有一桶水在，尽要倾上，便浸坏它了。”①

这段话涉及教育学中“教育与发展的关系”问题，它所揭示的便是现代教育理论中这样一个原理：教育应当尊重发展，应当以儿童现有的心智结构的特点和心理发展水平为依据，对准儿童发展的可能性（“最近发展区”），这样教育者才能实现儿童健康成长并不断向前发展的教育目的。

这里值得指出的是，王阳明提出这些教育思想的时间要比西方近现代教育理论的先驱人物夸美纽斯相似思想的出台早一百多年。

除明代的王阳明以外，清代的龚自珍、曾国藩也为我们留下了取譬种植以论教育的文献资料。

龚自珍是清代著名思想家。在《病梅馆记》中，龚自珍以病梅隐喻封建文化与教育对人性的扭曲和摧残。据《病梅馆记》记载，一些文人画士出于赏梅的畸形心理，认为“梅以曲为美，直则无姿；以欹为美，正则无景；以疏为美，密则无态”，结果导致鬻梅者“斫其正，养其旁条，删其密，夭其稚枝，锄其直，遏其生气，以求重价，而江浙之梅皆病”。这样，虽然满足了这些文人画士的观赏要求，但作为梅之自然本性则几乎被摧折殆尽了。龚自珍备感痛惜。应当说，让他更感痛惜的是被封建文化与教育所抹杀的人之自然本性。他借题发挥，毅然以疗“梅”者自任，“予购三百盆，皆病者，无一完者。既泣之三日，乃誓疗之，纵之，顺之，毁其盆，悉埋于地，解其棕缚，以五年为期，必复之全之”。

① 《王文成公全书》卷二。

龚自珍购梅三百盆，也只能救三百盆，其他散落在所谓赏梅者那里的则一仍如旧，无以解放，无以救治。甚至这三百盆既遭砍斫又受束缚，尽管“纵之，顺之，毁其盆，悉埋于地，解其棕缚”，但既然已长成歪脖子树，以五年为期能否恢复直顺，实令人担忧与怀疑！

不知为什么，我读《病梅馆记》，自然而然便想起鲁迅的《狂人日记》，想到鲁迅振聋发聩的呐喊：“救救孩子！”在批判封建的文化与教育方面，《病梅馆记》与《狂人日记》有一些异曲同工之妙。

如果这“梅”是“儿童”的话，恐怕就会留下终身的伤痕了，他有成长的关键期，关键期已过，以后补救便难上加难了。所以教育应当从《病梅馆记》这篇类似寓言的故事中听出几分警告、几分哀叹。儿童教育工作者应当从《病梅馆记》推导出这样的一种观念：教育应当尊重儿童的自然本性，应当给予儿童自由成长的空间，应当使儿童这棵小树柔嫩的树干和枝条自由地享受阳光雨露，这样他才有望成材。

有道是“道法自然”，“无为而无不为”，只要能顺应儿童向真、向善、向美的天性，以适当的教育加以引导、培植和陶冶，儿童便可茁壮成长以至成材。然而由于家长望子成龙、光耀门楣之心过切，再加上自己畸形的人才观念，他们往往不是出于儿童成长的天然需要，而是让儿童服从与其本性相悖的外在要求或安排，不科学的观念导致不科学的行为——过多干涉、干扰、束缚儿童，反而使儿童这一幼苗无法长成枝繁叶茂、有望成为栋梁的大树。对于这部分家长来说，读一读《病梅馆记》，反省一下自己对子女的教育是否贴合孩子的天性，这可以帮助他们走出教育的误区。

除龚自珍以外，清代还有一位人士取譬种植谈论教育问题，这就是清末著名的政治家、军事家、家庭教育理论家与实践家曾国藩。

曾国藩认为“养树通于养儿”。他在给长子曾纪泽的信中说：“尔之天分甚高，胸襟颇广，而于儿女一事不免沾滞之象，吾观乡里贫家儿女愈看贱愈易长大，富户儿女愈看得娇愈难成器。尔夫妇视儿女过于娇贵。柳子厚‘郭橐驼传’所谓旦视而暮抚、爪肤而摇本者，爱之而反以害之。彼谓养树通于养民，吾谓养树通于养儿。尔与家妇宜深晓此意。”[①]也就是说，曾国藩从种树养树中体悟到了教育的智慧。

信中所讲的“郭橐驼传”，即柳宗元所写之传记散文《种树郭橐驼传》。郭橐驼虽身有残疾，但善于种树，善于护树，有着丰富的植树经验和高明的种树技术。他“所种树，或移徙，无不活，且硕茂蚤实以蕃”。别人请教他种树有何秘诀，他的回答是：“橐驼非能使木寿且孳也，能顺木之天，以致其性焉尔。凡植木之性，其本欲舒，其培欲平，其土欲故，其筑欲密。既然已，勿动勿虑，去不复顾。其莳也若子，其置也若弃，则其天者全而其性得矣。故吾不害其长而已，非有能硕茂之也。”郭橐驼种树成功之处，在于他懂得树木的天性，并采取有效措施，顺乎天性，精心培育。他认为树木的“天性”就是：“其本欲舒”（树根要舒展），“其培欲平”（培土要均匀），“其土欲故”（培土要用熟土），“其筑欲密”（捣土要结实），“其莳也若子”（移栽时，要像培养子女那样精心细致），一定要做到“不害其长”。郭橐驼正是顺着树木的自然天性去栽培，从而保护和发展了它的生机，收到了“天者全而其性得”的理想效果。这正是他种树“无不活”的诀窍。而其他种树的人则不然，他们违背了树木生长的天性，种树时“根拳而土易。其培之也，若不过焉则不及”，树根弯曲不伸展，随意更换泥土；培土的时候，不是超过，就是达不到标准。“旦视而暮抚，已去而复顾”，甚至“爪其肤以验其生枯，摇其本以观其疏密”，表面上好像很关心，但结果适得其反，“虽曰爱之，其实害之；虽曰忧之，其实仇之”，以致摧残了树木的本性，扼杀了它的生机。柳宗元在这篇散文中，把“养人”与“种树”相比较，将种树之道“移之官理”，指出官吏的政令一定要适应人事，顺应客观规律，否则，“若甚怜焉，而卒以祸”。曾国藩别出心裁地引用这个故事，旨在说明“养树通于养儿”的道理。他认为，就像种树养树要顺适其本性一样，教养儿女也应当顺乎儿女的

① 钟叔河编：《曾国藩家书》，湖南大学出版社 1989 年版，第 594 页。

自然天性。①

中国哲学(如儒家经典《易经》、道家经典《道德经》等)在认识论上强调“道法天地”、“道法自然”。王阳明、龚自珍、曾国藩等人取譬种植以论儿童教育,也正体现了中国哲学中这一认识论的传统。他们在中国农业经济的背景中提出园丁说思想,似乎有其必然性,然而他们在积习深厚的封建文化背景中,在成人中心主义的灌输式教育背景里提出这些思想,确实又难能可贵。

西方的园丁说在文艺复兴运动中萌芽,并在西方资本主义生产关系迅速发展的过程中得到发展,它应和了西方世界的时代精神,所以得到迅速的传播,并有力地影响了西方的儿童观和教育实践。西方的园丁说思想对西方近现代教育观念的形成与发展作出了重要的贡献。与此相比,中国式的园丁说并未能一脉相承自发地产生出近现代儿童教育理论。

中国的近现代教育观念是在西方文化的强力推进过程中,即在文化殖民主义入侵的背景下被动地发展起来的,这是一个方面。另一方面,一些先进的中国人提出“师夷长技以制夷”的思想,试图通过“以夷为师”,学习西方的先进文化,发展民族资本主义,以此强国强民,中国的近现代教育观念又是在这种积极的心态中主动发展起来的。也就是说,中国的近现代教育观念尤其是近代教育观念的产生与发展是既被动又主动的。

为什么王阳明等人的园丁说未能一脉相承自发地产生出近现代儿童教育理论?王阳明等人的园丁说是在沉闷腐朽的封建文化背景中提出的,因而无法成为社会的主流思想,它几近湮灭,更不可能导致近现代教育理论的产生。另外,西方园丁说的提出者几乎都是从事儿童教育活动的人士,而且试图以教育学专著的形式将此说系统论述,而我国提出类似观点的人往往是从政的官员或书斋中的文人,并非专门从事

① 陈汉才:《中国古代幼儿教育史》,广东高等教育出版社1996年版,第233～244页。

儿童教育研究或儿童教育工作的教育界人士，相关的观点往往只是散见于哲学探讨或政治评论的文献中，没有像西方教育家那样刻意系统地叙述教育学问题。这也是王阳明等人的园丁说未能生发出近现代儿童教育理论的一个原因。

三、园丁说的贡献与局限

园丁说是现代儿童教育理论重要的发源地之一。它把儿童比作种子或花木，把教师比作园丁，取譬种植，探讨儿童教育的规律，指出儿童的发展有其自身的自然规律，有一个由内向外表达的过程，教育应当尊重儿童的发展，应当重视儿童在教育过程中的地位。这些观念都是现代教育理论中的基本观念。

后世学者通过科学研究进一步证明和发展了园丁说的这些具有“现代”色彩的思想。

格塞尔、皮亚杰、乔姆斯基等人揭示了人的自然侧面在人的发展中的重要作用。例如，格塞尔的孪生子爬梯研究、布勒用阿尔巴尼亚婴儿所做的实验工作，即把婴儿包在襁褓之中很久，一旦从束缚中解开，他们就快速发展。这些事实表明，即使所习得的东西最明显地受个体经验与外部环境影响，神经系统的成熟仍然起着根本的作用。这实际上表明，教育的目标和方法是应当尊重儿童发展的生物学因素。在这方面乔姆斯基更是旗帜鲜明地指出：“我们研究心智，即是说，研究在我们的思想的信念、知觉和想象、我们的组织等等背后的原则——就该像我们考察肉体一样。我们可以把心智想象为一个心智器官的系统……这些器官中每一个都有它的特殊的结构和功能，一般地说，由我们的遗传禀赋所决定，它们相互作用的方式在很大程度上也是由生物学性质决定，相互作用提供了心智生活的基础。”[①]可以看出，心智的成长也像肉体成长一样具有其内在的自然规律。而这些思想在园丁说那里可以找

①《乔姆斯基语言哲学文选》，商务印书馆1992年版，第186～187页。

到踪迹和雏形。

把儿童比作种子或花木，把教师比作园丁，这是一种类比。实际上，儿童比种子或花木要复杂得多，教师的工作比园丁的工作也复杂得多，尽管它们拥有共同的或共通的规律。不过，园丁说后来也注意到了这点。裴斯泰洛齐就曾指出，人类与动植物的生长作为生命现象有其一致之处，但是人类又不同于动植物，“人类生命的真正源泉、人类善恶的真正源泉是从人类感觉的自我和感觉的环境中吸收过来的，而不是依附于人的躯体；它超越了一切肉体的羁绊，它是自由的”。[①] 当树木处于旱涝状态时，是否浇水排水取决于园丁的意念，也就是说，树木的死活取决于园丁的安排。但人不同，人可以意识到外部的一些影响并加以自我调整。总之，“树不能自我帮助，人能”，因为人是自由的。[②] 正如裴斯泰洛齐已指出的那样，人与植物毕竟也有不同的地方，仅仅是取譬种植谈论教育并不能揭示教育的全部内涵。萨特曾指出“存在先于本质”，这是针对人这一概念而提出的。人的成长受周围环境的影响，同时，人面对同一环境又可以有一定的自由选择，从而主动地参与自我模塑活动；花木对于园丁是受动的，而儿童面对教师则有其积极主动的一面，因而教师的工作要比园丁的工作复杂许多。

现代学者已注意到，儿童发展是一个由内向外的自然发展过程，同时又是一个由外向内、使外部文化变为内在精神的过程。杜威、维果茨基、蒙台梭利等具有国际声誉的学者都持有这种观念。福禄培尔在一个半世纪以前说过的一段话至今依然值得我们注意，他说：“人类发展的开始阶段是童年时代，主要是为了生存的生命，所以这一段是把内在东西表现于外部。少年时代主要是学习阶段，把外部的东西变成内在的。”[③]我觉得这是很有道理的。对于学前教育来说，我们应当在思想上

① 《裴斯泰洛齐教育论著选》，人民教育出版社 1992 年版，第 323 页。
② 同上，第 322 页。
③ 转引自[英]伊·劳伦斯著，纪晓林译：《现代教育的起源和发展》，北京语言学院出版社 1992 年版，第216 页。

特别注意福禄培尔这一提醒，那就是，儿童越年幼，由内向外发展的自然过程就越值得加倍重视。

第三节 儿童的本能与儿童的教育

一、偏见：儿童、本能与恶

从古至今，人类对儿童有一种错误的看法，那就是认为儿童是与恶联系在一起的。例如，在欧洲历史上，原罪说的儿童观（儿童是生而有罪的）曾长期左右人们对儿童的认识；在中国，“三天不打，上房揭瓦”的古老谚语至今仍然流行于成人中间。即使到了现在，类似的声音依然不绝于耳。著名的精神分析运动的创始人弗洛伊德就持有类似的看法。

弗洛伊德认为，儿童生而具有的本我是一个贮存着各种本能欲望（无意识）的仓库，这些沸腾的欲望是与文明（或文化）背道而驰的，所以要受到文明的压抑。在文明的抑制下，代表文明的超我最终（通过自我）捆绑起本我。（超我最初是由外在于儿童的成人文化代表的，后来才逐步内化在儿童心中。）在弗洛伊德看来，幼小儿童是不具有超我的，它只具有可恶的本我。所以在弗洛伊德那里，文化应当如何对待儿童已经不言而喻——文明对儿童的捆绑、控制是天经地义的。

本能与文明相悖相克，在弗洛伊德以前，著名的哲学家、教育家赫尔巴特也持这种观点。他认为儿童生来就具有“盲目冲动的种子”，成人必须采取强制性手段甚至暴力，以保证“不让他们干蠢事”。

类似赫尔巴特、弗洛伊德的这种论调受到一些学者的抵制。事实上，我们可以借鉴古人的一些观念来反对这种论调。例如，孟子的“四端说”认为，文明的萌芽实际上蕴含于本能之中；夸美纽斯的“种子论”认为，在儿童身上“自然地播有知识、道德和虔诚的种子”。而在现代，荣格则在现代科学的背景下，提出了更为有力的阐说。

二、儿童的本能：意识生活之根

荣格信仰达尔文的进化论，他还懂得个体的发生与种系的发生是一致的。他认为，儿童与生俱来的精神生活是古老的、动物式的、无意识的，意识生活是在这种动物式的生活中萌生出来的。“无意识是意识永不枯竭之源。意识在童年期由无意识发展而来……”①“儿童的意识是由他的无意识的精神生活深处产生的，起初像分裂开的岛屿，然后逐渐组合成一块大陆——一块不断堆积的意识大地。”②儿童的无意识的生活是今后一切意识生活的根基。儿童并不必然地代表着邪恶，事实上，他的无意识生活为今后自觉的文明的道德生活提供了滋生的土壤。因此，对待儿童，不应当是捆绑，而是顺应其本性的自由的放飞。

儿童的精神生活是独具魅力的。尽管儿童真正清晰地意识到的生活是很少的，但这并不是说他不拥有精神生活。实际上，儿童的精神生活是非常丰富的，他在自己的游戏、梦想中可以上天入地、降魔伏道，他的世界要比他长大成人以后所发现的那个客观宇宙更为广大。他的神通广大，他的丰富的世界来源于他的历代祖先的世界，他的世界是历代祖先的世界的叠加、积淀、浓缩。由于他的大部分精神是类的而非个人的，是无意识的而非有意识的，所以他的世界才显得更为纯真，这种纯真是一种生物学上的真，因而我们称其为“天真”是非常确当的。由于这种纯真是一种生物学上的真，儿童关于世界的观念、儿童的艺术、儿童的梦想、儿童的游戏、儿童的生活才那样的富有教益和魅力。儿童的生活与其说是个体的生活，不如说是集体的生活、类的生活，儿童的成长是历代祖先血肉相继的进化历史的一个缩影。儿童的全部生活，都

① [瑞士]荣格著，刘光彩译：《怎样完善你的个性》，中国国际广播出版社 1989 年版，第 117 页。

② 同上，第 190 页。

是史诗，都是描绘历史的诗篇。儿童的生命宛若史诗。[①]

谈到这里，我们已经打碎了过去认为儿童与恶必然关联的观念。在我们心中，儿童已从一个小鬼、已从撒旦的爪牙变成了生命史诗的载体，变成了值得成人推崇的生命个体。这与历史上一些有识之士对儿童的认识是交相呼应的。例如，李贽十分推崇“童心”，福禄培尔认儿童为师，蒙台梭利号召向儿童学习……

儿童尚未发育成熟，意识生活尚未发达，然而，就像荣格所认为的那样，在儿童身上蕴含着成年以后复杂的意识生活的始基。“童年不过是一种过去的状态而已。……儿童生活在一种前理性状态中，尤其是生活在一种前科学的世界里，每个人都是由这些根茎生长出来的。”[②]不要轻视儿童的本能和无意识的精神根茎的发育，一旦出现差错可能会使个体日后产生各种精神症状。精神分析所看重的释梦方法，其目的就是追溯个体的童年生活，恢复某种与史前时代相对应的“记忆”，找到意识生活的原始本能和无意识层面的根基，以发现患者过去的无意识生活中致病的精神创伤。

三、顺性而动

本能与无意识是意识的发源地，是意识成长的根基。所以，意识的成长是不能脱离本能与无意识的。然而我们的文明向来是蔑视本能与无意识的。我们把我们身上的本能与无意识看作是欲望之源，是人身上留存的动物性的“尾巴”。我们成人不敢面对自己的本能与无意识，而且试图让儿童从小就远离本能与无意识，甚至试图纠正儿童无意识生活中的内容。然而，就像一位生态学家冠其书名的那句话“自然不可改良”一样，本能与无意识也是无法改变的。它们作为个体精神系统中的一部分内容，不仅作为意识成长的根基而存在着，而且也作为心理生

① 刘晓东：《儿童精神哲学》第七章，南京师范大学出版社1999年版。

② [瑞士]荣格著，刘光彩译：《怎样完善你的个性》，中国国际广播出版社1989年版，第148页。

态学上的不可或缺的内容存在着——荣格以及荣格学派的重要成员诺依曼都认为，没有恶也就没有善，没有善也就没有恶，善与恶是相互依存的。个体要真正走向自我实现，他就应当将整个进化史和整个宇宙赋予他的全部潜能俱尽其性地充分展开，这样他的人生才能避免异化、分裂而走向整合、完美与超越。①《礼记》中有这么一段话："唯天下之至诚，为能尽其性。能尽其性，则能尽人之性；能尽人之性，则能尽物之性；能尽物之性，则可以赞天地之化育；可以赞天地之化育，则可以与天地参矣。"对待潜能，我们应当"至诚"，听任其召唤，任尽其性。任尽其性，单纯的恶就会被善包容，因而也就不会起什么祸害。我们承认本能或无意识有其任性的一面（恶），但同时我们也不要忘记，本能与无意识又有其趋向有序的一面（善）。我们承认有善有恶，然而只要顺其天性而动，人性最终达成的不是传统所要求的乌有的单纯的善，而是一种具有包容性的丰富的善。这种人性论对于我们如何对待儿童时期精神生活中的本能与无意识内容、如何进行儿童教育具有重要的意义。

四、"吾道不孤"：罗素、梭罗、周作人、鲁迅

反战主义者罗素曾容忍自己年幼的儿子玩黑胡子杀妻的野蛮游戏，他认为这种野蛮游戏恰恰有助于儿童最终脱离野蛮。罗素曾得意扬扬地报告他儿子曾有过这样一件轶事：罗素的妻子有次给年幼的儿子讲黑胡子（法国民间故事中连续杀掉 6 个妻子的恶人）的故事以后，儿子在游戏中坚持选择扮成黑胡子，并认为黑胡子的妻子不服从命令，杀死她们是应得的惩罚。在游戏中他甚至表演出把女子的头颅血淋淋砍下的恐怖情景。也许有人会质问罗素：作为一个著名的和平主义者，你怎么可以允许幼稚的儿子有杀人的念头而津津乐道呢？面对这一问题，罗素坦然地认为："教育主要在于本能的培养，而不是压抑本能。"②

① ［德］埃利希·诺依曼著，高宪田等译：《深度心理学与新道德》，东方出版社 1998 年版。

② ［英］伯特兰·罗素著，欧阳梦云等译：《论教育尤其是儿童教育》，收编于《幸福之路》，文化艺术出版社 1998 年版，第 559 页。

在孩提时代通过装扮黑胡子可以大致地满足一下他的权力支配欲。如果成人把他的权力支配欲在儿童时期就消灭于萌芽状态，他就会心灰意冷、暮气沉沉，不做好事也不伤害他人；这种不做坏事也不做好事的懦夫不是世界需要的人，也不是我们要努力培养的孩子。在儿童年龄尚小不足以造成破坏时，应当顺应他自然的天性，任其在梦想的王国里过着远古野蛮祖先的生活。不要害怕孩子将总是保持在这一水平上，因为你会给他提供获得更多高尚的满足所需要的知识和技能，儿童本人亦有追求更为高级更为高尚的生活的本能。罗素声称："我是个小孩子时，特别喜欢翻跟斗。但是现在我从不翻了，尽管我认为这么做没有什么邪恶之处。同样地，喜欢扮演黑胡子的孩子也将会改变口味，而学习以其他方式寻求权力。"①

人道主义者梭罗曾认为，为了让儿童尊重生命，应让儿童拥有一个狩猎阶段。梭罗认为在种族历史和个人成长过程中存在着一个完全的野性本能阶段。从种族进化史和个体进化史角度来看，都会发现人类是从野蛮状态进化到文明状态的。"就像在种族历史中一样，在个人历史中也有这样一个时期，那时狩猎者正如印第安阿尔贡金部落所称的，是'最了不起的'。对于一个从未放过枪的男孩，我们只会觉得可怜；他不再是一个仁慈者，因为他的教育令人悲哀地忽略了他。"②不过，梭罗并不希望儿童永远处于这种血腥的野蛮状态，他相信儿童会超越这一阶段的，就像英国哲学家罗素宽容地理解年幼的儿子玩残忍的杀人游戏一样。

罗素与梭罗的这些见解很容易使人想起周作人在《儿童的文学》(1920)中所发表的类似的思想：儿童的生活"是转变的生长的"，"我们可以放胆供给儿童需要的歌谣故事，不必愁他有什么坏的影响，但因此我们又更须细心斟酌，不要使他停滞，脱了正当的轨道……因为知道这

① [英]伯特兰·罗素著，欧阳梦云等译：《论教育尤其是儿童教育》，收编于《幸福之路》，文化艺术出版社 1998 年版，第 559 页。

② [美]亨利·梭罗著，徐迟译：《瓦尔登湖》，吉林人民出版社 1997 年版，第 200 页。

过程是跳不过的——然而又自然的会推移过去的，所以相当的对付了”。周作人倡导儿童教育“务在顺应自然”，他认为“儿童的精神生活本与原人相似”，成人应“顺应满足儿童之本能的兴趣与趣味”。① 鲁迅亦主张顺应自然教育，他认为：“我们从古以来，逆天行事，于是人的能力，十分萎缩……”②

从这里可以看出，罗素、梭罗、周作人、鲁迅等人显然会赞同笔者的上述看法的，用句套话来说就是“吾道不孤”。正因为如此，我想在下面就儿童教育再谈一些看法。

五、儿童教育：尊重儿童的本能

在儿童的精神世界中，存在着野蛮、神秘、梦幻、荒唐，我们往往会觉得那是空想，没有意思，还可能有害。然而实际上，对成人有害者，对成人无意思者，未必对儿童有害和“无意思”。周作人早就发现了这么一点。他在《儿童的书》中说：“我觉得最有趣的是那无意思之意思的作品。安徒生的《丑小鸭》，大家承认它是一篇佳作，但《小伊达的花》似乎更佳；这并不因为它讲花的跳舞会，灌输泛神的思想，实在只因他那非教训的无意思，空灵的幻想与快活的嬉笑，比那些老成的文字更与儿童的世界接近了。我说无意思之意思，因为这无意思原自有它的作用，儿童空想正旺盛的时候，能够得到他们的要求，让他们愉快的活动，这便是最大的实益，至于其余观察记忆、言语练习等好处即使不说也罢。”对成人可能无意思者，未必对儿童无意思。儿童觉得有趣，觉得满足了他幻想的需要，此可谓大有意思，有大意思，对于儿童必然具有丰富的教育性，必然对于儿童的发展具有重大意义。

儿童精神世界中表现的野蛮、荒唐，被成人视为毒药、臭粪的，对于儿童的成长却可能是养料和除虫剂。臭粪固然臭，但它可以化腐朽为

① 周作人：《儿童的文学》。
② 鲁迅：《我们现在怎样做父亲》。

神奇，为植物提供成长的养料；毒药固然毒，但它可以以毒攻毒，可用以杀虫除害。我们在这里接受臭粪和毒药，是取它们的工具价值而不是视它们为目的、结果。不过在这个问题上或许会引起误解和争论。我觉得斗嘴是大可不必的，关键问题是如何具体处理儿童精神生活中作为成长发展阶梯的恶与作为成长结果的恶。将二者区别开来，这是一个难题。

我们成人往往对儿童的某些天真的本能需要感到忧虑，我们常常善意地控制孩子的一些本能的需要，结果往往是好心办了坏事。我们现在的儿童教育中存在着庸俗的“实用”主义、机械的道德主义，存在着打着“道德教育”、“社会责任”的旗号，侵占儿童与其年龄相适应的那种自然的、本能的、对成人来说“无意思”但对儿童极为有意思的生活需要。我们的“社会化”、“教育性”、“社会责任”、“道德教育”的许多内容或许与初衷相反，是违反教育性的、违反社会责任的，因为，满足儿童的生活需要和成长需要才是我们对儿童的责任。

有些东西，按成人自身的尺度，或许是应当祛除的，然而，对于儿童则不然，恰应满足之，因为这正是他以后发展为一个健全的好人、完人的基础。逆其本性，阻遏其自然需要，也就断了儿童成长所需要的“营养”、断了儿童所欲同化、加工的材料，因而，他便会受伤、枯萎。

儿童教育应当尊重儿童的本能。在儿童的活动不至于影响自身健康和他人权利的情况下，成人应当尊重儿童自发的游戏，尊重儿童似乎荒唐的梦想，尊重儿童反映自己发展特点的创作主题和创作方式，尊重儿童反映自己本性的生活需要，并通过游戏、文学作品、艺术创作等活动适当满足儿童的这些自然需要。在这方面，罗素的智慧与宽容为我们树立了一个可供仿效的榜样。不用担心这样会使儿童上了贼船，因为，正如周作人所说的那样，儿童的生活“是转变的生长的”。

当然，尊重儿童的本能，这是我们提倡的一种原则，而不是一种具体的方法。具体贯彻这一原则时应当注意适当有度。也就是说，尊重儿童的本能，并不是一味地无条件地满足。本能的满足应当注意遵循儒学倡导的“中行”、“中道”、“中庸”的思想。本能的满足不能“过”，亦不能“不及”。譬如，饮食是一种本能需要，不让人吃饭是要死人的，但是，让人吃饭又不是一味地追求山珍海味。过或不及都是错误的。对待儿童的本能亦应如此。

尊重儿童，解放儿童，这是福禄培尔、杜威、蒙台梭利等教育家伟大思想的精髓之一。如果认为儿童是贮藏邪恶欲望的容器，生来就具有“盲目冲动的种子”，那么，儿童就必然会受到成人的压制与束缚。只有成人同情、理解、欣赏儿童的生活，才能真正做到给儿童松绑，还儿童自由，使儿童真正获得解放。

第四节 儿童教育与儿童发展①

一、儿童教育与儿童发展的辩证关系

儿童的发展遵循着其自身的自然规律，如同自由落体遵循着万有引力定律一样。要改造物理世界，我们必须尊重物理规律，同样，旨在培养人的教育欲达成效亦必须尊重人的发展规律。

在教育思想史上，许多人已意识到教育必须按自然规律办事，必须尊重儿童的发展规律。16 世纪的一位名为克里索托姆的神父认为最好的教师会对自己说：“问题不在于我自己理解了，而是怎样才能适应儿童的能力。拉着孩子的手走路，就要放慢到孩子走路的速度；在教学中，必须像保姆用小匙喂孩子吃饭一样，要慢慢地，甚至是一点一点地传授知识。如果对孩子来个倾盆大雨，一次喂一大堆东西，那就会白白费力，而且阻碍其理解。”②类似的认识还有许多。其中最为著名的有夸

① 本节内容参见刘晓东：《儿童教育新论》第二章，江苏教育出版社 1998 年版。

② ［英］伊・劳伦斯著，纪晓林译：《现代教育的起源和发展》，北京语言学院出版社 1992 年版，第 90 页。

美纽斯、裴斯泰洛齐、福禄培尔等人提出的园丁说，卢梭提出的否定教育论。这些认识有一个共同的特点，那就是，它们以常识为前提，借比喻或类比进行推导，因而是感悟而不是科学论证。

从科学的层面上对教育与发展的关系进行分析还是近百年以内的事情。其中洛伦兹的习性学研究，维果茨基、皮亚杰、费歇尔等人的心理学研究对说明教育与发展的关系作出了重要贡献。

习性学家康纳德·洛伦兹发现了“印刻”这一现象，并从中推断出发展的关键期的思想。所谓关键期，是指在个体发育中的某个时期，动物对某种类型的环境影响特别敏感，而且该种类型的环境影响会对这一时期发展的方向及进程发挥重大作用。当这一时期结束后或者尚未到来之前，该种类型的影响可能不起作用，甚至会起相反的作用。例如，如果在个体发育期间用蜂王浆喂养蜜蜂，那么这只蜜蜂将会成为蜂王，但这常常只是在其发育的一定阶段开始喂养并继续坚持方能奏效，如果贻误了这一发育期，那么同样的喂养并不会产生相应的效果。如果在其他时期给蜜蜂喂养蜂王浆，由于幼虫的发育点不同，它的发育也不同，甚至会产生相反的结果。从这里可以看出，相同的外部影响施之于有机体发展的不同时期，可以对发展进程产生中立的、正面的或者负面的影响。

与关键期相关联的思想很易于从动物个体发育的领域移植入人的发展，尤其是儿童的发展领域。维果茨基谈论了关键期的思想之后便自觉地进行了这种移植与推论。他使用一个很通俗的推论来说明这种推论的合理性：“谁不知道，如果我们像喂养 7 岁儿童那样喂养婴孩的话，那么原来对 7 岁儿童起良好作用的影响，对另一年龄的儿童则会产生最有害的反作用。”①

关键期的思想可以提出一个关于教育与发展的关系的假说。第一，教育依赖于儿童成熟的水平，因而儿童尚未达到某种成熟时便进行

① [苏]维果茨基著，余震球译：《维果茨基教育论著选》，人民教育出版社 1994 年版，第380 页。

难度明显高于这一水平的教育活动，这是不适宜的。第二，大年龄儿童学小年龄儿童应学的东西不一定那么容易学到，而且也不一定掌握得那么好。如果一个儿童由于某些原因8岁前未能学会说话，从8岁才开始学说话，事实上，8岁儿童比1岁半儿童学说话要困难得多，学习的时间也长得多，而且不能达到后者的效果。但最主要的还在于，这种为时已晚的教育在儿童的发展中不能起到它在关键期内所能起到的作用。第一点假说现已为格塞尔著名的双生子爬梯训练的实验所证实，第二点假说则为有关兽孩的一系列发展研究所证实。由此可见，对发展关键期的任何向上或向下的偏离，即过早或过迟地实施教育，从发展的观点看，总是有害的，会对儿童的成长产生不良的影响，而且，如果从功效学的角度来看，过早或过迟地实施教育，也是一种教育投资的浪费。这些思想已经是科学的结论。因此，“对于一切教学、教育过程最富有实质意义的，还是那些正处于成熟期而在施行教学时刻尚未完全成熟的过程”。[①] 关键期又被称为敏感期。蒙台梭利将“敏感期”概念作为学前教学与发展的基础。不过，笔者还不能确定，她的敏感期是不是受之于习性学的“关键期”概念。但不论然否，二者的意义是大致相当的。可以认为，“关键期”这一概念对理解教育与发展关系确实发挥了重要的作用。

一些新近的研究进一步揭示了教育与发展的关系。例如，以美国哈佛大学费歇尔教授为代表的一些学者提出了“成长与发展的非线性动态模式”。费歇尔等在利用计算机技术研究成长模式时，惊讶地发现了一个与皮亚杰所批评的加速儿童早期发展的问题相似的现象。皮亚杰认为，人为地推动儿童超越其自然的水平，无异于训练动物在马戏团中表演杂技，这种做法对儿童的正常成长并无益处，反而可能导致长期发展中的阻滞。

费歇尔等人不仅证明了皮亚杰的有关思想，而且进一步揭示：在某

① [苏]维果茨基著，余震球译：《维果茨基教育论著选》，人民教育出版社1994年版，第382页。

种行为上的不当刺激所导致的短期变化，会对人的整体成长系统产生弥散性的影响，使整体发展脱离平衡状态，并且在接受不当的催熟刺激的那个领域，产生较为低下的发展水平。

费歇尔等人还提出，当成长速率过于高涨时，可能导致系统成长的紊乱无序。在这个意义上可以说，为了导致稳定的平衡的系统的发展，应保持比较平衡的成长速率，使得成长过程呈相对平衡的趋势。由此可见，教育和干预所提供的支持性影响应当是适宜有度的，各领域之间的联系和影响应当是适中的，这样才有利于系统的成长、整体的发展。[①]可以看出费歇尔等人的研究对于丰富和加深人们对教育与发展的关系作出了新的贡献。

综上所述，我们以为教育与发展具有以下关系：

1. 发展决定着教育。儿童的发展状况决定了教育所应当采取的内容和方式，教育是由发展制约着、决定着的，或者说，教育从属于发展。

2. 但另一方面，教育又创造着发展。没有教育，儿童的发展将会是另外一番景象，甚至可以这样说，没有教育，儿童就无法成为真正意义上的人，他只能作为一个纯粹的生物体而存在。从这一角度看来，发展是由教育制约的、决定的、创造的。

3. 不过，尽管教育创造了发展，但它所创造的发展又必然遵循着儿童发展的“必经途径”(皮亚杰)，教育对发展的创造不是任意的、无边无际的，它的创造过程立根于发展，而且它的创造结果又必然地符合儿童发展的自然进程。因而，教育与发展是相互制约、相互决定的。

二、教育应当尊重儿童发展的自然速率

生物学上的成熟只为儿童心理发展提供可能性(这种可能性是一种抽象的存在)，现实的具体的发展则要依赖于主体与文化的相互作用

---

① Fischer, K. W. & Bidell, T. R.. (1996). Dynamic development of psychological structures in action and thought, In press in handbook of child psychology (W. Damon, Ed), N, R, Wiley.

以及与此同时必然存在的主体内部矛盾的运动变化。如果儿童在其心理发展的关键期没有得到适宜的外部条件，成长就无法现实地表达出来。这样，该成长阶段的任务就无法完成，从而下一阶段便失去现实的具体存在的逻辑前提，成长就会停滞不前。例如，由于早期成长中缺少适宜的文化的刺激，十几岁的狼孩被人发现时其智力只相当于很小年龄儿童的水平。

只有先天因素，阶段的连续性只是一个抽象的存在；只有后天因素，阶段的连续性便找不到其现实存在的根据；只要先天因素与后天因素相互作用，阶段的连续性就能具体地现实地存在。具体的现实的阶段连续性是先天与后天辩证统一的结果。

虽然活动、教育、文化环境是影响发展的，但是这种影响是局限于阶段的时限以内的，发展阶段的递续时间或速度并不为外部条件所左右（除非发展停滞下来）。例如，当儿童尚无任何数概念的时候，有些家长过早地教儿童数数（譬如数到 50 或 100），即使儿童这时候学会了数数，但这并不能说明儿童获得了这些数概念，而只能说明他们学会了一种纯粹的言语记忆游戏。也就是说，这种过早的习得并不能影响儿童形成数概念的“必经途径”。即使教育的影响使儿童在某一领域获得了一些胜利，但在各种“必经途径”的相互协调问题上仍然不能得到解决。例如，一些“少年大学生”虽然在试卷上获得了高分数，但他们仍然像同龄的孩子那样游戏，把弹弓、铁圈一类的儿童玩具带进大学。这表明他们心理整体的发展阶段仍然未能超越发展的“必经途径”。

然而，曾有学者相信无限制的加速是可能的和可取的。布鲁纳于 1960 年曾极端地主张任何知识可以以适当的方式教给任何年龄的任何儿童。据说后来他对此说并不坚定地主张了。皮亚杰曾引用格鲁布的两项研究来反对“无限制的加速”这种主张。格鲁布的第一项研究是发育中的小猫的情况。他指出有些小猫在获致稳定物体的“概念”中同婴儿一样经过同样的一些阶段，并且能在 3 个月中获得婴儿在 9 个月中得到的成就。但是以后它们不再发展了。皮亚杰从这一结论中推测，

“儿童发展的较慢速度也许有利于最后更大的进展”。[1] 格鲁布的第二项研究是关于达尔文的某些主要概念，这些概念在他的理论中出现得特别晚，它们是他以前一些观念的合乎逻辑的结果。皮亚杰认为：“这种创造的惊人的缓慢速度是否成为丰富多产的一个条件，或者只是一个可悲的偶然事件？这些都是认识心理学中尚未解决的主要问题。”[2] 不过，我们可以看出，皮亚杰是倾向于承认“这种创造的惊人的缓慢速度是丰富多产的一个条件”这一假设的。无独有偶，格鲁布的研究结论还可以为爱因斯坦的一件轶事所佐证。据说，有一次人们问爱因斯坦：“您为什么能创立使我们物理现实的认识发生巨大变化的理论？”他是这样回答的：“只不过因为我和我的同龄人不同，他们早在上学的时候就很好地把握了什么是时间和空间，而我到了成年以后还不了解这些东西。”[3]当然，这段话并不是说明爱因斯坦成年以前没有时空直觉，而是说明爱因斯坦超常识形态的时空概念的形成比较迟晚。综上所述，我们可以看出，加速发展可能会使发展如同蜻蜓点水而浅尝辄止（另外，加速发展还会受到主体内因的抵制），而缓慢的发展则可能使发展的潜力充分地表现出来。但另一方面，我们指出缓慢的发展可能有利于挖掘发展潜力，并不是怂恿人们放弃对儿童的教育影响而任其自流或有意地让其缓慢发展。“缓慢发展有利于充分发展”这一假设是作为“加速发展”这一思想的反动而提出的。然而我们也应当看到，“缓慢发展”又要受到“发展的关键期”这一概念的反动。错过了关键期，发展的质量又会受到不良影响，甚至会错失发展的机会。

论述至此，我们可以发现，“加速发展”是行不通的，而“缓慢发展”与“发展的关键期”这个概念又相互制约，这必然会使我们得出这样一种结论，即对于一个主体来说，从一个阶段到下一阶段的过渡存在一个不快不慢的最佳速率，这一速率恰恰是大自然规定的速率，这一速率亦

---

① 皮亚杰：《皮亚杰发生认识论文选》，华东师范大学出版社 1991 年版，第 18 页。
② 同上。
③ Q. T. 米哈伊洛夫：《意识与自我意识》，载《哲学译丛》1991 年第 1 期，第 18 页。

是儿童发展的一种客观规律。教育应当尊重这一自然的速率。

那么，这个发展的自然速率如何确定呢？

精神的物质基础是神经生理组织。大脑等神经生理系统的发育阶段是儿童精神成长阶段存在的物质基础。儿童心理发展从一个阶段到下一个阶段过渡的最佳速率是由大脑等神经生理系统发育中相应阶段过渡的速率决定的。因此，要想确定儿童心理发展的最佳速率，就必须对儿童神经系统发育的速率进行研究。只有对儿童神经系统发育的速率有所了解以后，我们才能自觉地据此适时地以适宜的丰富的外部文化条件刺激主体，使儿童的精神获得高质量的充分的发展。

第五节
学前教育：教学的“大纲”应当符合儿童的“大纲”

在上面，我们谈到了儿童教育与儿童发展的辩证关系。如何使学前教育正确地体现这一辩证关系呢？

维果茨基在其论文《学前教学与发展》中提出了儿童的“大纲”和教学的“大纲”两个概念。他认为，3 岁前儿童的教学（按教学一词的广义理解，就像平常所说的儿童在 1 岁半到 3 岁之间学习语言）的特点是，儿童“按照自己的大纲进行学习”。[①] 儿童所经历的各个阶段的次序，其所延续时间的长短，不是由母亲的教学大纲所决定的，而是基本上由儿童从其周围的环境中吸取的东西所决定的。例如，尽管儿童言语的发展是依据其周围人们言语的丰富或贫乏的情况而变化的，然而，言语的教学大纲是儿童自己决定的。在这一年龄段，母亲的教学大纲与儿童自己的大纲相比，其作用是微不足道的。维果茨基将这类教学称为自发型教学。[②]

---

① [苏]维果茨基著，余震球选译：《维果茨基教育论著选》，人民教育出版社 1994 年版，第 378 页。

② 同上。

自发型教学是教学的一个极端现象，而教学的另一极端现象是反应型教学。所谓反应型教学，就是儿童自己的大纲与教学的大纲相比是微不足道的，例如，比较复杂的数学教学就是一种反应型教学，这类教学一般适用于高年级大年龄儿童的学校教育。而3岁以后的学前儿童的教学则处于这两种类型的教学之间，所以维果茨基将这种教学称为自发-反应型。不过，值得注意的是，维果茨基指出，自发型和反应型教学在学前教育中不是固定地绑在一起的，二者的比重应当随儿童年龄的变化而发生变化，而且，从总体上来讲，学前教育应当更接近于自发型教学。

维果茨基指出，尽管3岁以后的学前儿童已有可能采用某种教学或教育的大纲，但是，“它在某种程度上仍然应当是儿童自己的大纲”；学前教育是否成功，取决于“教师的大纲变成儿童自己的大纲的程度”。① 维果茨基在《学前教学与发展》一文中反复强调了这一观念，其中有一处是这样说的：“这个大纲（引者按，即教学的大纲）应该也是儿童自己的大纲，就是说，大纲实施的次序应符合儿童情感丰富的兴趣，符合他的与一般概念相联系的思维特点。”②

维果茨基认为，成人或教师的大纲如果偏离了儿童自己的大纲，是断然难以实现的。而分科教学和超前教育便违背了儿童自己的大纲。他说：“如果我们给自己规定了任务，让儿童在学前期便完成学校大纲，就是说，授予儿童每门学科的按其逻辑编排的系统的知识，那么很明显，我们永远也不会完成这个任务——即将传授知识与使这个大纲变成儿童自己的大纲结合起来。”③值得注意的是新中国成立后，我们曾一度学习苏联的幼教思想，将它们的分科教学模式搬进了我们的幼儿园，并过分地强调了教学对发展的创造这一观念。由此可以看出，维果茨

---

① [苏]维果茨基著，余震球选译：《维果茨基教育论著选》，人民教育出版社1994年版，第379页。

② 同上，第386页。

③ 同上。

基关于学前教学的正确论述在其自己的国家并未受到应有的重视。

然而，维果茨基并非孤身奋战。许多著名的教育家和心理学家在彼此不同的理论框架里提出了极其相似的观念。

杜威提出："低年级的特殊问题当然是要抓住儿童自然冲动和本能……"[①]这种观点如果用维果茨基的话来讲，就是教学大纲应当瞄准儿童的大纲，应当向儿童的大纲看齐。而维果茨基的这种说法又恰恰与杜威所主张的教育应以儿童为中心的观点是相通的。

著名的幼儿教育家蒙台梭利也提出过类似的观念。在其最后的一部著作《有吸收力的心理》中，她也像维果茨基那样不厌其烦地强调：幼儿教育应当尊重儿童的发展，应当与幼儿的发展水平相适应。她曾指出，"大自然为了保护儿童免受成人经验的影响而给予能促进儿童发展的内在教师以优先权"，每个儿童身上都存在着这样的"内在教师"，"其教学技巧之高可以使世界各地的儿童都取得相同的成绩"。[②] 可以看出，蒙台梭利所说的这个"内在教师"的工作实际上就是维果茨基所说的儿童自己的发展大纲。蒙台梭利关于学前儿童发展与教育之间关系的认识，是与维果茨基有相似之处的。让我们再看一下蒙台梭利具体说了些什么：

"在最初几年，教育只能被理解为帮助发展儿童的先天心理能力。也就是说我们不能够采用依靠讲授的保守的教学方法。"[③]

"教育并非教师教的过程，而是人的本能发展的一种自然过程。不是通过听，而是依靠儿童作用于环境获得的经验。教师的任务不是讲解，而是在为儿童设置的特殊环境中预备和安排一系列有目的的文化活动主题。"[④]

---

① [美]约翰·杜威著，赵祥麟等译：《学校与社会》，见《学校与社会·明日之学校》，人民教育出版社 1994 年版，第 93 页。

② [意]蒙台梭利著，任代文主译校：《蒙台梭利幼儿教育科学方法》，人民教育出版社 1993 年版，第 326 页。

③ 同上，第 324 页。

④ 同上，第 327 页。

“我们教师只能像仆人侍奉主人那样地帮助儿童进行工作。”[①]

蒙台梭利在其幼儿教育学框架中阐述了与维果茨基相通的教育观念，并充满感情地表达了自己的教育追求。

杜威强调儿童早期教育应当尊重儿童的本性、本能，并应以此为起点，维果茨基强调儿童早期教育应当尊重儿童自己的大纲，而蒙台梭利则明确指出，儿童早期的心理是一种无意识心理，是一种具有自发的吸收力的心理，教育应当尊重并利用这一心理。在这一点上，无疑蒙台梭利的观点与杜威以及维果茨基是相通的，不过，蒙台梭利的观点更为鲜明、丰富，充满着感情。

事实上，儿童早期的心理主要是一种无意识心理，这是精神分析学和深层心理学的基本观念。著名心理学家荣格就曾指出，儿童最初的精神世界是无意识的，“儿童的意识是由他的无意识的精神生活深处产生的，起初像分裂开的岛屿，然后逐渐组合成一块大陆——一块不断堆积的意识的大地”。[②] 荣格还有一个观点，那就是认为无意识比意识更丰富、更宝贵。事实上，维果茨基、杜威、蒙台梭利等都把意识看成是不断发生的，还有，他们都不认为无意识世界里的内容是可恶的，他们都强调教育不应当压抑而应当顺应这些内容，并利用这些内容的启动与表达来推动儿童意识生活的不断成长与壮大。蒙台梭利就曾说过：“（儿童的）这种无意识心理未必低劣，无意识心理可能是最富有才智的。我们发现这种无意识心理在各个物种中甚至包括在昆虫当中都在起作用。儿童正是具备这种无意识类型的智力，而且这就是儿童取得惊人发展的原因所在。”[③]确切来说，蒙台梭利真正的过人之处不在于她认为儿童早期的心理是无意识的，她真正过人之处在于：她发现儿童早

① [意]蒙台梭利著，任代文主译校：《蒙台梭利幼儿教育科学方法》，人民教育出版社 1993 年版，第 328 页。

② [瑞士]荣格著，刘光彩译：《怎样完善你的个性》，中国国际广播出版社 1989 年版，第 117 页。

③ [意]蒙台梭利著，任代文主译校：《蒙台梭利幼儿教育科学方法》，人民教育出版社 1993 年版，第 342 页。

期的这种无意识心理具有吸收性的能力，它不断自发地按照其自己的本性、自己的尺度、自己的机制将周围环境中的一切信息筛选、加工、固结于自己的心理世界，因而，这一吸收性的心理是极富智慧的。她认为这一智慧并非人为的，而是自然赋予的。“儿童的意志与自然的意志是一致的，儿童在一条一条地遵循自然的规律。”①儿童的有吸收力的心理是自然的造化，是自然的智慧在儿童身上的体现。

蒙台梭利对儿童有吸收力的智慧是极为看重的，甚至是崇拜的，她向往着将这一智慧永远地保持在人身上。在其著作中，她对此不止一次地大发感慨：

“如果我们能够随时随地聪明地对待儿童，理解其最迫切的需要从而延长儿童这个具有吸收能力的时期那该有多好呀！”②

“如果我们能够保留我们在儿童时所具有的那种奇妙的能力该有多好啊！那时我们总是快乐地嬉闹玩耍，又蹦又跳，同时在不知不觉中学会了那些人之为人的最重要最基本的东西。”③

正是因为在儿童那里发现了神奇的智慧，正是因为发现了儿童在不断地创造着成人难以做到的奇迹，蒙台梭利才如此地尊重儿童，如此地推崇儿童。也正因为如此，她告诫教师和全体成人：“向儿童学习。”

蒙台梭利所倡导的成人与儿童的新关系使我想到了幼儿园之父福禄培尔的话：“孩子就是我的老师，他们纯洁天真、无所做作……我就像一个诚惶诚恐的学生一样向他们学习。”④对儿童的热爱，对儿童的赞赏，对儿童的一片深情，这是一位优秀的教育工作者所必须具备的前提条件。只有心里装着儿童，我们才会走进儿童的心理世界，真切地了解儿童的需要，真正地了解儿童的发展状况；只有心里装着儿童，我们成

---

① [意]蒙台梭利著，任代文主译校：《蒙台梭利幼儿教育科学方法》，人民教育出版社 1993 年版，第 405 页。

② 同上，第 346 页。

③ 同上，第 344 页。

④ [英]伊·劳伦斯著，纪晓林译：《现代教育的起源和发展》，北京语言学院出版社 1992 年版，第 210 页。

人在制订教学大纲时才会考虑到儿童自己的发展大纲，才会认真地琢磨如何使其转化为儿童可以接受的大纲，转化为儿童自己的大纲。

这里还应当指出的是，著名的心理学家皮亚杰的一些观点可以帮助我们进一步了解早期教育的大纲应与儿童早期的大纲相一致这一命题。皮亚杰在其理论发展的早期阶段曾出版过一部名为《儿童的语言与思维》的著作，维果茨基曾为了批评此书的思想和方法而写作了一部名为《思维与言语》的专著。然而，就是皮亚杰的这部著作，可以帮助我们进一步理解维果茨基的有关思想。

在为《儿童的语言与思维》一书所写的序言中，著名心理学家克莱巴柔德认为，皮亚杰的这一著作揭示了儿童心理具有这样一个重要特征，用克莱巴柔德的话来说就是："儿童的心理是在两架不同的织布机上编织出来的，而这两架织布机好像是上下层安放着的。儿童头几年最重要的工作是在下面一层完成的。这种工作是儿童自己做的……这就是主观性、欲望、游戏和幻想层。相反，上面一层是一点一滴地在社会环境中构成的，儿童的年龄越大，这种社会环境的影响越大。这就是客观性、言语、逻辑观念层，总之，现实层。"①从这里可以看出，皮亚杰的研究工作揭示出儿童心理世界由两部分构成，最原始、最基础的部分实际上就是通常所谓无意识层面，而在此层面之上还有另一层面的内容，即意识层面。"儿童头几年最重要的工作是在下面一层完成的"，这一观念实际上与杜威、维果茨基、荣格、蒙台梭利等人的有关思想是一致的。

既然儿童头几年的工作是自发的，是无意识的，那么学前教育的主要任务也就在于帮助儿童做好这一层面的工作。克莱巴柔德概括得非常准确，他将无意识层面说成是"主观性、欲望、游戏和幻想层"，既然儿童的生活主要处在这一层，那么学前教育所提供的教学大纲也应当以

① [瑞士]让·皮亚杰著，傅统先译：《儿童的语言与思维》，文化教育出版社 1980 年版，第 4 页。

这一层面的“主观性、欲望、游戏和幻想”等为主要内容。

但我们也不要忘记，儿童在这一原始的、无意识的层面工作时，意识层面的内容会逐步从底层之中萌生，儿童在与周围世界建立对象性关系的过程中，对象的客观性逐步被发现了，主体的自我意识与此同时也逐渐地萌生了，这便是意识层面或“现实层”里正在发生的事情。

正如蒙台梭利所描述[①]的那样，儿童在无意识层面做着惊人的工作，而皮亚杰、维果茨基等人发现，儿童在“现实层”也做着同样惊人的工作。维果茨基就曾指出：“学前儿童，正如研究所表明的那样，自己会创立理论，创立完整的关于世界和物理起源的理论。他自己试图解释一系列事物的依从性和相互关系。这一年龄的儿童处于以形象性和具体性为特征的思维阶段。他创立自己的关于动物起源、婴儿降生和往事的种种理论。”[②]儿童所创立的种种理论在皮亚杰早期所发表的一篇论文中被称为“儿童的种种哲学”。可以看出，皮亚杰把儿童看作了“哲学家”。后来的学者马修斯和李普曼等人对儿童的哲学曾作过更进一步的研究，他们对儿童的哲学趣味、哲学思维以及儿童言语中丰富的哲学意蕴给予了高度评价。近年来，我国也有学者对儿童的哲学进行了一些研究。

正如维果茨基所指出的：“学前儿童不仅有理解个别事实的倾向，而且常常喜欢做些概括。儿童发展中的这些倾向性应当在教学过程中予以利用……”[③]既然儿童在其早期便开始在现实层开展了工作，那么学前教育的大纲中便应当包含这一部分内容。但值得注意的是，这一部分内容在学前教育中不应当占据主要的地位，占据主要地位的应当是无意识层面的工作。对于这一点，维果茨基、蒙台梭利、杜威等均有论及。克莱巴柔德和皮亚杰也有类似的观点，用克莱巴柔德阐释皮亚

① 参见刘晓东：《儿童精神哲学》第二章，南京师范大学出版社 1999 年版。

② [苏]维果茨基著，余震球选译：《维果茨基教育论著选》，人民教育出版社 1994 年版，第 387 页。

③ 同上。

杰的话来说，“一旦上层的负担过重，它就会弯曲、叽嘎作响乃至崩溃”。[①] 也就是说，在儿童早期的生活与教育中，居于主导地位的应是无意识层面的工作；如果让意识层面的工作居于主导地位，那么对儿童的发展非但无益，反而有害。后来的心理学家费舍尔等人对此还进一步地作过实验研究。[②] 然而现实中的学前教育，特别是我国传统的学前教育，只是注重儿童意识层面的学习活动，往往忽视了儿童无意识层面的工作。这显然是一个亟须走出的大误区。

教学的“大纲”应当符合儿童的“大纲”。近十年来风靡世界的意大利瑞吉欧—爱米利亚学区的“方案教学”在体现这一观念方面是一个光辉的范例。“方案教学”主张，教师应当尊重儿童的兴趣与好奇心，应当尊重儿童自发的探索活动；教育的内容不再由教师一方单独抉择，而是教师根据儿童的兴趣与儿童一起编制儿童的活动“方案”。这是一种偏重于自发型一侧的自发-反应型的教学，真正地保障了教育内容的大纲与儿童发展的大纲的一致性。值得高兴的是，“方案教学”的理论最近两年已传入我国，有的幼教研究人员正在介绍、推广这一学前教育的模式。我们相信，“方案教学”的传播将有助于贯彻“教学的大纲应当符合儿童的大纲”这一原理，它将有助于我国学前教育走出成人中心主义的教育误区。

① [瑞士]让·皮亚杰著，傅统先译：《儿童的语言与思维》，文化教育出版社 1980 年版，第 4 页。

② 刘晓东：《儿童教育新论》，江苏教育出版社 1998 年版，第 82 页。

第三章　家庭、社区与学前教育

学前教育是多渠道、多层次、多样化的。各种环境以及人与物的生态因子不断地与幼儿相互作用，亲友、托幼机构、同胞、游戏伙伴、社区、大众媒体、商店、少年宫、革命纪念馆、动物园、公共娱乐设施以及那些为成人服务的图书馆、博物馆、展览会、酒楼、网吧、迪厅、歌舞厅、录像放映室等都能对幼儿产生一定的影响，都会有意无意地成为积极或消极的教育信息来源。因此，我们既要树立大教育观，又要紧紧依靠对幼儿发展影响最大的小系统。因为，小系统最直接、最密切、最经常地与幼儿发生交互作用，而中间系统、外系统和大系统的许多影响则往往透过小系统的筛选和传递才能进入婴幼儿的注意领域。我们应当使家庭、托幼机构和社区这三个对幼儿最重要的微观环境通力合作，利用当时当地的一切有利资源，把握教育的物质流、能量流、信息流的纵向、横向渠道，为幼儿建构一个更加健康、和谐、平衡、开放的教育生态环境。

第一节
家庭教育的地位和作用

家庭作为社会最基本、最普遍的组织形式，从它刚刚产生时起，就承担着两方面的功能。正如恩格斯在《家庭、私有制和国家的起源》一书的第一版序言中所指出的："根据唯物主义观点，历史中的决定性因素，归根结蒂是直接生活的生产和再生产。但是，生产本身又有两种。一方面是生活资料即食物、衣服、住房以及为此所必需的工具的生产；另一方面是人类自身的生产，即种的蕃衍。一定历史时代和一定地区内的人们生活于其下的社会制度，受着两种生产的制约：一方面受劳动的发展阶段的制约；另一方面受家庭的发展阶段的制约。"①

时至今日，现代家庭主要有六个方面的基本功能：(1)性生活和生育子女功能。(2)共同生产或消费的经济功能。(3)闲暇时间的娱乐享受功能。(4)家务互助、情感互慰的合作生活功能。(5)教育、抚养子女及其他年幼家庭成员的功能。(6)赡养失去劳动能力的父母或其他同住的年老家庭成员的功能。

以上六个方面的基本功能绝不是孤立进行的，而是相辅相成，交融配合，渗透在家庭生活的总节律之中的。任何一项功能的发挥，都离不开其他功能的支持配合，否则的话，也会对其他功能造成破坏、障碍的后果。

家庭教育一般是指父母或其他年长者，在家庭这个社会组织里，自觉地、有意识地对子女进行的教育；但由于父母与子女之间的特殊关系，家庭教育又是贯穿于日常生活之中的、显性和隐性相结合、有计划和无计划相结合的双向相互影响的共同成长的过程。家庭教育的地位和作用，主要体现在以下几个方面。

---

① 《马克思恩格斯选集》第 4 卷，人民出版社 1972 年版，第 2 页。

一、家庭教育是整个教育工程的基础和起点

从新生儿呱呱坠地成为独立的生命个体的那一刻起，就受到父母直接的照顾、抚养，学会吃奶、进餐、排泄、如厕，学会说话、走路和四处奔跑，学会认识周围的环境，学会游戏。在家庭中启动了无数个"第一次"，经历着重要的"关键期"，给幼儿留下了难以磨灭的印刻性记忆。婴幼儿时期家庭教育对儿童发展起着主导作用。随着儿童年龄的增长，活动范围的扩大，他不再以家庭作为唯一的影响源，但家庭在许多方面仍是筛选、调节子女接受整个社会文化影响的权威力量。社会心理学家雷克特认为，家庭教育形成了儿童最初的早期经验和最初的主观能动性，这往往成为他们其后个性发展的主观基础和出发点。"在家庭中所获得的一种成功经验，其后可服务于激发另一些成功的经验"，"家庭教育的结果可有效地扩充，它既包括某一特殊时刻教育的直接效果，也包括对于其后一连串反应或变化的间接效果"。[①] 家庭教育既是学校教育的助手，也是社会教育的示波器。家庭教育、学校教育、社会教育的协调一致，形成合力，将有利于提高对新生一代全部教育的质量。

二、家庭教育是全方位的教育，是儿童认识世界、进入社会的通道和桥梁

马克思曾指出："人的全面发展就是全面地发展自己的一切能力。"[②]家庭教育着眼于儿童"一切能力"的发展，促进儿童德智体美的全面的、充分的、自由的发展，是全方位的教育。婴儿降生后，对现存的社会生活一无所知。他们对世界的认识是从对父母的认识开始的，在人生最初的三五年内，父母保证了婴幼儿的基本生活需要，向婴幼儿传递了一定的社会文化规范和生活经验，帮助婴幼儿学习语言，使婴幼儿学会了与人

---

① H. J. Leichter, *The Family as Educator*, New York & London, 1977。

②《马克思恩格斯全集》第 5 卷，人民出版社 1965 年版，第 330 页。

交往的基本方式，并逐步学习和掌握了生活起居的社会行为准则。家庭承担着儿童从生物人发展为社会人的启蒙工作，指导儿童学习、吸收有益的社会、自然和科学信息。在儿童还不能自己判断事物或作出选择时，父母的判断就是他们最初的参照标准。孩子总是通过父母的言行来认识和评价周围世界的。社会信息往往通过家庭的折射进入婴幼儿的心灵。家长的行为与子女的行为常常存在着一定的对应关系。苏联教育家马卡连柯说："家庭是最重要的地方，在家庭里面，人初次向社会生活迈进！"[①]家庭和家庭教育成为儿童认识世界、了解社会的通道和桥梁。它指导儿童随机地吸收有益的社会、自然和科学信息，抵制和缓解过于剧烈的冲击和不健康因素的侵袭，为儿童适应未来生活打下基础。

三、家庭教育是儿童身心健康发展的保证

父母不仅给子女先天的遗传素质，包含机体的形态、体质、先天禀赋和遗传病等种种有利和不利的因素，也提供儿童后天发育成长的环境和条件。要使儿童的各种潜能变为现实，在很大程度上要靠家庭教育。通过婚前检查、产前诊断、产期保健和教育，可以控制不健康的胚胎的产生和保证正常胎儿的发育，可以预防和减少先天性疾病，保证新生儿健康成长。家长给儿童创造了婴幼儿生活的第一个环境。父母的爱抚、合理而充足的营养、宽松而暖和的衣服、空气流通和阳光充足的生活场所，以及能促进其体力、智力发展的丰富信息刺激的物质环境，如适宜的玩具与活动器械、图书与儿童自由探索的机会等等，这些都在一定程度上影响着儿童的身心健康。不同的家庭教育会使儿童有不同的发展。智力的发展与情感的发展息息相关，并与生理的发展一样，遵循着"循序渐进"、"适度良效"和"用进废退"的规律，处于单调环境，缺乏玩具、图书、感知体验及运动、与人交往机会的婴幼儿体力和智能反应，远比处于丰富的环境、与人和谐交往较多的婴幼儿差。再就营养来

---

① 马卡连柯：《父母必读》，人民教育出版社 1958 年版，第 303 页。

说，严重营养不良，不仅会影响各器官组织的发育，得贫血症、佝偻病等等，更严重的是会影响脑细胞的发育，造成终身无法弥补的损失。

四、家庭教育是儿童性格雏形形成的关键

家庭不但为儿童创造生活和发展的物质环境，满足其物质需要，而且还给儿童以父母的爱，满足其精神需要。爱是人的一种天然需要。享有充分的父母关爱，对儿童身心发展的影响比物质环境更重要。父母对孩子的接触、沟通、期待、激励，有助于儿童的自尊自信、道德品质、智力、语言和社会交往能力的全面发展。相反，那种漠不关心的、拒绝的、粗暴的、对儿童正当需要不予满足的态度，会阻碍幼儿安全感、自信心、良好的情感和性格的发展，也会影响幼儿智力、品德和体力的发展。幼儿的性格还在很大程度上取决于幼儿与家庭各个成员之间的双向联系。在以成人为中心的家庭中，儿童的家庭地位多半处于顺从、依附、被动的位置，这就容易养成听话、胆小、退缩、多疑的性格；在以儿童为中心的家庭中，有的儿童甚至成为家中的“小霸王”，指挥与决定整个家庭的动向，几个成人围绕着孩子团团转，百依百顺，孩子为所欲为，这就容易形成自我中心、自私、任性、霸道、不守纪律或者懒惰、依赖、动作笨拙、无能的性格；在民主、和睦、互相尊重、合作互助的家庭中，成人既尊重儿童的意志和合理要求，也注意培养儿童良好的行为习惯和自控能力，接受成人的正确要求，因而发展了儿童独立、勤奋、自信、讲道理、勤思考、不怕困难的性格。许多社会学家、心理学家对父母教养方式作出了不同的分类，且都认为家长的教养方式对儿童品德与性格的发展有较高的相关系数。

家庭成员的多角度、多层次的教育引导与儿童主观能动性的交互作用，有时是一致的，有时则是矛盾、分歧的，构成了极其错综复杂的心理、生理影响。这些影响日积月累地作用于具有不同遗传素质的儿童身上，就会引起他们不同的行为反应，塑造出各个儿童特有的个性特征。

总之，家庭是儿童健康成长的第一个生活场所，家长是儿童的第一任老师。父母的一言一行潜移默化地时刻影响着儿童体、智、德、美诸

方面的发展。家庭教育有着其他教育所不能代替的地位和作用。学校教育、社会教育，都是在家庭教育基础上的延伸、扩展和提高。我们要真正了解一个儿童，就应首先了解其家庭。要促进和保证儿童的全面发展，就要加强园、所与家庭的联系，充分发挥家长在教育中的作用。

第二节
影响家庭教育的诸因素

辩证唯物主义认为，任何事物的发展过程，都包含着许多矛盾，都要受到多种相关因素的影响和制约。剖析家庭这一社会最基本的群体单位，在其运行的过程中究竟有哪些因素在起作用，起些什么样的作用，这与儿童的发展又有着什么样的关系，这是一个相当复杂的问题。然而，这又是我们加强和改善家庭教育，不得不认真面对的问题。影响家庭教育的主要因素有以下几方面。

一、社会文化因素

文化一词，比较通俗的解释是：凝聚在一个民族的世世代代和全部财富中的生活方式之总和。它包括衣食住行、待人接物、举止言谈等的交际方式，以及哲学、宗教、道德、文学、艺术、风俗传统、科学技术等等。可以说，人类社会的任何一种活动都是文化的产物。同一文化圈内生活的人们，往往具有共同的行为方式与人格倾向。

社会文化不仅对家庭的组织结构、生活内容与职能作用有重大影响，而且直接影响人的社会化进程。它是在特定群体或社会组织制度中形成的，并为其成员们所共有的生存方式的总和，其中包括价值观、知识、信仰、艺术、法律、风俗习惯、风尚、生活态度、行为准则，以及相应的表现方式。文化向个体传递本群体或民族的行为的价值准则、前人的生活经验、精神财富、科学技术信息，使个体能顺利地与他人及群体建立社会联系并适应社会生活。

二、家庭结构因素

家庭结构指的是家庭中的代际关系的组合形式，有核心家庭、联合家庭、主干家庭、单亲家庭、隔代家庭等，它涉及家庭人口、结构形式、物质条件等。家庭结构与其功能是辩证统一的。20 世纪 80 年代以来，由于计划生育国策的实施，引起了家庭结构的巨大变化。我国的人口自然增长率已由 1965 年的 28.38‰降低到 1995 年的 10.55‰；1990 年到 2000 年，两次全国人口普查资料说明，10 年零 4 个月共增长 132.5 万人，年平均增长率为 1.07‰。2002 年人口自然增长率为6.45‰，家庭平均人口数降为 3.39 人。核心家庭所占比例增加到 60%以上。然而，小型化、核心化只是家庭结构的表层变革；深层的变革还在于家庭观念和功能的变化。血缘关系从以往的主要地位下降，而婚姻关系的地位上升。男女结合的目的不再强调宗族延续、继承家业，保证父系血统的纯洁性，而是情感交流、精神慰藉和追求共同生活的享受和幸福。家庭功能的变化表现为经济中心与情感中心并重。在科技革新加速、工作负荷加重、职业竞争激烈、心理紧张加剧的市场经济氛围下，家庭成员共处的时间日益减少，而亲了期盼共享休闲、娱乐的愿望更为迫切。家庭生活正从温饱走向小康。据 1998 年对北京市 600 户家庭的调查，富裕型家庭占 11%，小康型占 53%；温饱型占 34%。[①] 据国家统计局 1998 年调查发现，随着城市化的进程，个体追求高报酬、高学历、进一步发展等愿望增强，社会流动加速，年轻人外出求学、求业、闯世界的剧增，全国出现约六千多万常年离家在外的流动人口（不包括定居城镇的农业人口或短期离家的求学、经商、采购、打工者），与此同时，在经济大潮冲击和西方价值观念逐渐渗合下，意识领域对“性”观念采取了开放纵容或矛盾的态度，社会离婚率节节上升。家庭的裂变导致重组家庭、单亲家庭和隔代家庭的数量不断增加，这对新生一代的抚养教育也产生了一定影响。隔代

① 丁文：《建国 50 年来的中国家庭巨变》，《新华文摘》2000 年第 2 期，第 21～24 页。

家庭是祖、孙相互依靠为生，父母无法负起照顾家庭的责任。在隔代家庭中，有的祖辈迁就放纵，保护过度；有的祖辈体衰多病，教育无力。单亲家庭则往往在子女教育问题上存在更多困难。如何玉珍调查发现，在841户单亲家庭中，260户为丧偶，家长中46.15%悲痛欲绝，长时间难以从失偶的阴影中走出；581户为离异，家长对原配偶的失望、思念、憎恨、敌视情绪积久未变以致表现消沉、自卑、沮丧、烦躁、易怒。其中认为自己是被逼无奈的占44%，认为面子不好看的占13%，想不通的占25%，后悔的占16%；情绪开朗，能正常生活、工作的只占38.56%。(1)家长容易心理失衡，给子女身心健康也造成消极影响。子女中对失去父母十分难过的占33.46%，对父母离异表示愤恨的占19.6%。73.6%孩子表现孤独、烦躁、冷漠、自卑、闷闷不乐或出现逆反行为。家长与子女的不正常心态相互影响，使家中缺乏欢乐、温暖的氛围，孩子心理紊乱，性格变异，成就动机削弱，无心向学，不求上进，与他人或集体难以交流。(2)家庭教育活动遭削弱，而个别家长的期望值反而不切实际地升高，甚至用不健康的教育方法，损害子女的心灵。由于单亲家长身兼父母双重角色，既要工作，又要顾及家务和孩子，往往疲于奔命，精力不济，加上收入减少，经济困难，心境不佳，容易忽视子女的学习指导、生活照顾，但又希望孩子表现出色，成绩优秀，能为自己争一口气，以补偿家务的辛劳和不幸的婚姻，常对子女施压，逼迫其加倍努力学习。有的家长不理解子女同样痛苦、烦恼的心情，不表示抚慰、同情，反而在子女面前泄愤攻击对方，使子女无所适从；或以物质贿赂、拉拢、争夺子女的爱心和忠诚，滋长了子女投机取巧、虚伪讨好的性格。(3)有的单亲家长惧怕社会舆论压力，拒绝学校与社区的关怀，禁止子女与同伴、邻居交往或带小同伴回家，不让子女谈及家庭情况；甚至干涉、限制孩子参加学校、班级活动和社区组织的各项活动，大大削弱了协同教育的力量和作用。①

---

① 何玉珍：《单亲家庭子女教育的困境》，载《家庭与下一代国际学术研讨会文集》，社会科学文献出版社1996年版。

三、家庭经济和物质条件因素

儿童的居住条件、生活水平对其健康状况和学习环境等有一定影响。这是家庭“社会地位”的又一重要指标。许多教育社会学者和心理学者的研究成果证明，家庭若极端贫困、经济水准在温饱水平以下时，家长很难为子女提供正常或必要的保育和教育条件，将会妨碍儿童的身体发育、健康水平（营养不良、贫血、卫生习惯差或延误疾病矫治等）或智力发展（不能适时提供必要的图书、玩具、操作材料和学习指导等）；贫困的家境还可能造成拥挤的居住条件，导致家庭关系的紧张冲突和儿童的情绪压抑。斯坦利·米尔格雷姆（1970）提出的“感觉超负荷理论”，认为噪音或拥挤度过大时，个体会体验到刺激量超负担，使人不安、紧张、中断注意力、拒绝接受过多智能刺激，干扰正常学习与工作，对于复杂作业负面影响更大；还可能使人情感冷漠，抑制社会交往和助人行为等。每个人都有其适宜的刺激水平，有的儿童能适应高强度的刺激，甚至感到兴奋、激动、愉快；而有的儿童只能接受安静环境，对“超负荷”的音响或周围过密的人群活动会感到苦恼、焦虑甚至紧张压抑，反应迟钝。[①] 当然，这不是说经济条件越富裕、居住条件越宽敞的家庭，其子女各方面的发展就会越优秀。只要家长重视孩子的全面发展，家庭经济条件基本能满足子女的身体、智力发展和学习需要，经济因素对儿童的学习成绩与品德面貌不存在对应的影响。反之，家长忽视教育，过于优裕的家境条件，可能养成子女养尊处优、纵欲享乐、不求上进的品性，成为影响他们成长的不利因素。

在经济条件相仿的家庭中，家庭文化用品比生活用品对儿童发展影响更显著。如家庭中儿童单独拥有的书刊量与其语、数学习成绩和语言能力有极其显著的正相关；家庭中为子女购买玩具的投入与儿童的社会性行为、身体发展、语言表达能力有极其显著的正相关。玩具是

① 章志光主编：《社会心理学》，人民教育出版社 1996 年版，第 513～514 页。

幼儿游戏中不可缺少的伴侣，玩具种类有娱乐型、智力型，也有操作型、运动型，儿童的活动丰富多样，兴趣广泛，交往的范围会相应扩展。玩具的选择符合安全、经济、一物多用和能够启迪幼儿主动参与的原则，对幼儿发展的教育价值就大。

幼儿期身体发育迅速，合理的营养是保证身体发育最基本的条件，也是智力发展的重要保证。然而营养结构不合理，会使某些微量元素缺乏，产生发育不良；或者脂肪、蛋白质、糖类严重超量也会导致肥胖症，动作能力滞后，使儿童产生自卑情结，影响身心健康。①

家庭经济条件还涉及儿童使用电视、录音、录像、图书、报刊等大众传播媒介的机会和频率，对儿童的发展有利有弊。电视、电脑等传媒是：(1)多通道的感官刺激载体，从单一的视觉或听觉感知转换到声像同步、时空合一、形趣交融。(2)不受现实世界的限制，又保留着生活原型的某些形态和属性，能与儿童的生活经验相印证，使儿童体验到强烈的变幻性和思维驰骋的很大的自由度，从中获得无穷的乐趣。(3)内容丰富，咫尺之间可知天下事。它使儿童愉快地认识世界动态、异国风情、珍禽猛兽、奥运盛会的胜利捷报、英雄模范的真人实事、文学名著等，有助于儿童陶冶情操，开阔视野，发展智力，掌握手工技能，学会合作、助人、友爱、自制的行为。但是，与此同时，这些传媒也带来三方面的消极影响：(1)刺激起一种被动、依赖的学习方式。这些传媒不像阅读书刊那样要求人们逐字逐句、花费精力地掌握复杂的文字符号，容易使有些儿童养成怕苦嫌烦、懒于思考的消极学习惯性。(2)展现的现象泥沙俱下，既有成人世界的美好事物，也有许多夸张做作的阴暗丑恶面。对于辨别真伪能力较差的儿童，会引发来自大众传媒的“媒介焦虑”，会使有的孩子时刻担心世界末日、父母离婚、恶魔进屋，他们胆小、怕黑、夜惊和遗尿，也会使有的孩子经常模仿暴力游戏，养成凶残粗暴

① 卢乐珍、陈芬：《不同经济地区家庭教育状况的比较研究》，载《中国家庭教育学会优秀论文汇编》1994年，第38～40页。

的行为方式。(3)过长时间地沉迷于大众传媒，缺乏节制，不仅影响身体发育和视力保健，剥夺了户外活动和社会交往的机会，减少和父母交谈和自然亲近的真情实感，还会意志消沉、知识狭隘，片面地只接受某种文化形式，兴趣和思维形成了定势，日后要改变就会很困难。只从电视上认识世界，缺乏实际活动和动手操作能力，没有真正的感性体验和全身心的震撼。卡通使儿童的生活充满了各种仿制、模拟的东西，使儿童远离了生动的社会情谊和丰富美妙的大自然，这种缺乏直接经验的思维是不健全的。因此，成人需要帮助幼儿一起科学地选择内容，合理安排看电视的时间；通过边看边谈，倾听幼儿的提问，加以具体引导；同时要丰富、扩展幼儿的多种活动，使幼儿有充分的时间去观察自然、结交同伴、阅读书刊和动手操作，以利于幼儿的全面发展。

四、家长因素

家长对儿童的全面发展起着至关重要的作用。中央教育科学研究所在 1990～1995 年所进行的 IEA(国际教育成就评价协会)学前教育研究项目，对六省市 876 名幼儿的家庭和幼儿园教育效应的调查数据说明家庭教育影响的重要性，它对城乡幼儿认知和社会性发展的效应系数在某些方面甚至超过了幼教机构的效应系数(见表 3－1)。

表 3－1　家庭教育影响与幼儿发展效应①

变量名称	对城市儿童认知发展总效应	对城市儿童社会性发展总效应	对农村儿童认知发展总效应	对农村儿童社会性发展总效应
家长文化水平	0.379	0.19	0.222	0.115
亲子交往水平	0.328	0.254	0.447	0.237
家长尊重儿童程度	0.323	0.244	0.141	0
家长严格要求	0	0.396	0	0.303

① 项宗萍、廖贻执笔：《六省市幼教机构教育评价研究》，教育科学出版社 1995 年版，第 117～118 页。

续 表

变量名称	对城市儿童认知发展总效应	对城市儿童社会性发展总效应	对农村儿童认知发展总效应	对农村儿童社会性发展总效应
家长表扬频度	0.186	0	0	0
家长责打频度	−0.430	−0.194	−0.11	0
家长物质许诺频度	−0.208	0	0	0
家长放任频度	0	−0.137	0	0

从全部家长因素对儿童发展影响的效果分析，可以分为三个层面：第一层面包括家长遗传禀赋、职业、社会地位、经济条件、居住与物质设备等带有客观性质的因素。这些因素，一般说来，家长较难选择和调节，但尚能得到一定的补偿和改善。第二层面最丰富，包括家庭情感氛围、教养方式、家长品德与文化素养、教育观念、对子女的期望、教育方法与能力等带有主观性质的因素，其结果会导致儿童学习、品德与性格发展的差别。这些因素取决于主观意识，是可以由家长自觉地弥补、改善、提高的。第三层面包括的内容更为深沉、隐秘，甚至处于无意识范畴，如家族的遗传疾病、家长不愿提及的隐私或幼年经历，个人不自觉的兴趣、癖好、倾向性等。

家庭诸因素最终都要转化为家长对子女有意无意的教育行为或教育要求，渗透到家长自己的语言、行为习惯、性格、态度中去，成为对子女潜移默化的感染力量，也通过说理和示范，影响到子女的抱负、志向、交往、择友、学习态度、行为习惯等各个方面。由于家长与子女朝夕相处、利害相关，父母的教育观念、教育期望、教育要求对子女个性发展的影响实在很深刻、很广泛、很复杂。父母和儿童在知识、经验、能力上的差距悬殊，加上儿童对成人天然的依恋感、信赖感，在家庭教育中成人占主导地位，但在父母教育观念、亲子关系、父母教养方式等因素中儿童不是消极、被动的。事实上，教育观念、亲子关系和父母教养行为往往是双方相互作用的结果，是儿童与父母作为两个独立的主体，相互对抗、相互适应的产物。父母的特点和儿童的特点都会影响到相互作用过程中的互动方式。然而，在现实生活中，我们比较注意的是父母的行为在影响儿童，往往忽视了儿童的性格特征及其对父母教养行为的反馈也在影响父母的行为。诸因素中最重要、最难以精确衡量的因素是父母的榜样。如夫妻间的和睦关系和待人处事的态度，是成功教育孩子的首要条件。因为夫妻间的互谅互助常常是和教育子女的过程、参与社会劳动的过程交织在一起的，在这里渗透着个人的全部人格魅力。幼儿正是从父母之间的相互关系，父母对人、对己、对事、对待学习和劳动的各种行为中，开始了他认识一切人际关系的起步。

第三节
学前教育机构的家长工作

托儿所、幼儿园和家庭，都是对学前儿童进行教育的重要环境，它们共同承担着促进儿童全面发展的光荣职责。但是，它们的条件不同，工作任务和方式也各异。托儿所、幼儿园是对学龄前儿童进行教育的专业机构，有受过训练的教师和工作人员，应当主动与各个幼儿家庭配合，帮助家长创设良好的家庭环境，向家长宣传科学的保育、教育幼儿的知识，共同商讨、总结经验和解决教育儿童中遇到的困难与问题。苏联教育家苏霍姆林斯基认为，没有家庭教育的学校教育，和没有学校教育的家庭教育，都不可能完成培养人这一极其细致而复杂的任务。

一、托儿所、幼儿园家长工作的主要任务

1. 积极主动地向幼儿家长宣传国家的教育方针和本班幼儿的教育任务，明确家庭教育的重要性和父母的职责，介绍一些学前教育学、心理学、卫生学的科学知识和育儿经验，定期汇报儿童在托儿所、幼儿园的生活、学习情况，要求家长在家庭教育工作中与托儿所、幼儿园配合一致。

2. 了解幼儿的个性特点及其在家庭中的行为表现、生活习惯、家庭

环境、家庭成员对儿童的期望、教养态度、奖惩方法及儿童在家庭中的地位、生活经验，入园前健康、智力、性格、意志等原有水平等等，以便从实际出发，有针对性地按照各个儿童的特点来进行教育。

3. 动员广大家长群策群力，共同办好托儿所、幼儿园。广大家长是办好托儿所、幼儿园的主要依靠力量。托儿所的所长与幼儿园的园长，应组织家长参加托儿所、幼儿园的管理，定期向家长汇报工作中的成绩与问题，征求改进工作的建议，研究下一阶段的工作打算；同时，请求家长积极参与园所的各项教育活动，帮助解决一些人力、物力、设备、技术上的困难，如改善托儿所、幼儿园的环境设备，协助训练人员，完善各项制度，美化、绿化园所等。甚至把幼儿园的左邻右舍(包括家长所在的工厂、机关、部队等)都吸引过来，联合社区的企事业单位，共建托儿所、幼儿园，使整个地区环境得到改观，教育质量得到提高，群众也得到更好的服务和方便。

二、托儿所、幼儿园家长工作的方式方法

托儿所、幼儿园家长工作的方式方法是多种多样的，概括起来大体可以分为个别方式和集体方式两大类。

(一) 个别方式

1. 家庭访问

家访，是托儿所、幼儿园个别进行家长工作的最常用的方式，是实现家园同步教育的必不可少的环节。家访的目的在于深入了解儿童在家中的真实表现；家长对儿童教育的认识、态度和方法；家庭及其周围环境对儿童身心发展的影响；针对个别幼儿的具体情况，与家长共同商讨教育措施；介绍幼儿在园所的成绩、进步和存在问题；争取家园之间的同心协力，亲密合作。家访体现教师对儿童的热情关怀，对家长的尊重、理解，对顺利完成教育任务的强烈责任感。在进行家访时，要注意针对不同家长的特点和谈话艺术，要以关心、爱护孩子的发展为出发点，以平等、诚恳的态度与家长交谈，要多倾听家长的意见和建议，防止

告状式、说教式、谴责式、浏览式的家访。每次家访，应有明确的目的、要求，并作简要的记录。

2. 个别交谈

它包括教师利用家长早、晚接送孩子时与家长交谈、电话交谈和专门约请家长来园面谈三种形式。前二种形式是最简便、最经常也较容易见效的家园联系方式。尽管时间不长、内容简单，但能及时互通信息，使家长和教师都了解儿童近期和当天在园所和在家发生的事情或问题，配合方便，见效快。约请家长来园进行个别交谈，则是认真严肃、有目的、有计划的谈话。交谈的内容、要求应明确，特别是对很少见到的家长，教师除向家长介绍近期孩子的变化，听取家长对幼儿园的意见外，更要与家长共同研究今后配合教育的具体措施与方法。

3. 家教咨询

这是一种有效的指导家庭教育的方法。由家长提出实践中遇到的疑难问题，由园长、有经验的老教师或专业工作人员给予解答。有的幼儿园定期通过家长信箱和接待咨询答疑，帮助家长分析原因，了解儿童教育中有代表性的问题。对有些问题的解答还可吸取本班教师参加，或聘请专家指导；有些个案需要长时间的咨询和帮助，应根据需要，拟定个别儿童教育的专门计划。

4. 家庭联系本

这是园所与家庭普遍联系的有效形式。家庭联系本灵活、方便、及时。它可以使家长了解孩子的进步、问题和园所对家长在共同教育方面的具体要求；也可使教师了解教育效果的反馈信息，幼儿在家中的具体表现，以及家长的意见、建议。

5. 电话或书信往来

有些幼儿家长长期外出工作、学习，也有些家长工作的流动性大，教师可采用电话、书信形式适时向家长报告孩子的身心发展情况，借以加强与家长的联系，并帮助、督促在外的家长及时了解和关心孩子的发展，尽可能多做一些教育工作。

（二）集体方式

1. 家长会和家长委员会

这是园所普遍采用的工作方式。家长会有班级家长会和全体家长会两种。班级家长会是教师做好本班家长工作的经常而有效的方式。会上一般由教师介绍情况，家长讨论议题，最后小结。议题是多种多样的，由于教师对本班儿童的情况比较了解，能很自然地把孩子的具体情况贯穿到各个议题之中。每学期初或期中、期末教师都要通过班级家长会向全体家长介绍教育任务，报告工作进程或总结，介绍每个孩子所取得的进步，提出下一阶段需重视解决的问题。全体家长会议的任务是与家长共同探讨托儿所、幼儿园建设和家庭教育的规律，以提高教育质量和家长的教育素养，如讨论园所的学期工作计划、规章制度、发展规划，成立家长委员会的组织和讨论家长学校的办理等。全体家长会由园长、所长与家长委员、教师代表共同筹划举行，每年开会二至三次。家长委员会，由全体家长会推选的委员或由园所提名经全体家长会通过产生的委员组成。家长委员会应和园所领导共同研究家长工作规划，检查、推动园所工作。家长委员会的主要任务是：帮助家长了解园所的教育计划和要求，协助园所改进工作，提高教育质量；及时反映家长对园所的意见、建议；根据家长需求举行专题讨论会；组织优秀家长交流家庭教育的经验等。

2. 家长座谈会或经验交流会

这类会议人数不宜多，最好 20 人左右，可按类型分别召开。如有的园所专门召开爷爷、奶奶会，由几位有经验的家长现身说法，谈教育孙辈的经验，并联合发出“五不”倡议（即成人做到不溺爱、不护短、不包办、不恐吓、不打骂；教育孙儿、孙女做到不挑食、不说谎、不自私、不浪费、不懒惰）。家长经验交流会或专题讨论会，一般时间短、效果好，能充分发挥家长自我教育的作用。

3. 家长学校和科学育儿报告会、专题辨析会等

家长学校是对父母和其他家庭成员进行教育、训练的学校。可以

定期讲课，结业时有的还进行考查和给予奖励。报告会、辨析会则是不定期的活动。各园所根据自身条件决定。园所有计划地就家长所关心的问题和家庭教育中易犯的错误，系统讲授科学知识，进行必要的辅导，组织观看录像或情境表演，围绕某专题分析问题产生的原因和解决办法等。对普遍性倾向性的问题由园长、所长或有关班级的教师负责讲授；对专业性的问题则由医生或有特长的家长、教师讲课；有时也可请专业人员进行专题报告。

4. 家长开放日、活动日制度

这可以提高园所工作的透明度，增强家长的参与度，有利于密切家长和老师的关系，进而使家庭与园所在教育孩子方面更加积极主动和密切配合。通过“开放日”、“活动日”和多种形式的亲子游乐活动，让家长定期来园所参加半日活动、幼儿游戏或作品展示，观摩教学活动，参加幼儿生活自理能力比赛、体育运动会和节日庆祝会、联欢会等，可以具体了解园所的教育内容，看到自己孩子的发展水平、优势和不足，有助于家长进一步了解孩子在班级群体中的适应情况。在各种活动中，家长也可展示才能，与孩子共享欢乐，增进对园所的关怀、热爱之情。

5. 宣传栏、展览台、黑板报和陈列室

园所通过设置宣传栏、展览台、黑板报和陈列室等，陈列与保存对家长有益的实物展品、教育书刊和辅导材料，公布本月或本周的教育活动重点与教材、作息制度、食谱、收费标准和集体外出的活动照片、图片等等，陈列儿童自制的各种绘画、剪纸、泥工、纸工作品，种植、饲养产品或自然角观察记录等，解答家长提出的各种问题和要求，或图文并茂地介绍优秀教师的经验，教育家的名言与著作，儿童活动照片和记录，推荐儿童读物、玩具、服装或菜谱，刊登漫画和保教常识等。这些资料一般很受家长欢迎。

总之，园所的家长工作与教育、教学工作具有同等重要的意义和价值。如同车有两轮，缺一不可。合作同步，则有利于事业的发展。加强园所与家长的联系，切实做好家长工作，关键在于领导的重视，健全家长工作的各项制度，把家长工作列入计划，做到统一布置，统一检查，统一总结、评比和表彰。园长、所长应与全体保教人员一起，不断提高对家长工作的认识，坚持从实际出发，因地制宜地总结、创新，了解家长的需要和困难，积极帮助家长解除后顾之忧，促进儿童的健康成长。

第四节
社区与社区学前教育

一、社区学前教育的特点

“社区是指聚居在一定地域范围内的人们所组成的社会生活共同体。目前城市社区的范围，一般是指经过社区体制改革后作了规模调整的居民委员会辖区。”[①]也就是说，社区是区域性社会，“是在一定的地域内的人群从事经济、政治、科学、文化活动，并由此构成一定的生产关系与社会关系的小社会”；[②]“是人们凭感官能感觉到的具体化了的社会”[③]。社区的构成，主要有五个要素：人口；地域；制度——保证人际关系协调的各种社会规范、行为准则、规章制度；关系——在同一社区内人群之间存在多种关系，如亲属关系、邻居关系、师生关系、职业关系等；机构——社区内应设有负责执行各项规章制度、协调人际关系、把握人口流动变化和开展各种活动的机构。

社区学前教育是当地社会经济、文化、教育事业发展的产物。它的特点：一是地域性。在城市以街道或居委会；在农村以乡或村为基地，发展学前教育机构，以解决本地群众的迫切需求。二是实用性。教育设备和内容就地取材，因地制宜，如河北省在中央教科所支持下，创建了符合农村特点的乡土化课程模式，编制自己的“教育试验纲要”，充分

---

① 中共中央办公厅中办发[2000]23 号文件。
② 卢乐山主编：《学前教育原理》，北京师范大学出版社 1991 年版，第 14 页。
③ 何肇发主编：《社区概论》，中山大学出版社 1991 年版。

利用农村现实环境、本地民间文化资源和丰富的自然材料，进行多样化的教学活动取得了良好的效果。三是综合性。社区学前教育事业一般由当地党组织和政府牵头，由妇联和教育部门（或当地学校）具体负责组织工作和教学辅导、师资培训等；其他部门包括卫生保健、计划生育和司法部门等则是分工配合，给予帮助，当地企事业和群众代表则积极支持、参与，在全社区形成“爱护儿童、教育儿童，为儿童做表率，为儿童办实事”的共识和产生“综合管理、多管齐下、定期碰头、协同行动”的监督执行机构。四是双向性。学前教育机构要适应社区建设的需要和变化，经常接受家长与当地群众的意见，加强为社区服务的意识，并努力配合社区，协办文娱体育活动和育儿知识宣传；而社区则应从人力、物力、制度各方面尽力督导与支持学前教育机构，提高其质量，努力办好学前教育设施。

二、我国社区学前教育的发展

我国的社区教育起步较晚。然而，有一些学者早在20世纪二三十年代受欧、美学前教育思想和实践的影响，相继在城市、农村办起了为工人、农民和平民服务的学前教育机构。如教育家陶行知等人在1926年就发表了《创设乡村幼稚园宣言书》，强调“幼儿教育实为人生之基础”，“6岁以前是人格陶冶最重要的时期”。指出工人、农民和平民的孩子都享受不到学前教育的权利，而实际上最需要幼稚园的地方是女工区和农村。1927年以后，他在南京、上海等地先后依靠当地群众创办起乡村幼稚班和劳工幼儿园。第二次世界大战以后，社区教育的概念在国际上被正式确认和广泛使用。近一二十年，由于各国政府的重视，学前教育更加蓬勃发展。新中国建立以来，自20世纪50年代起，各级教育部门就大力推行“公、民办并举，两条腿走路”的办学方针，在城乡发展了大批民办学前教育机构。但由于受国民经济水平的局限，6岁以下儿童主要仍靠家庭教养。全国学前教育事业的发展步伐还是比较缓慢的、滞后的。

从20世纪80年代开始，改革开放方针带动了教育体制的变革和九年制义务教育的全面推开。各地教育行政实行“分级管理”制度，初中以下的教育机构基本上划归基层政府管理，以便统一规划、设置和加强领导，提倡举办多种体制、多种形式的学前教育事业，便利群众。这就极大地调动了当地政府和广大群众创办本地学前教育事业的积极性。然而，全国发展极不平衡。经济发达地区和大城市的3～6岁幼儿入园率提高较快；农村则以招收5岁以上幼儿的学前班占多数。社会力量办园始终是学前教育事业的主体。

到90年代，在城市，社区的民主组建工作逐步加强，不少社区工作人员具有大专以上学历；在农村，村民委员会也普遍得到加强。这时，国务院在经济发达地区确定了一批“三优”（优生、优育、优教）工程试点实验市、县，为实施《九十年代中国儿童发展规划纲要》先行一步，探索经验；政府还先后颁布了《教师法》、《未成年人保护法》、《母婴保健法》等，以法令形式规定了家庭、学校（包括园所）、社会对保护和教育儿童的光荣职责，明确了关心儿童是国家、社会、学校、家庭共同的事业，社区是“三结合”教育的基本阵地；同时，通过《家长教育行为规范》、《家长学校指导意见》和《家庭教育评估意见》等文件的宣传贯彻，动员广大家长接受社会的倡议和监督，把家庭教育纳入科学化、法治化、民主化的轨道。《未成年人保护法》和《教师法》以“刚性”的约束，规范教师、父母、社区的保育、教育义务；《九十年代中国儿童发展规划纲要》和《家长教育行为规范》则以“柔性”的支持，更人性化地帮助引导教师、父母和社区共同提高保教工作的质量。

随着改革开放和社会主义市场经济的深入发展，在我国城乡普遍出现了多体制、多种类、多形式的社区学前教育机构。其运行机制，主要有以下几种。

1. 教育行政部门以正规化幼儿园为重点，要求园方在提高自身教育质量的同时，承担对邻近的正规与非正规园所的保教业务指导工作，以点带面，推动学前教育事业的发展。如河北省青县、滦平、任丘、沧县等六个县，以办好乡中心幼儿园为骨干，由中心幼儿园园长兼任乡幼教辅导员，依靠各村村民委员会，群策群力，发展村托儿站、小学附设学前班等，使3～6岁幼儿入园率从1988年的28.8%，上升到1996年的72.4%。[①]

2. 在经济较发达地区，基层政府组织有志于教育的力量，如学校，科研院所，公共的文化、教育设施和重点企事业单位等，成立社区教育委员会，根据群众需要，统筹规划本地区的教育设施布局，聘请离退休老教师、老干部担任专、兼职辅导员，推动各类教育事业的发展。如上海市长宁区新华街道的社区教育委员会。

3. 教育科研单位集中一定的科研基金，组织专家、学者深入社区举办实验点，探索社区保教工作的规律。如中国儿童发展中心心理研究室方意英等人，用三年时间在北京市五个社区进行婴幼儿发展的现状调查和有针对性的干预措施，促进当地儿童的早期发展。一是保健干预，建立当地儿童的健康档案，进行生长发育监测，降低贫血、龋齿、佝偻病和上呼吸道发病率，减少低体重儿出生率和提高满月增磅、母乳喂养率；二是教育干预，培训当地保健人员、幼教工作者和家长，开展家教咨询、玩具制作、亲子游戏活动，建立玩具图书室等。[②]

4. 有些地区突破幼儿园、学前班的单一模式，因地制宜建立幼儿游戏组、家庭活动站、亲子活动中心、大带小游乐园等，开展多种多样的非正规学前教育活动，使居住分散、交通不便的牧区、山区或贫困地区的大量幼儿享受到教育活动的乐趣，扩大了散居学前儿童受教育的机会。如江苏省常州市妇联成立了面向0～3岁儿童及其家长的亲子乐苑，面向0～14岁儿童及其家长的好孩子俱乐部、亲子教育沙龙、玩具之家等；河北省兴隆县郝家庄小学学前班教师把居住在山区三条大沟里的10户幼儿家长组织起来，每逢周六集合到学前班开展亲子游戏活动；在内蒙古自治区锡林郭勒盟每年5～9月，用流动游戏车巡回到各游戏点

① 潘仲茗、沈芝莲：《农村幼儿教育体系研究》，教育科学出版社1999年版，第111～120页。

② 方意英主编：《社区服务——促进早期儿童发展的新途径》，北京医科大学、中国协和医科大学联合出版社1995年版，第13～18页。

施教；呼伦贝尔市孟根牧区，每逢集市日，大篷车把玩具、图书送进草原，教歌舞，发资料，开展早期教育活动。河北省滦平县境内沟梁交错，全县共建立了185个游戏小组、巡回辅导站和家庭联系户，吸引了1 500余名幼儿定期参加教育活动。许多农牧民家长在亲子合说一个故事，共唱一首歌，展出家庭绘画、美工作品等活动中，提高了家庭教育素养，也感受到自豪感和责任感。他们自觉改善家庭生活质量，不抽烟、不打牌、不说粗话，在家中开辟"幼儿天地"角落。社区非正规化学前教育事业的开展体现了经济、灵活、简便的原则，在一定程度上解决了我国地域辽阔，经济发展不平衡的难题，满足了交通极其不便地区的广大群众要求实施学前教育的愿望，弥补了广播、电视教育的不足，丰富、提高了整体的学前教育质量。

当前我国社区学前教育尚属初创阶段，众说纷纭，没有定型。实践是检验真理的唯一标准，随着各地群众的日积月累的经验创新，随着全国创建文明社区工作的深入开展，社区的学前教育事业必将有一个新的更大的发展。

三、学前教育机构的社区工作

1996年，国家教育委员会下令正式实施《幼儿园工作规程》。在这个《规程》中，增加了社区工作部分。如第五十一条："幼儿园应密切同社区的联系与合作。宣传幼儿教育的知识，支持社区开展有益的文化教育活动，争取社区支持和参与幼儿园建设。"2001年教育部颁发的《幼儿园教育指导纲要》，在"总则"中，又再次强调："幼儿园应与家庭、社区密切合作，与小学相互衔接，综合利用各种教育资源，共同为幼儿的发展创造良好的条件。"

托幼机构在社区工作方面，一般采取以下措施：

（一）确定托幼机构与社区间的定期联系制度

一方面向社区领导汇报托幼机构发展中的经验与问题，另一方面提出托幼机构参与社区精神文明建设的活动计划，如绿化美化环境，协助社区开展群众性的文体活动、宣传慰问活动，争取社区的领导、监督和合作。

（二）动员社区力量共同办好托幼事业

社区中蕴藏着丰富的人才宝库，如居民中的科技、医护人员、老教师、老劳模等，他们很爱孩子，乐意参加托幼机构的建设和教育活动，而他们的指导、建议又有利于提高社区内托幼机构的教育质量。社区内有关企事业单位在人力、物力上可给予托幼机构一定的支持，既显示出企事业单位对公益活动的热情，又有利于提高职工的劳动积极性和凝聚力。托幼机构可要求社区改善儿童公共活动的环境与条件，扩大运动场地和体育游戏器械，增加美术室、亲子活动室、阅览室等。

（三）充分利用社区内的公共设施与教育资源，建立联合教育活动网络

许多学前教育机构与附近教育资源形成了制度化的共同教育机制。如南京市鼓楼幼儿园一直与附近的市少年宫、鼓楼公园、紫金山天文台、鼓楼邮局、第三人民医院、鼓楼百货公司、市消防支队、武警部队、鼓楼小学等共订计划，定期开展联合教育活动。

（四）因地制宜，设置和指导非正规幼托组织活动

正规托幼机构也辅导社区内的家庭活动站、亲子游戏小组，吸收散居的2～6岁幼儿及其家长双休日来园所活动。

（五）以社区家长学校为阵地，托幼机构的干部、教师可参与家长学校举办的讲座、专题讨论、印发资料、办宣传栏等，向散居儿童家长宣传科学育儿知识，帮助他们举行幼儿表演会、运动会、演讲会、为灾区献爱心晚会等

学前教育机构适当参与社区教育工作，既有利于建立良好的教育生态环境，融洽群众关系，赢得更多的干部、群众对托幼事业的理解、信任与支持，为社区精神文明建设作出贡献；又可以拓宽集资办园所的渠道，灵活利用社区内人才力量和教育设施，改善园所条件。在参与社区活动的过程中，也展示了托幼机构自身的面貌，锻炼了干部、教师的实

践能力，给孩子们提供了更多的表现才能的机会，使幼儿园、托儿所更贴近社区，了解家长，接触社会，联系群众，教育好儿童。

总之，托幼机构存在于社区之中，常常受到共同的文化和环境影响或面对共同的需要和难题，有齐心协力共同教育好儿童的内在动力。社区的人文环境，特别是生态环境、邻里关系、社区成员的文化素养、社区的设施和活动都会直接、间接地影响托幼机构教师、儿童的身心健康。因此，托幼机构必须和社区的教育力量拧成一股绳，全方位、多通道地去影响新生一代的健康成长。社区是协同教育坚强有力的根据地，是建设良好的教育系统工程不可缺少的方面军。

第四章 托幼机构的环境和设备

托幼机构的环境和设备，是婴幼儿在托幼机构中生活、游戏和学习的保证，也是成人向儿童进行教育的重要资源。托幼机构的环境包括物质环境和精神环境两方面。物质环境包括园舍、家具设备及玩具、教具、图书、室内外装饰和布置等一切物质性的东西。精神环境包括教师的教育理念、教育行为及人际关系和情感氛围等。因为本书有许多内容涉及精神环境方面，所以本章主要介绍物质环境方面。但由于物质环境和精神环境是互相融合与促进的，所以在阐述时不可避免地要涉及精神环境的内容。

第一节
托幼机构中物质环境的重要性

一、儿童生活的保障

儿童入园所，要在其中如厕、盥洗、吃饭、睡觉等，园所要有相应功能的建筑和设备才能使儿童生活安全、方便、舒适。

二、促进儿童身心健康

宽畅的空间，齐全的设备器具，可以使孩子肌体得到锻炼；合理的营养能保证孩子身体智能发育的需要；新鲜的空气，充足的阳光，可以充分接受大自然赐予人类的恩惠；加上自由宽松的人际氛围能使孩子心情开朗，行为主动，有助于心理健康。

三、激发智力潜能

有创意的物质环境经常构成对孩子身体和智能的挑战，孩子在与它们相互作用的过程中，可以使内在的潜能得到释放。不失时机地根据儿童身心不同发展阶段的需要创设必要的物质环境，并鼓励儿童与其相互作用，学习控制和驾驭，能使孩子的智力潜能得到适时的发展。

四、锻炼对环境的选择能力和判断能力

在丰富的物质环境面前，儿童必须逐渐学会选择，在相互作用中验证选择是否符合自己活动的要求，并在反复的选择中获得预先的判断能力，从中生发出自主感和独立性。

五、萌发爱护创造周围环境的意识

许多装饰和布置是由教师与幼儿共同制作和创造的，这种活动培

养了孩子的创造性和动手能力。

人脑的可塑性产生了人类对环境的适应能力。人们都有经验：在洁净的环境中不敢乱丢废物，在安静的图书馆里不敢高声喊叫。孩子也有这一适应性。良好的物质环境和精神环境会使孩子产生安全感、秩序感、舒适感、美感，熏陶出良好的行为习惯，对周围环境倍加爱护。

良好的环境是无声的老师，它常常作用于儿童的无意识学习，引发儿童的自发行为，与有意识的学习相得益彰。

环境对婴幼儿成长的意义是多方面的。在《幼儿园工作规程》中明确指出：必须“创设与教育相适应的良好环境，为幼儿提供活动和表现能力的机会和条件”，正是根据环境对儿童成长的重要性而制定的。

第二节
托幼机构的园舍

一、园所基地的选择

城乡建设生态环境部及国家教育委员会联合颁布的《托儿所、幼儿园建筑设计规范》[（87）城设字第466号文]中的第六条规定，托儿所、幼儿园的基地选择应满足下列要求：

（一）应远离各种污染源，并满足有关卫生防护标准的要求。

（二）方便家长接送，避免交通干扰。

（三）日照充足，场地干燥，排水通畅，环境优美或接近城市绿化地带。

（四）能为建筑功能分区、出入口、室外游戏场地的布置提供必要条件。

当前，作为新建小区的配套设施，一般都有较合适的地段和建筑达标的幼儿园、托儿所的一体化建制。

二、园所占地面积

(一) 一座园所的总面积,按国家规定是:①

规　　模	园舍建筑面积(m^2)	建筑面积定额(m^2/生)
6 班(180 人)	1 773	9.9
9 班(270 人)	2 481	9.2
12 班(360 人)	3 182	8.8

(二) 托幼园所总面积的分配

1. 建筑占地,包括幼儿生活活动用房、服务用房和供应用房三类

(1) 儿童生活活动用房的最小使用面积(m^2)如下:

规模 / 房间名称	大型	中型	小型	备　　注
活动室	50	50	50	指每班面积
寝　室	50	50	50	指每班面积
卫生间	15	15	15	指每班面积
衣帽贮藏室	9	9	9	指每班面积
音乐活动室	150	120	90	指全园共用面积

(2) 服务用房的最小使用面积(m^2)如下:

规模 / 房间名称	大型	中型	小型
医务保健室	12	12	10
隔离室	2×8	8	8
晨检室	15	12	10

(3) 供应用房的最小使用面积(m^2)如下:

① 选自 1988 年 7 月 14 日公布的《国家教育委员会城市幼儿园建筑面积定额(试行)》。

<table>
<tr><th colspan="2">规模
房间名称</th><th>大型</th><th>中型</th><th>小型</th></tr>
<tr><td rowspan="5">厨
房</td><td>主副食加工间</td><td>45</td><td>36</td><td>30</td></tr>
<tr><td>主食库</td><td>15</td><td>10</td><td rowspan="2">15</td></tr>
<tr><td>副食库</td><td>15</td><td>10</td></tr>
<tr><td>冷藏室</td><td>8</td><td>6</td><td>4</td></tr>
<tr><td>配餐间</td><td>18</td><td>15</td><td>10</td></tr>
<tr><td colspan="2">消毒间</td><td>12</td><td>10</td><td>8</td></tr>
<tr><td colspan="2">洗衣房</td><td>15</td><td>12</td><td>8</td></tr>
</table>

此外，可根据需要和可能，设置大小不等的公共用房。如美工室、科学室、图书室、电脑室、木工房、琴房、儿童浴室等。还应有办公室、会议室、传达室、资料室、储藏室、成人厕所等。

2. 托幼园所室外游戏场地

（1）每班应有不小于60平方米的游戏场地。

（2）公用场地。要有30米长的跑道、运动器械置放地、沙坑，有条件的可设长廊、戏水池、山坡地道、晴雨棚、游泳池（也可安排在室内），鹅卵石铺成的曲径或几何图形，林间小亭或供躲藏的小房子等。在托儿所还可有一条供骑三轮小车的车道。

3. 绿化用地

绿化用地，包括：花卉、树木、草地、竹丛、绿篱、绿廊、垂直绿化等。在满足活动场地的同时，应尽可能扩大绿地面积。

用于美化观赏的花卉可分散在各处，利用边角培土种植。宜选择不同色彩、形状、香型，在不同季节开放的无毒、无刺的鲜花，使园所四季有花香。

用于绿化的树木也宜多样化，如阔叶树、针叶树；常青树、落叶树；红叶树、黄叶树等都尽可能兼而有之。庇荫的大树不应靠近儿童活动室种植，以免影响室内光线。绿化面积较大的单位，可把不同的树种在靠近的地方成丛或成带，鹅卵石小路可从中穿过。

江南有不少单位在场地的角落里种上一些细竹丛，挂上品名的牌子，看起来非常雅致。也可扩大孩子的经验范围。

草地上种上草皮，可供孩子玩耍。草地具有柔软、安全、富于弹性的优点，同时还散发出淡淡的草香味，尤其适合3岁前孩子活动的需要。还可在边角处种上一些在当地易生长的药草，丰富孩子的生活内容。

绿篱通常由黄杨、冬青等树种构成，可沿围墙种，也可用作绿篱把各班的活动室分开。

绿化不仅美化环境、净化空气、消除噪音、减少尘土、增加遮阴面积，使孩子身心健康，同时还能引来飞鸟和昆虫，让孩子时时置身于自然物之中，积累经验，热爱绿色，热爱生命，学会关心和照料植物。

当前有些小区配套的园所，主要建筑的用地基本达标，但室外场院偏少，尤其缺少绿化面积。有的单位将仅有的场地统统做成水泥地面，或铺地砖、塑料制品，导致这类园所的孩子户外活动时间达不到有关部门的规定要求，直接接触自然物极不容易。这类机构可进行垂直绿化和空间绿化，沿墙根种植藤类植物覆盖建筑物外墙，或者利用平台或阳台的边缘培土种植吊挂植物，尽可能地多增加一些自然的、有生命的色彩。

4. 种植园地

可视情况分班设置，也可各班的园地集中在一起，各班可种植不同的品种。供儿童种植的园地的垄应窄一些，而供孩子走动的垄与垄之间的距离应宽一些，便于孩子种植操作和观察。园地应有日照，植物才能生长。

5. 饲养角

可在动物房子里饲养几种不太娇气、又有观赏价值的小动物，包括禽类和畜类。饲养房应有门窗和孔眼（或栅栏），周围留有空地，便于孩子和成人观察、饲养和清扫。

在远离自然的城市里的托幼机构，为孩子创造自然环境尤为重要。

场地较小的小区幼儿园，应充分利用周围环境，分享小区的资源。

上述各类中所列出的建筑面积，均取之于城乡建设生态环境部及国家教育委员会联合颁布的(87)城设字第466号文的规定，其面积为“最小”或“不得少于”，这说明有条件的园所，完全可以适当扩大。有些地方，由于领导重视和开发商的支持，所建幼儿园所有室内游泳池、溜冰场和大活动室，室外有小足球场和环形跑道，儿童可以借助轻器械(如球、呼啦圈、小推车等)或徒手在场地上充分活动身体，完成各种动作，如无器械的跳、跑、体操，高人走、矮人走等，这比把一些空地分割成很多块面，又在每一块场地里都安装一个笨重的大型运动器具要好得多。所以托幼机构应该留有较大的空地让孩子自由活动。

此外，园所的占地大小和园所幼儿实际人数多少有关系。如6个班的规模，却因种种原因要开设8个班，这就不得不在园内“挖潜力”，把音体室改成班级活动室，每个儿童的平均占有面积也随之减少了。还有的托幼机构，以扩充班级人数增加收入，如国家规定，2～3岁班的幼儿每班容量是20～25人，但目前不少机构收到30～40人，甚至更多。有些乡镇幼儿园的中大班，收到50～60人，甚至更多。这样，即使有达标的建筑面积也会十分拥挤。为使儿童在园所能安然无恙，教师不得不过多地将孩子关在室内进行集体活动和以安静为主的活动，用过多的常规控制孩子，在这样的机构里，孩子非常渴望“自由”，甚至在上厕所的瞬间都有一种“解放感”，长此以往，不仅不能发展孩子的个性，而且还会影响孩子的体格和视力。

第三节
环境设备的配置原则

一、实用和经济

环境和设备都应适合儿童和成人的操作，凡儿童用品(桌、椅、柜、床等),都应适合于儿童的身高和体力,以低、轻、稳为好;凡成人用品(如桌、椅、柜等),应以高度适宜,取放、清扫方便为好。每个班的起居活动用房应相连相通,而且有较强的透视性,便于儿童使用和成人照料。

一些扩建改建的园所,因为有保教人员作参谋,房屋及设施都比较合理实用,没有多余的东西。有些小区新建托幼机构,是由不了解孩子特点的人设计和建造的。当懂行的承办者接收办园时,不得不忍痛敲碎很多东西重新装修,造成不必要的浪费和环境污染。有的地区在设计建造园所时,由社区领导、教育工作者、幼儿园的园长和教师与设计施工人员共同研究设计建造,这很值得我们借鉴。在配置设备时,还应尽可能因地制宜,就地取材,办出本地区的特色来,不必舍近求远,增加投入。

二、卫生和安全,有助于健康

1. 主要用房以朝南为好,南面不设封闭型的宽走廊,以免影响室内的光线,朝南的窗户面积宜宽大,便于通风和阳光照射

活动场地宜设在正南、东南或西南等部位,可使活动场地在不同季节不同时段都有阴带和阳带。

2. 扩大空间

室内宜放置使用率高的物品,暂时不用或使用率很低的物品应放到储藏室内。建筑或场地偏小的单位,可设置一些能拆装或可套叠的运动器具或家具。使用后可及时拆收和摞套。如折叠床、桌,套椅、套凳,移动毛巾架,茶杯格,拆装运动器具等。这样做,可以扩大孩子活动的空间,减少碰撞。活动室和音体室宜用双门,便于儿童进出,必要时能把小型运动器具移到室内使用,紧急时刻便于疏散。

3. 设备用品应安全卫生。家具、用具皆应坚固、无角、易清洗和消毒,保证安全和卫生

4. 无毒、透气

所有设备、装饰物、玩具材料都应采用无毒、不吸尘的材料。

儿童床上用品宜用全棉制品，小床应具透气性，为此床板应有缝隙或孔眼，以便及时散发掉儿童睡眠时排出的汗气。塑料盒子床并不可取。

5. 软包装

这一点对托班特别重要。托班的活动室应有木地板，如没有地板可铺上地毯。室外应有泥地和草地，或者在水泥地或地砖上铺上几处地毯或无毒的塑胶块，供孩子蹦、跳、爬、跑。必要时，在家具、器具和墙角、柱子上包上软性材料。

6. 室内外设备安全

室内电源插座和电开关都应在 1.7 米以上。取暖设备应加外罩，暖水桶应有隔热层。

室外的喷水池应有护栏，水深不超过 60 厘米，落水管宜圆形，下水道、阴沟洞、窨井盖等都不能留下钢筋头、铁皮边等安全隐患。

供行走的室内外路面均应既平坦又防滑。

7. 玩具和运动器具的安全

① 无毒。幼儿喜欢把玩具放入口中，无毒尤为重要。

② 不宜过小。幼小儿童会把小东西塞进耳、鼻、口中。

③ 粗糙、锋利、易燃、易爆之物不宜给儿童当玩具。

④ 大型运动器具应放置在四面都能通行的地方。器具之间要有缓冲地带。在蹬、跳、滑的地方铺上垫子或做成弹性地。供中大班用的大型运动器具不宜放置在草坪内，孩子运动量大，草坪易受破坏。

⑤ 玩沙、玩水的用具应有安全性。

⑥ 应经常检查和维修，以免器具破损而伤害孩子。

8. 园舍应考虑具有防火、防盗、隔音(或消音)、防寒保暖、防暑降温、通风防潮、防孩子走失等功能

三、全面和多样

1. 物质环境和精神环境协调互动

前者也称硬件，后者也称软件。硬件好，软件差，会抑制硬件功能

的发挥。如有的单位，其厕所的布局和用材均适宜、上档次，但清扫不够，臭气四溢。软件差，还会对硬件起破坏作用。如常用带水拖把拖地板，致使地板受潮腐烂损坏。有些工作人员修养较差，在儿童面前，走路、说话、取放物品和搬动椅桌不能“三轻”，对待孩子的态度不温柔。他们常常制造噪声，破坏宁静，损耗物品。这样的管理水平和工作态度与现代化的硬件很不和谐。

软件好，硬件不好，“巧媳妇难为无米之炊”。只有两方面都过得硬，才有助于儿童身心和谐发展。遗憾的是，当前一些园所的经办者很舍得在硬件上大量投资，以一流的设备吸引家长。而在软件上，却是十分节俭，这种硬件超前、软件滞后的情况，影响了儿童健康成长。一个托幼机构硬件和软件的状况，往往反映了当地领导部门的重视程度，以及经办者、教职工的教育观念、敬业精神和创造能力。只有多方一致努力，才能为下一代创造最适宜生存发展的环境。

2. 设备材料的多样性

在一所园所或一个班级的设备中，应尽量兼有木制品、金属制品、竹制品、棉制品、草制品、泥制品、塑料制品、玻璃制品、陶瓷制品等等。它们可以有不同的大小、长短、轻重、形状、颜色、数量、质地以及易碎的和不易碎的，变形的和不变形的，透明的和不透明的，粗糙的和光滑的，传热的和不传热的，沉的和浮的等等。多维度的特点都可以让儿童在长期与环境的相互作用中了解而获得相关的经验。

3. 功能的多样性

室内玩具材料应有发展各领域智能，适合不同兴趣和能力倾向的孩子的需要。如发展操作能力的，发展语言能力的，发展认识能力的，发展艺术能力的玩具和材料，放置在各个活动区内，供全班每个孩子自主选择和探索。

室外设备应具有多功能、组合性。可供攀、蹬、钻、爬、跑、跳、平衡、投掷等，促进全身性动作的发展。组合性运动器具、球类、平衡板等都是极好的设备。如托儿所的走板，可以当平衡板、条凳，可以根据需要加上一定高度，练习走、爬、跨、钻、搬动和从一定高度跳下等。

游戏小房子也为3岁前儿童所喜爱。房子四门相通，可以追逐、躲藏、窥探、穿行、休息、过家家等等。

在托儿所还应考虑一件大型运动器具的容纳量，多通道、多横杠的立体形低矮攀登架，足可以容纳一个班的孩子，可以攀、钻、坐、眺望、俯视、相互交谈，还便于成人照料。

4. 三维空间的全面利用

地面、空间、墙面的设备和布置，都应引起孩子意识层面和潜意识层面与环境相互作用。

地面上可以根据需要画上一些几何图形，楼梯的梯级上可有顺序地写上阿拉伯数字，每段楼梯都有10多个梯级，孩子边走边数，会在不知不觉中学会从1数到10以上，并逐渐认得这些数字。

空间可营造节日气氛，展示儿童作品，布置区角的标志等。在托儿所，可利用空间吊挂碰铃、乒乓球、布制拳击袋等，供孩子发展动作技能。

墙面可利用的面积很大，包括围墙、房间、走道、楼梯道等处，都可根据办园特色和教育需要进行布置。如有些幼儿园，多处有音符和绘画，有名画家、名音乐家的肖像，一看便知道是以艺术审美教育为课程核心的幼儿园。还有的幼儿园，多处有汉字与英语单词的对照表，或英语歌等，一看便知道是进行双语教育的幼儿园。

活动室墙面的布置有三方面的内容。一是与主题相结合，是主题教育的背景材料，也是主题活动过程和结果的展示。如冬天到了，可由教师、幼儿及家长共同收集资料制作饰物，把墙面打扮成冬天的自然景象和大人、小朋友以及动物的冬令活动图。二是区角活动的标志功能，如在建筑区，贴一些富有特色的建筑物照片；在娃娃角，可以贴一些反映家庭氛围的照片；在小巧手区，可以布置儿童的制作品。这些标识能为正确开展区角活动进行导向和暗示作用。三是在主题背景、区角以外的墙面或玻璃窗户上贴上一些饰物，如窗花、宠物画、生肖画。

上述内容均具有三个功能，即教育功能、发展功能和审美功能。值得注意的是墙面不能被饰物图片覆盖得太满，太拥挤，也不能比例失调等。

盥洗室的墙面宜贴上一些对儿童的行为习惯起规范作用的画面、儿歌或警语等。

睡觉房宜有一些淡雅、宁静的色彩和画面，与窗帘、橱柜、小床、被褥等共同创造温馨、舒适的氛围。

内走廊及楼道的布置。靠近活动室的走廊墙面上，一般都布置家园联系栏，内容大致有家园共育动态、幼教文摘、正在进行的课题内容、目标和教材简介等。

走廊也可以分段划给各班作为区角活动。也可以由园所统一规划，把一些需要潜移默化影响幼儿的内容布置在走廊上，如本地区的景点照片，特产品、名优产品的照片，本园所活动的照片，穿着少数民族服装的小朋友图画，各国的国旗、国花等等都可以挂上墙面，定期更换。楼梯墙面可装饰名画、儿童画、童话故事画、手工制作品等。

有些多层建筑的幼儿园，每个楼层的楼梯转折平台，从空间到墙面到地面，都可以布置成一种特有的景象，如各层可分别布置成海、陆、空的景象，或者热带、温带、寒带的景象。

门厅主要是面向家长的宣传栏，以及园规、园训、园内生活活动片段的照片等。

5. 冷暖色彩的和谐组合

在活动室里，淡咖啡色的地板和橱柜，淡绿色的桌椅，米黄色的墙面，相互映衬，能给人活泼和温暖的感觉。青色地砖、白色墙面、白色桌椅或磨石子地面、白墙、蓝桌椅等会给人一种生、冷、硬的感觉。如果已经是后一种类的色彩组合，应该为房内增加一些暖色调饰物。如在某一角区铺一长方形红地毯和几个软垫子，让儿童坐在上面看书或玩耍，墙面饰物和窗帘的色彩都可以选择暖色调。

围墙、大门以及建筑物的墙面和外观应富有色彩和童趣。有的西方幼儿园的建设者，别出心裁地在墙面上下功夫，如在儿童经过的建筑物的墙面上开一些孔眼，儿童会很有兴趣地去窥看人、景、物，增加趣味性。我国当前有些围合式的建筑，一楼是一个大厅，二楼是内走廊，走廊围栏的下端设有15～20厘米的栅栏，栅栏上端是全封闭的。二楼的孩子在走廊玩耍时很想看看大厅里的孩子在做些什么，他们只好趴在地上往大厅里看。很显然，这样的设计不符合孩子好奇、好动的心理特点，如果能在栅栏上端开出既可以穿过视线、又保证安全的孔眼，就能满足孩子的需要。

四、动态性和参与性

环境的创设，应根据教育的需要不断变化。

环境创设应教师幼儿共同参与，即使在托儿所，孩子也能参与环境创设，不能由成人包办代替。

五、可持续发展性

在设计建筑物时，应有一定的可持续发展的可能性，有的园所刚刚开张，就显露出先天缺陷。随着事业的发展，可能会扩大招生，也可能需要做一些专门功能室。如没有备用房间，就没有发展的余地和空间，不能满足办园者的意图，也不能满足素质教育的需要。

第四节
托幼园所物质设备细目列举

一、家具类

（一）桌子

1. 儿童桌。有长方形、正方形、弧形等（适合托儿所用），供儿童进餐、学习、活动使用，一般坐6人、4人或2人。

2. 教具桌。教师经常需要一张桌子摆放教具。可以用儿童桌替代,也可以有一张略高于儿童桌的教具桌。

3. 教职工办公桌。这些桌子可以集中放在教职工办公室里,也可以分散在各个班级的睡觉房里,每位教职工应有一个位子或占有一张桌子。

4. 会议桌。一些较讲究的托幼机构,已有专门的会议室和椭圆形的会议桌。

(二)椅子

1. 儿童靠背椅。每人一张。公共活动室,如美工室、科学室等应另外配备与进室活动最多人数相当的椅子。这些椅子既可供儿童活动使用,也可以在必要时作为机动椅使用。

2. 教椅。每个班应有两张略高于儿童椅的教椅,在组织某些集体活动时,为教师所坐。

3. 成人办公用椅。每位职工一张。

4. 沙发。成人用沙发一般安置在园长室或接待室内,可根据需要和可能设置。儿童用的沙发椅,可放在游戏区角里或需要放一些椅子的地方。

(三)橱柜

1. 儿童玩具柜。一般都靠墙或临窗摆放,可根据室内的容量,配置玩具柜。玩具柜有固定式的和带有轮子可移动的两种。可移动的玩具柜,长约一米左右,可用作间隔区角。其缺点是稳定性差。两种柜可兼有,取长补短,也使孩子认识“轮子”的作用。

2. 生活柜。儿童生活、学习用品橱柜,存放孩子的用品,全托园所应有服装柜,每人一格,可根据场所条件进行设计。

3. 消毒柜。消毒班级毛巾、茶杯等使用。

4. 儿童衣帽柜(架)。每人一格。

5. 鞋柜。每人一格。

6. 茶杯柜。每人一格。

7. 成人用的教具、资料、用品柜。按需要设置。

（四）儿童床

有固定的单层床、高低双层床和交叉的双层床，也有可折叠或可搬动的单人床等，以一床一铺为宜。近年来也有榻榻米式的通铺，既可以卷起铺盖当游戏区还可以展开铺盖当床用，充分利用了空间，但透气性较差，适用于较干燥的地区。此外，榻榻米因高度太低，成人照料时不太方便，因此不适宜在托班使用。

除上述家具外，每个班还可添置几张小凳子，供区角活动所用。

二、其他用品类

1. 炊具和餐具
2. 清洁卫生用具
3. 保健卫生用具
4. 绿化用具
5. 购物用具
6. 简单的修理用具等

三、活动室专用设备

1. 电子琴
2. 手风琴
3. 收录机
4. 投影仪
5. 黑板，可选用 150 cm × 100 cm 的规格（附磁块）
6. 幻灯机
7. 钢琴
8. 木偶戏台
9. 幼儿书架

上述设备均适合于托儿班和幼儿班。

四、室外体育用具及区角玩教具

（一）托班

1. 球类:大塑料球、排球、小皮球等
2. 小推车
3. 三轮自行车
4. 走板
5. 垫子
6. 钻圈
7. 大型运动器具:滑梯、摇船、攀登架、游戏房子等
8. 爬筒
9. 小沙袋
10. 棉制拳击袋
11. 拖拉玩具

（二）幼儿班

1. 球类:排球、小足球、皮球、板羽球、乒乓球
2. 攀登架
3. 平衡木
4. 组合型运动器具
5. 跳绳用的绳子
6. 毽子
7. 铁环
8. 体操垫
9. 拳击袋
10. 拉力器
11. 沙袋
12. 溜冰鞋等

（三）区角玩教具

1. 结构玩具：各种积木塑件，各种组装玩具、彩色套叠玩具、镶嵌玩具、拼图、配对玩具、接龙、串珠、智力积塑片等。

2. 角色游戏道具：小家具——桌、椅、衣柜、床、炊具、医疗、理发工具等。角色游戏各种小玩具，娃娃。头饰——人物、动物、植物。交通工具及建筑模型等小型活动器具。

区角玩具的选配应注意废物利用和一物多用，发挥师幼的想象力和创造力。成套逼真的玩学具，往往会限制儿童创造能力的发展。

3. 沙水角玩学具：沙水箱池，沙水配件，各种模子、铲、筛、耙，沙水玩具车，水上玩具等。

4. 计算教学具：计算器、钟面模型、天平、塑料插棍、逻辑几何块、计算卡片、幼儿计算盒、米尺等。

5. 美工教学具：幼儿美工学具盒（内有泥土板、剪刀、小刷子、调色盘等）、十二彩色水笔、幼儿十二色蜡笔、图形块等。

6. 音乐教学具：小铃鼓，鼓，儿童简易打击乐器——三角铁、响板、手铃、木鱼、撞铃、沙锤、小钹等。

7. 语言及科学教学具：图书、卡片、昆虫盒、水杯、挂图、幻灯片、木偶、服装、道具、多媒体、寒暑表、温度计、饲养槽、电磁游戏盒、磁性显示器、地球仪、教学实验盒、镜面教具、幼儿认识器等。

五、园所公用的教具设备

1. 投影仪

2. 幻灯机

3. 木偶戏台

4. 多媒体等

随着经济、科技的发展，随着幼儿教育被广泛重视，一些现代化设备也已在不少幼儿园陆续出现。如多媒体教学设备、多媒体电化教学控制系统、单向观察室等等。近年来也引进或仿制了许多进口的玩教具,如感统训练器具、蒙氏教具等。

笔者并不反对有资金来源的幼儿园进行这方面的投资,但是无论经济富裕或不富裕的托幼机构,都不能忽视“因地制宜,勤俭办一切事业”的原则,努力挖掘本地资源自制玩教具,或借用民间手工制品和传统运动方式开展活动,如编织、剪窗花、刺绣、挑游戏棒、勾绷绷绳、跳房子格、跳绳、踢毽子、打板羽球、滚铁环等投资小的项目,同样能促进儿童健康发展。

第五章 学前教育机构中教师与幼儿的相互作用

第一节 教师与幼儿相互作用的内涵及其发生的条件

一、教师与幼儿相互作用的内涵

任何一种专门的学前教育机构，无论是保教并重的幼儿园还是保育为主的托儿所，都是借助它们所特有的物质的、制度的、人际的三种环境因素来表示它们存在的基础与形态的。物质环境包括：机构的园舍与活动空间，教学、游戏和生活所必需的各种设备等能为人们亲眼所见到的实物；制度环境是指那些保证教育机构得以正常运作的相对稳定的社会规范、价值标准与管理方式等等；人际环境则是学前教育机构中所有成员，涉及行政管理人员、教师与儿童三种群体，以及他们彼此之间相互交叉进行的各种行为往来所构成的关系状况的总称。三种因素对于任何一个学前教育机构的运作而言,都是不可或缺的。但是,促使幼儿教育机构职能得以发挥的最为关键的因素,应当首推学前教育机构内部成员之间特别是教师与儿童之间的相互作用。

学前教育机构中教师与儿童的相互作用也可以称为师幼互动,它是专门指发生在托儿所、幼儿园等正规的学前教育机构内部的、教师与孩子之间相互作用、相互影响的行为及过程。师幼互动是幼儿教育实践中的核心因素,教育过程中任何设计完美的教育理念、教育方案、教育目标、教育计划无不是经过教师与孩子之间的相互作用方才转变为现实的。

师幼互动自孩子进入教育机构起开始,一直持续到孩子离开为止,遍布于幼儿在幼儿园生活时段中的教学、游戏、生活等各个场景。根据参与主体的不同,师幼互动行为可以划分为三种类别:教师与全班幼儿的互动、教师与小组幼儿的互动、教师与个体幼儿的互动。本章主要讨论幼儿园内的教师与幼儿个体之间的互动行为。

正如社会学中符号互动理论所阐释的那样:人与人之间互动的发生与进行都意味着双方对彼此行为意义的理解与建构,教师与孩子之间任何一次互动都绝对不仅是双方对各自的行动和语言作出反应的简单过程。可以说,教师与儿童间的每一个细小的互动事件都可以被看作是幼儿教育有机总体中的一个部分,既影响儿童的发展,又展示着幼儿教育外显的教育手段、教育结果,同时可以折射出教师与孩子内隐的儿童观与教师观。

二、师幼互动行为发生的条件

揭示概念的内涵可以帮助我们在理念上了解到,教师与幼儿之间的相互作用是一种特殊的人际互动行为。要想辨别发生在学前教育机构中的具体的师幼互动行为,单凭一个文字定义是不够的。并且,相互作用以及互动的概念,很容易从字面上被过于宽泛地理解,我们还必须对互动做一定的操作性限制，强调互动行为的在场性和即时性特点，以便在有限的篇幅内集中讨论有限的问题。从这一观念出发，我们可以对师幼互动行为发生与进行的条件进行分析。

西方学者 J. W. 蒂博特和 H. H. 凯利在研究成人世界的两人互动时曾经提出过这样的论点：两人之间的互动意味着互动主体在有对方在场的情况下采取某种行为，并能相互创造出某些产物，或者彼此沟通。两个主体之间的互动行为成立的一个前提条件是：互动中的任何一方主体的行为都对另一方产生了影响。这一观点对于分析师幼互动行为很有启发。从教师与孩子之间相互作用的过程入手，我们认为判定学前教育机构中教师与孩子是否在进行互动，必须考虑以下两个构成性条件。

第一、客观上，教师与孩子必须同时在场。所谓必须同时在场，是指教师与幼儿同时处在信息传递与接收的范围之内，借以保证互动中一方的行为不需要中介环节就可以被另一方接收到。假设教师甲想和孩子乙进行互动，而此时乙刚好不在场，那么教师就无法与乙之间发生行为往来。如果教师请另一个孩子带口信给乙，说教师请他过来一下，从而拉近两个人之间的距离并开始有行为往来，这一整个过程已经不是一个两人间直接的面对面的互动行为单元，而是一个在理论上可以分解为多个互动单元的一种复合型的互动，或者说是一个互动链。

第二、主观上，教师与孩子的行为中，至少有一个是相互指向性行为。同时在场的教师与孩子的社会性行为通常可以被分成两类：一类是表现性行为，即不以对方为行为对象的行为。比如孩子边玩积木边自言自语：这一块应该放在哪儿呢？另一类则是以对方为对象的指向性行为，比如孩子拿着积木走过去问教师：这一块应该放在哪？师幼互动行为意味着同时在场的教师与孩子的行为集合中，至少有一个指向性行为。换句话说，如果教师与孩子的行为都是表现性的，彼此都没有指向对方的行为、没有从对方那里获得信息或者是把自己的信息传递给对方的想法，那么，即使两人处于适合于信息传递与接收的空间之内，也不能断言他们之间有互动行为发生。

第二节
教师与幼儿相互作用行为的构成要素

每一个社会行为都包含复杂的外显行为和内在心理过程。不同的学科可以从不同视角加以描述分析。在幼儿教育学科里，对师幼相互作用的分析可以采借社会心理学的概念工具和分析框架。这样，实际上是由许多复杂要素构成的师幼相互作用行为，概括起来，可以分解为外显要素与内隐要素两个大的类别，每个类别下面又可以继续细分。

一、外显要素

师幼互动行为的外显要素，是指我们在教师与幼儿的相互作用过程中可以直接观察到的一些内容。这类要素涉及互动行为的主体，主体的行为，行为的类别、性质、结果等方面。

（一）施动者与受动者：师幼互动行为参与主体的称谓

虽然是相互作用，但是任何一次师幼互动行为的发生总是要先由一方主体启动。对于开启互动的一方我们称之为施动者，另一方则称为受动者。在师幼互动过程中，施动者与受动者的组合有两种：一是教师作为施动者而幼儿是受动者；二是幼儿是施动者而教师作为受动者。

（二）施动行为与反馈行为：具体互动行为的初级归类

施动行为是指互动过程中由施动者发出的、指向受动者的行为；反馈行为是指由受动者在接收到施动者发出的行为以后做出的回复性行为。

（三）互动行为的性质：施动行为与反馈行为的概括性特征

关于师幼互动行为性质的划分与判定，我们可以从两方面进行。

第一，就行为实现的方式来看，施动行为与反馈行为的性质可以划分为言语型的行为与非言语型的行为两种。所谓言语型的行为是指以语言交往为主的行为，非言语型的行为是指主要以目光、表情、动作等方式来传递信息的行为。

第二，就互动主体在施动行为与反馈行为中所表现出来的情感特征来看，人类个体的人际行为总带有一定的情感特征，这是人际互动的共性，教师与儿童之间的互动行为也不例外。教师在自己指向幼儿的施动行为或是反馈行为中表现出来的情感可以分为三种：其一是行为中表现出明显的和蔼、亲切、友好、喜爱的倾向，我们称之为正向的情感；其二是负向情感，即教师在指向孩子的行为中带有明显的不满、厌恶，甚至恼怒、愤恨的倾向；其三是中性性质的情感，指教师在行为中所表现出来的情感色彩相对平淡，没有明显的正向或负向特征。

幼儿指向教师的行为中所伴随的情感特征也可以分为三种：即进取、畏惧、平和。所谓进取，是指幼儿的施动行为或反馈行为中带有明显的大胆、不惧怕教师的情感特征；而畏惧是指孩子的行为中表现出明显的紧张、胆怯、害怕教师的情感色彩；平和则是指幼儿的行为中没有明显的情感倾向，语气和神态都处于比较平静的状态。与互动行为的实现手段一样，教师与幼儿在行为中所表现出来的情感特征也会交叉出现，但是有一点非常明确，当教师的行为中表现出来的是负向情感色彩时，幼儿反馈行为的情感特征绝大多数都是畏惧性的。

（四）师幼互动行为的主题与结果

无论是教师还是幼儿，无论他们是在作为施动者开启互动或者是作为受动者进行行为反馈，外显行为本身总会体现出一定的目的性倾向，也就是说要借助互动来执行自己的某个决定、计划，或者是表达自己的某种想法，达到自己的某个目的。从根本上说，这一类促使师幼互动行为发生与进行的因素都是互动行为主体的内在意愿的体现。

为方便区分，我们把施动者的行为意图称为施动行为目的，受动者的行为意图称为反馈行为取向。在具体的互动过程中，一个施动行为目的或反馈行为取向的实现可能只需要一个施动行为和一个反馈行为就够了，也可能要借助多个施动行为与反馈行为才能完成。为了指称方便，我们把施动行为目的标定为师幼互动行为的主题，把与之相呼应的反馈行为取向称为互动行为的结果。

对于发生在学前教育机构中的一切教师与幼儿之间的互动行为来说，结果只有两种：要么接受施动者确立的主题，要么对之加以拒绝。而施动者自行确立的主题却可以因为他的角色的不同、意愿的不同而有很多类别。比如，从教师这一方来说，可以有指导幼儿活动或是照顾他们生活的互动主题，还可以和幼儿共同游戏，而幼儿可以是因为需要教师的帮助而开启互动，也可能因为想引起教师对自己的关注而开启互动等。

二、内隐要素

师幼互动行为的内隐要素是指伴随着教师与幼儿的外显行为而进行的行为主体的内部心理活动与过程，这一类要素不像外显行为那样可以被直接观察。内隐要素是师幼互动的有机组成部分，内隐要素的存在，表明了师幼互动行为并非教师与幼儿之间简单的刺激与反应的联结，而是个体与个体间有目的、有计划的行为往来。教师与幼儿互动行为的内隐要素可以概括为以下三个方面。

（一）场景界定

任何一种互动行为都是在一定的场景中发生的，反过来，场景对人的行为又必然会产生影响。场景对人的影响是基于行为主体对场景的认知。我们把互动中的教师与幼儿对当下所处的地点、场合的认知和判断称为场景界定。通过场景界定，行为主体确认了安置其行为的空间以及行为的恰当性。比如，教师在总结游戏时，有少数孩子不停地讲话，教师可能会向他们发出警告，因为教师认识到在这个场景中，教师本人应该坐在每个孩子都能看得见的地方，以规范的语言来评述今天的游戏活动，相应地，每一个孩子都应该认真地听教师讲话，而不能私自谈论。

（二）角色认知

角色认知是指师幼互动的主体对自己以及对方在相互作用过程中所扮演的角色的认识与理解。从社会心理学观点来看，社会生活背景中的人际互动实际上是人类个体在社会生活中所承担的角色之间的互动。每一个人都有一套角色集，在互动开始之前，人们总是要从中选取他们认为合适的角色，而后依据对角色的理解展开互动。即使在正规学前教育机构中，教师与儿童的角色也有多种选择，笼统而言，可以把教师与幼儿在相互作用中的角色集分为两大类别。对于教师来说，第一类角色是教育者，这种角色在具体的互动过程中可以表现为纪律约束者、知识技能和规范的传递者、生活的照顾者、活动的组织者与行为的评估者、纠纷的调节者等。第二类角色属于非教育者，这种角色可以具体化为信息交流者、游戏参与者等等。幼儿在互动中也有两个主要的角色集，一是受教育者，具体可表现为知识、技能与规范的接受者，寻求帮助者，需要被指导、被安慰与被照顾者；二是非教育者，具体为信息的交流者、共同游戏中的玩伴等。

在相互作用过程中，教师与幼儿对角色的认知与选择，是同他们对场景的界定以及互动行为之外的关于角色意义的理解相联系的。角色在本质上是互动参与者对双方地位与关系的一种具体化的认识，互动双方所承担的角色是密切相关的，一方在确立了自己的角色的同时，也必将对对方的角色做出内在的预期。在互动中，当教师把自己设定为教育者时，幼儿就被看作是受教育者，如果幼儿的角色和教师的角色不能对应，那么双方就需要在互动中进行一定的调节。

（三）行为期待

行为期待是教师与幼儿对自己与对方在相互作用过程中的行为所怀有的具体期望，是互动行为在心理上的预演。教师与幼儿在互动中对彼此行为的期待是与他们的角色认知密切相关的，因为行为本身总是担负着某一角色的主体的行为，可以说有什么样的角色认知就会有什么样的行为期待。从根本上说，行为期待还只是双方可能采取的行为在个体心理空间的假设性预演。在预演的过程中，其具体内容会因为主体的能力、意愿而不同，并且也会根据互动中的具体情况而进行适当的调整。

在具体的相互作用过程中，三种要素并非遵循上述文字叙述中的次序，也不是截然分开的，三者往往交织在一起，并且可能在瞬间就进行完毕。我们对这三种要素的认识只能透过教师与幼儿各自的外显的具体行为加以推测。

第三节
教师与幼儿相互作用的基本流程

通过对师幼互动行为各个构成要素的逐一提取与分析，我们认识到，发生在学前教育机构中的教师与幼儿之间的每一次相互作用都是与诸多要素相关联的，但是对于在具体的互动过程中，各个要素之间究竟是怎样联系、如何配合的，我们还不够清楚，而弄清这个问题将有助于我们对教师与幼儿相互作用动态过程的把握。

如图一概括的那样，现实中完整的教师与幼儿的相互作用是由一些基本程序组合起来的，关于它们的具体的组合方式，我们不妨借用下面的一个案例来做一下具体的展示。

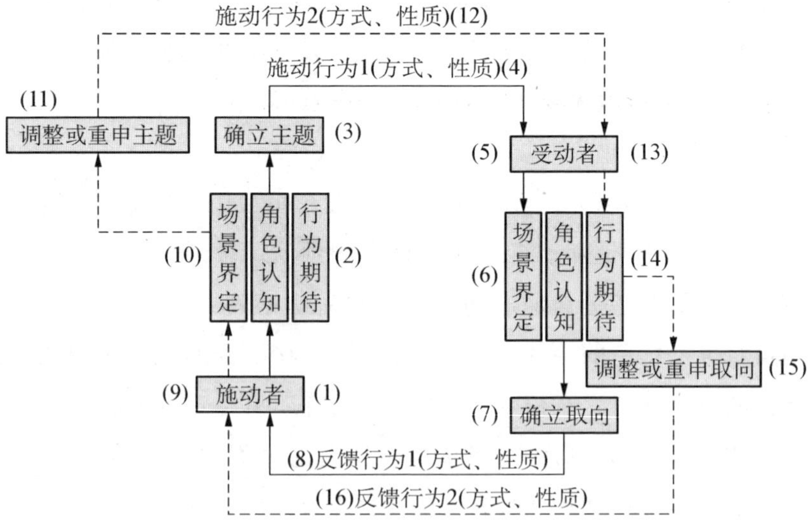

图一　教师与幼儿相互作用行为流程图

【案例】

沙箱！沙箱！

背景：教师正在给孩子们分派游戏，当她介绍到今天的游戏有沙箱的时候，男孩王宵忽然高喊：沙箱！沙箱！来表示自己想去玩沙箱这个游戏的愿望。教师的介绍被王宵的喊声打断了，她先是愣了一下，而后似乎很快明白发生了什么事情，平静的表情转为微怒。她朝王宵望去，发现王宵并没看自己，而是两眼盯着角落里的沙箱，于是一段师幼互动由此展开——

教师："王宵，我看你今天是不想玩沙箱了！"

"为什么？"王宵听了教师的话，似乎吃了一惊，转过头来，大声问道。

教师听了王宵的发问，显然也很是吃惊，并且怒气有些加重，语气更强硬了几分，反问道：

"为什么？你还会问我为什么！"

教师的反应使王宵更为吃惊，他微张着嘴巴，盯着教师看了一会儿，忽然意识到了什么似的，低下了头。教师停顿了几秒钟后继续分派游戏，王宵则默不作声。

上面的案例是教师作为施动者、幼儿作为受动者的一个相互作用事件，参照基本流程图，这个事件的进行过程可以分解如下：施动者教师(1)依据她所做的场景界定、角色认知、行为期待断定(2)，此刻自己在分派游戏，每个孩子都应该认真听她的安排，否则就是不守纪律。王宵高喊沙箱的行为显然违反了纪律，自己作为教育者，有必要对不守纪律的行为进行制止。于是，教师开启了以约束纪律为主题的互动(3)。围绕着这个主题，教师首先向王宵发出第一个施动行为："王宵，我看你今天是不想玩沙箱了！"(4)。作为受动者的王宵(5)，在此之前，正沉浸在想象玩沙箱的快乐里。在此前，他的场景界定、角色认知与行为期待是：现在教师在分派游戏，作为将要去玩游戏的受教育者的他希望自己能够去玩沙箱，希望教师能够分派自己去玩沙箱(6)。而教师说他“是不想玩沙箱”的话，显然是和他的期待发生了根本的冲突。为此他立即采取拒绝以表明自己的行为取向(7)，并以“为什么?”为反馈行为(8)，将自己的不满告诉教师。王宵的言语传到教师(9)，使得教师对他更加不满：一个违反规则的孩子非但没意识到自己的错误，反而反问教师，对教师的批评提出质疑(10)，对于这种情形必须强令阻止！于是教师重申其约束纪律的主题(11)，发出了第二个言语行为：“为什么？你还会问我为什么!”(12)。再一次遭遇到教师的负向行为的王宵(13)，这一次的内部心理过程(14)使他真正明白了教师的行为意义：在分派游戏时，讲话是不对的，教师生气了，在批评我，于是他只好接受(15)，由先前的兴奋转为沮丧，低下头不再讲话，这是他的又一个反馈行为(16)。教师看到后，认为自己的行为目的已经达到，便将注意力转向别处，教师与王宵之间以约束纪律为主题的互动行为过程结束。

第四节
教师与幼儿相互作用的影响因素

我们知道，依据人类发展生态学的观点，任何一种社会现象无不处于环环相联的生态系统之中，并且不可避免地受到系统中其他因素的直接或间接的影响。教师与幼儿的相互作用是发生在学前教育机构内部的，教师与幼儿之间的行为往来同样受到教育机构以至社会文化的影响；另一方面，行为主体也并非完全是社会文化环境的被动适应者，他们的互动行为也在积极地再生产着社会文化。综合考察教师与幼儿相互作用发生的生态系统，我们可以将对其产生影响的因素概括为以下三个方面。

一、制度的规定

自福禄培尔时代起，人们就明确了这样一个思路：人类社会应该借助幼儿园的设立与运作，介入其新的成员的生活世界，通过活动与游戏的方式来培养儿童，发展他们的体格，锻炼他们的外部感官，使他们尽早地认识人与自然，尽早接受人类社会的文化，在游戏、娱乐和天真的活动中为他们以后要接受的教育做准备。为了践行这一思路，人们不仅创办了幼儿园，把幼小的孩子吸纳进这个专门为他们而设立的场所，还从成人世界中挑选、培训了一批专门从事幼儿教育的工作者，更为关键的是，人们还借助经验与相关的科学知识设计了教育内容、教育计划、教育方法和手段。这一系列的工作，使得师幼互动行为在其出现之时就预先被做了设定，因而师幼互动行为深受幼儿园职能运作的影响，师幼关系首先是一种在正式社会组织中的次级关系，其目的是向人类社会新生的个体传递社会规范和知识技能，引导并促使个体人的发展，促进社会人的形成，而非教师与幼儿之间的随意的行为往来。

幼儿园的制度安排决定了教师在介入与幼儿的互动之前，总是要经过一番精心的准备。也正是因为有了这些准备，教师与幼儿间真实的互动行为就不可能是互不干预、彼此独立的假相倚，也不可能是双方都对互动存有控制力的、平等的彼此相倚，更不可能是偶然发生的、没有确定主题的反应性相倚，而只能是由教师根据既定的、明确的计划掌握互动行为方向与速度的一种非对称性相倚型的人际互动。尽管从社会心理学的角度进行评判，由于它的过程与结果是一方主体控制了另一方主体的所思所想，非对称相倚型互动不能算作一种最积极的人际互动，[①]但是它对于教师与幼儿这一对特殊的行为主体来说却有着必然性的一面。可以说，正是借助这种互动行为的开启与进行，幼儿园机构所担负的职能才得以由设想变为现实。

在现今一个普通的幼儿班级中，教师与幼儿的人数之比一般为 2∶(25～40)。这种群体化的教育方式决定了教师与个体幼儿之间的行为

① 葛道顺：《相倚性代差：中国社会传统与变革的印证——对当代代际互动的初步调查》，中国社会科学院社会学研究所硕士学位论文，1991 年 6 月。

往来必然是一种轴型结构的互动，即教师是占据着中心位置的核心人物。

具体到每一个幼儿园中，其内部各项制度也不尽相同。无论是针对教师而设立的规范制度，还是针对幼儿而设立的规章制度、课程活动安排等具体规定，都会对师幼互动模式特点产生导向性影响。

二、主体的建构

制度化的机构不仅规定了师幼互动行为的基本形态，师幼互动行为从其出现之时便无可选择地被界定为一种事务性的互动，而非着眼于一方主体与另一方主体单纯进行情感与信息交流的情感性互动。但是，这些规定与预设只是明确了师幼互动行为的总体框架，框架之下的具体情况如何，则还要取决于参与互动的主体本身。

在几乎每一个正式社会组织中都会发展出初级关系，这也是人作为能动主体的表现。在幼儿园，师幼互动往往会呈现出与中小学相比更为浓厚的初级关系的色彩，这与幼儿群体特点，以及作为互动主体师幼之间基本的异质性有关。教师与幼儿有着一种最基本的差异：即教师是独立于他人，可以自立、自理的成年人，而幼儿则是需要依靠外界的关爱与照顾才能生存下去的未成年人。作为成年人，教师在身体能力、生活经验等各个方面与幼儿都形成极大的反差。教师所具有的这些优势，使教师可以在幼儿面前拥有基于能力的权力，而这种情况对于自我意识处于萌芽阶段、他律倾向占上风的幼儿而言，则促使他们在与教师的互动的过程表现出依赖和服从。这些情形从幼儿园制度、社会文化层面并不能完全予以解释，我们还应当从互动的自然特征、能力结构等主体特性方面加以解释。

当然师幼互动过程中的主体建构性，最直接地体现在教师与幼儿之间每一个具体的互动行为，都有教师与幼儿个人的印记。不言而喻，教师和幼儿的性格、气质、兴趣、能力等个性特征直接会影响他们互动的过程。

三、文化的安排

文化的核心是价值观念。师幼互动行为这种现象自然与文化中价值取向与基本观念有关。儿童是什么？不同的文化有不同的解答。古老的中国千百年来崇尚长者尊贵、幼者卑微的伦理规范。[①] 中国传统文化中素来弥漫着成人中心主义，具有将儿童归入“只能从属于成人，围绕着成人运转”的依附性群体的倾向。[②] 由此延伸出的教养观是：视儿童为“三天不打”就要“上房揭瓦”的弱小、无知的顽劣之辈，需要成人在方方面面对他们给予教导、控制，并不停地对之施加约束与惩罚，否则他们就难以成为有用之人。“师者，传道、授业、解惑者也”，韩愈的一篇《师说》浓缩了我们的文化体系中对教师的定位。作为专门教育儿童的人，教师绝非只是以知识与技能的传递者的身份而存在的，在实际的教育过程中，教师拥有着许多种其他职业的社会成员所不具备的权力。

传统文化绵延不绝地深藏在人们的意识深层，其儿童观、教养观与教师观至今仍然有着极为强大的生命力。进入 20 世纪以后，它虽然和传统文化的其他方面一起，经历了五四新文化运动、“文化大革命”、独生子女现象等不同角度与不同方式的洗礼与冲击，但是仍然不见有多大的变更。

有研究者对广东省 15 个市县的 100 名在职幼儿教师进行了问卷调查表明：多数（80%）教师认为“幼儿不听从教师的指挥”以及“幼儿直呼教师的名字”都是不能允许的，43%的教师赞同“管得住孩子的教帅就是成功的教师”。其中教师对“幼儿的哪些行为，更令您不满意，请按不满程度排序”的排序结果依次为：打教师，对教师没礼貌，打小朋友，上课插嘴打断教师的话，教师提问时从来不肯开口作答，损坏玩具，不愿意跟小朋友玩，尿床尿裤，好动坐不定，吃饭太慢。这些结果表明幼

---

① 刘再复、林岗著：《传统与中国人》，生活·读书·新知三联出版社，1988 年 5 月版，第 150～157 页。

② 刘晓东：《中国传统文化中的儿童观及其现代化》，《学前教育研究》，1994 年第 4 期。

儿教师仍然把孩子对自己的尊重看得很重，不能容忍孩子有丝毫混淆控制者与被控制者的行为发生。[①] 文化背景赋予教师的这种权威远比教师个人在与幼儿的互动中自己建构起来的权威要牢固得多，因为它所凭借的不只是我们在前文中谈到的教师个人相比于幼儿所具有的多方面优势，而且还有着幼儿家长的儿童观以及家长们乃至全社会所信奉的师道尊严观念方面的支持与配合。

望子成龙、望女成凤，希望自己的孩子能够多学点知识、学点技能以便为他日出人头地时的辉煌打下底色，是传统文化在为人父母者心中刻下的最深切的愿望。作为专门教育机构的幼儿园当然不能无视这种愿望。[②] 于是，刻意教授孩子学会某一种既定的知识与技能，形成一定的规则意识，成为师幼互动行为的主要内容。由此我们看到，忽视幼儿主动性与创造性发挥的特征，并非只是因为教师作为互动行为主动者与控制者的地位，更在于我们的文化本身所提供的支撑。

第五节
师幼相互作用的两个重要问题

一、师幼相互作用中的控制问题

（一）对幼儿的控制问题

我们在前文已叙述过我国现有的师幼互动模式在很大程度上得到了社会文化和制度安排的支持。教师或幼儿个体都难以对抗强大的社会期望压力，教师忙于制定统一的规则制度，做一个负责、有威信的教师；幼儿努力适应各种纪律规范，做一个听话的好孩子。这是他们各自

---

① 冯夏婷：《对幼儿教育观念的理论和现实思考》，载《学前教育研究》，1997 年第 3 期，第 1～4 页。

② 并非只为了迎合家长的愿望，更因为如果不这样就会影响幼儿园自身的生存。就近两年南京市的幼儿园发展情况看，如果不打出一些诸如“双语教育”之类的特色，幼儿园就很难创办下去。

的中心角色。从权力的社会根源方面，我们无法否认师幼非对等地位和教师实施严格控制的正当性。

我们只能从这种现状所导致的结果来反思它的合理性问题。目前我国幼儿园中过多过细的规则，不仅限制了儿童的活动自由，制造幼儿增加负向情感体验的机会，而且使得教师为约束幼儿的纪律占去了大量的时间与精力。①

如果幼儿园的管制性规则过多、过细，就会限制幼儿的行动自由，也使得幼儿教师们工作量居高不下，精力体力没完没了地消耗在对幼儿的规则教育上，却并没有帮助幼儿建立起真正的规则意识，得到的只是调皮胆子大的幼儿因为屈服于教师的威严，短暂地做出教师希望的样子，而在敏感胆小的幼儿身上则是造成他们行为上的畏缩与心理上的紧张、不安。并且，如果规则的制定更多的是以成人世界的标准为出发点的，对于幼儿的年龄特征来说并不合适。

在教育实践中，幼儿教师没有必要试图监控每一个孩子的每一个言行，教育的核心目的之一是要激发孩子的思考能力和创新行为。师幼相互作用必须处理好下列问题：教育者控制的范围、控制的度、控制的弹性以及控制与激发问题。控制必须是有界限的、有弹性的。对丁目前的师幼互动状况，可以说，激发是比控制更为迫切的问题。

（二）教师的自控问题

幼儿园教育是一个有目的的可控系统，教师在其中起主导作用，也就是说，教育活动多数是在教师的控制之下进行的；同时教师本身属于教育过程的一个基本要素，也属于控制的对象。教师对自身的控制包括：控制日常言行、控制情绪、控制教学语言。

强调教师对自身的控制确实是必要的。幼儿教育的过程具有综合

① 据国际教育成就评价协会(IEA)学前项目中国第二阶段研究结果显示：在两天上午城市约6小时、乡村约5小时的观察中，平均纪律约束时间量分别为64分钟与40分钟。参见项宗萍、廖贻执笔：《六省市幼教机构教育评价研究》，教育科学出版社，1995年7月版，第208～209页。

性的特点，首先表现在教的环节上：课程活动涉及面广泛；各种课程活动之间具有比较明显的异质性；进行课程活动的方式方法也越来越多样化。其次对应于“教”这一环节，幼儿所学的内容也是广泛的，并且不局限于教师有意的言传身教。由于处于幼儿阶段所特有的强烈好奇心以及较少思维定式的约束，外在的各类事物和现象都可能成为幼儿的学习材料。

潜在课程与潜在学习在幼儿教育实践中是极为普遍的现象。幼儿教师的一言一行对幼儿来说具有强烈的示范效应，教师在幼儿的“监视”之下，又由于幼儿好模仿，教师的所有言行几乎都会成为幼儿模仿的对象。此外，幼儿教育活动中面对面的互动，使得师幼之间不可能有纯粹的认知互动，在认知互动过程中总是伴随着一系列情感活动。在互动中有这样或那样的情感体验。教师的情绪情感及其表达方式对互动过程有重要的影响，不但影响幼儿的情绪，而且也影响整个教育活动的效果。因此教师在和幼儿互动中特别要控制好自己的情感和情绪。

二、理想的师幼互动形态

（一）关于平视

由于师幼互动行为直接关系着学前教育机构职能的履行，关系着幼儿的身心健康发展，所以自创立专门的幼儿教育机构开始，致力于幼儿教育研究的工作者们就在不断地寻求他们所认可的理想的师幼互动行为的形态。在福禄培尔时代，人们希望在教师指向孩子的行为中体现出更多的母性色彩，以此来给幼儿充足的安全感；在蒙台梭利的儿童之家中，提倡教师应该跟随儿童向儿童学习，做儿童的仆人，让儿童自己去教育自己，自己去发展自己的心智。每一种被推崇的师幼互动行为形态都是在对儿童与教师，乃至对人类本身的独特理解基础上而确立起来的。在福禄培尔的观念中，儿童是被成人教化的对象；在蒙台梭利看来，儿童是成人的父亲。

从相互作用的理论来看，幼儿教育的过程实际上可以被看作是成年的、经过训练的教师与弱小的自然状态的幼儿之间一系列的行为往来，这个过程对教师、对幼儿都是有影响的；成人与幼儿实际上正是因为对方的存在而获得自己的世界的。幼儿与成人都是人类个体生命存在的组成部分，成人给儿童提供合理的教育的前提是首先了解儿童世界到底是怎么样的。基于这些理解，我们认为：现阶段探寻理想的师幼互动形态的工作应该先从在教师与儿童间确立起平视的视角入手。

平视，顾名思义，是指教师需要站在和幼儿水平的位置上去看孩子的世界，去理解儿童最为自然的、真实的想法，去体会儿童经历的是什么，这些经历对他们的身心发展有什么意义，而不是想当然地从成人角度、按照成人世界的标准去判断儿童行为的合理性。而要真正做到这一步，教师在与幼儿进行相互作用时，就应该尽可能把自己因为成熟的生理与心理水平而滋生的成人感悬置起来，既不能因为儿童的受教育者身份而去俯视、贬抑他们，又要尽可能避免完全以儿童为中心仰视甚至崇拜他们。平视的视角可以帮助教师与幼儿之间达成一种视角上的融合，进而使师幼互动真正成为其行为主体双方的事情，以利于双方各自能动性的发挥。

（二）关于支架教学

平视给教师与幼儿之间的相互作用提供的是一个基础，保证双方特别是教师能够清楚地理解幼儿行为的意义。但究竟如何把平视带入以师幼互动行为为基础的幼儿教育活动之中？能够以平视的视角相匹配的教育方式应该有很多，其中比较突出的也许要算支架教学。支架教学概念的起源可以追溯到苏联心理学家维果茨基提出的关于最近发展区的论断，在最近一些年里，经过美国教育心理学与发展心理学研究者的发展而逐渐为教育者们所关注。

所谓支架教学，是指教师在与幼儿进行相互作用的过程中，应该使自己以给儿童搭架者的身份出现，帮助儿童完成他们自己的学习计划。支架教学在实施过程中对教师的要求很高，除了要仔细观察幼儿的行为，把握他们的学习进程，还要准确地分析出他们在学习过程中遇到的困难的最核心部分，而后根据孩子自己的学习方式与步骤提供给他们最为适当的帮助。支架教学的独到之处在于：教学的进程是根据每个孩子的具体情况进行安排的，教师在孩子的学习过程中是作为孩子的辅助者而非指导者的身份与他们进行行为往来的。通过这样的相互作用，幼儿的主动性将因为教师给他们提供的充分的自由度而得到最大限度的发挥。

第六章 学前儿童体育

学前体育对于儿童的健康成长具有重大的意义。亚里士多德在其《政治学》第七卷中指出，“体育应该首先作为最初的教育……”卢梭也指出，“对孩子们讲体力，对成年人讲道理，这才是自然的次序……”[①]可见体育在儿童早期教育中具有突出的地位。身体是生命的最直接的体现者，是生命存在的依据，也是知识、道德、美感和神圣情愫的寄寓依托之所，也只有靠它，我们才能进入美妙浩瀚的精神世界。所以体育是学前教育的重要组成部分。

① [法]卢梭著，李平沤译:《爱弥儿》，商务印书馆 1978 年版，第 92 页。

第一节
学前儿童体育的功能

一、体育是儿童生长发育不可或缺的条件

人不是一般的动物，它是最高级的动物。它不是一般的动物，并不意味着说它不是动物；说它是最高级的动物，意味着它依然是动物。动物都要通过自己的身体活动去获得食物，并调整自己与周围环境的关系。动物是能活动（或称运动）的生物；运动是动物最基本最外显的生物学特征。生命在于运动，动物只有依靠自身的运动才可能获得自己生存的条件和生存的环境。

人是动物中进化层次最高的动物，人的活动可以是有意识的活动，尽管人的活动有许多是下意识的、潜意识的。人不是单纯地顺应外部世界，而且还积极地改造着外部世界。正如马克思所指出的那样，人在改造外部世界的同时也在改造着人自身。人对外部世界的任何改造都相应地改造了自身，尽管人们在改造外部世界时或许并未意识到，这种活动也在锻炼着、改造着、确证着自身。

人除了把外部世界作为认识和改造的对象外，也将自身——自身的认识、情感、意志等精神存在以及自己的血肉之躯——作为认识和改造的对象。身体教育便是人对自身的改造活动。

人与一般的动物是不同的。人是最高级的动物。对于一般的动物，胚胎能在子宫中通过纯生物学的过程而达到成熟，或者在出生后自然而然地显示出本能。人则不同，新生儿是未完成的，他需要文化环境和教育。如果没有成人的照顾，没有适宜的锻炼，没有一定的文化刺激，那么新生儿便无法正常地成长，这不仅包括正常的心理发育，而且也包括生理的生长和发育。

值得注意的是，我们过去所谈论的人在文化环境中才能成为人，主

要是指在心理层面上成为人，实际上，新生儿如果要在生理层面上成为人，同样需要文化因素的参与，然而我们往往忽略了这一层面。

儿童的身体发育离不开文化因素的参与，关于兽孩的一些记载里蕴含着这方面的丰富信息。最著名的例子是印度“狼孩”卡玛那。卡玛那是在七八岁时(1920 年)被人从狼穴中发现的。当时，她只会用四肢爬行，慢走时用手掌、膝盖着地；如果快走时，便半屈着腿，用手掌和脚掌着地；奔跑时，也采取这种姿势。经过辛格博士的教育，两年以后由人扶着她时才会直立。到 14 岁时，她虽然能单独地直立行走了，但还不会跑，当她想走得快一些时，仍然要像从前一样四肢并用。

人们在接触兽孩的材料时，其关注点往往是兽孩的心理发展的迟滞现象，然而在这里，我们想提请大家注意的是这些兽孩的身体发育情况。我们以为，人类儿童如果没有一定的文化环境的滋养，他不仅在心理方面无法正常发展，而且在身体方面也无法像一个正常文化环境中的儿童那样正常发育。印度狼孩便是明证。有关记载还表明，不仅心理发展有关键期，而且人的身体的发育也有关键期，例如直立行走，如果兽孩错过了学步期，那么他们直立行走所依赖的生理结构完善发育的时机便会错过，以后的教育和学习是无法成功补救的。

身体教育的直接目的就是培育和发展身体自身。例如，美国 1961 年版的《韦氏大词典》对身体教育(体育)一词给予的定义是这样的：“身体教育(体育)旨在促进身体成长和保养，它用不同形式进行有计划的教育。一般说来，它包括卫生、体操、各种竞技和娱乐游戏。”体育对儿童身体的正常发育和健康成长具有特殊的意义。

二、学前体育可以促进智力发展，可以促进大脑的生长和发育

智力是大脑的一种功能。大脑的功能是以大脑神经活动为基础的。大脑中枢与伸向身体各个部位的神经末梢相连。身体的运动就是通过神经所支配的肌肉活动来实现的。同时，末端肌肉的活动又会刺激大脑中枢神经。因此，全身各部位的肌肉活动，既锻炼了肌肉，又锻

炼了神经系统。

研究发现，人体的各个部位在大脑皮层都占有相应的代表区域，其区域大小与身体该部位活动的精细、复杂程度成正比例关系。身体哪一部分的活动越精细越复杂，那么它在大脑皮层上占的区域也就越大。从大脑皮层的机能定位来看，手所占据的区域是最大的，因为手的活动最为精细复杂。因此适量的身体运动特别是手的运动可以为大脑中相应的区域提供丰富的刺激，从而促进大脑的生长发育，为智力的发展提供生物学前提。

研究还发现，神经中枢控制能力的发展同身体的发展一样遵守着“由首及尾”的原则以及“由近及远”的定律。动作的发展也是如此。动作发展的顺序也是自上而下，即：首先是学会抬头，然后相继学会爬、站、走等等；由身体的中心向边缘或末端部位发展，即：首先学会运用大肌肉来活动，然后学会运用小肌肉来活动，以上肢动作的发展为例，肩部和上臂动作先发展，然后逐步发展到肘部、腕部和手，手指的动作发展最晚。可以看出，动作的发展是与大脑神经中枢控制能力的发展具有密切的关系。大脑中枢控制能力的发展是动作发展的生物学基础，同时，动作的发展又进一步为大脑皮层提供了丰富的刺激，因而，二者的发展是相辅相成的。①

身体运动可以有效地刺激大脑皮层，增加大脑皮质的厚度，提高脑细胞活动的强度、灵活性、均衡性以及大脑的分析、综合能力，建立多种复杂的神经联系。而且适当的运动还能使脑细胞获得更多的氧气和营养物质。这对于正处于迅速生长发育的学前儿童神经系统来说无疑是有益的。

美国心理学家克罗韦尔说，动作是智力大厦的砖瓦。是的，皮亚杰不也有相似的说法吗？皮亚杰指出学前儿童最初的智慧实际上是感觉运动智慧，它是由一系列具体的动作构成的，而较高级的智慧思维，也

① 刘馨、霍力岩编著：《运动中成长》，华夏出版社 1994 年版，第 6～8 页。

不过是具体动作的内化，从这一角度来看，说动作是智力大厦的砖瓦确实是合理的。

综上所述，身体运动不仅直接影响着大脑的生长发育，从而影响着智力的发展，而且，按照美国著名心理学家霍华德·加德纳的多元智能结构理论，身体动作能力自身就是一种智力。

卢梭曾经指出："你假如要培养年幼儿童的智力，你应当培养那智力所要控制的体力。为了使年幼儿童良好而敏慧，你要给他的身体以不断的锻炼，使他的身体强壮而健康，你要让他工作，让他做事，让他奔跑喊叫，让他成为有体力的人，他不久就成为有理性的人了。"①看来，卢梭的这种先知先觉可以为现代的科学研究所证实了。

三、学前体育可以影响个体的社会性和人格的发展

（一）学前期是自我概念的重要发展时期

学前儿童的个人体验以及外部对他的态度与评价，在很大程度上决定着他将形成怎样的自我概念，这将成为其以后个性发展的基础。身体活动能力强的学前儿童往往会得到成人较多的赞许以及同伴的钦慕，他们会形成肯定的自我概念。这种积极的自我概念促使他们更加积极向上、自尊自信。相反，身体活动能力较差、动作笨拙迟钝、缺少成功的体验的学前儿童，则易于形成消极的自我概念。

（二）早期经验会影响人格的成长，从而会影响人的一生

排泄训练（大小便训练）会对个体的发展产生深远的影响。两三岁时是大小便训练的时期。对大便的控制通常先于对小便的控制。多数学前儿童至3岁时已能同时控制大小便，女孩一般早于男孩。但3岁以后男女学前儿童仍有无法控制大小便的时候。大小便控制是否成功，一方面取决于父母或其他成人的态度和技巧，另一方面取决于学前儿童排泄系统的肌肉控制能力。1岁半之前进行排泄训练收效不大，因

① [法]卢梭著，李平沤译：《爱弥儿》，商务印书馆1978年版，第24页。

此成人不宜操之过急。如果五六岁以后还不能控制排泄，则可能是由于肌肉系统发展迟缓，也可能是由于不良情绪造成的。大小便训练关系学前儿童自主自制能力的形成。大小便训练适当，学前儿童将获得自我满足感并初步形成自制自主能力。如果训练过严过急，则可能损伤学前儿童的自信心，从而感到羞愧和疑虑，轻者可能使个体对自身控制过度，使良知过于早熟，成为小大人；重者可能导致强迫人格，使人对财富、时间及感情过于珍惜和吝啬，对人对事过于谨慎，就像其对控制排泄的态度那样等等。

（三）身体运动都伴随着意志、情绪、认知等心理因素

体育活动不仅会影响生理上的变化，而且会产生心理上的变化，因而体育有许多机会培养活泼开朗、勇敢坚毅、乐观进取等精神品质；体育活动中包含许多社会性活动，所以它有许多机会培养互助、合作、同情、友爱、服务、负责、公正、诚实、宽容等社会态度。

第二节
儿童身体生长发育的特点和规律

身体的生长发育是按照一个可以预期的顺序进行的，它比较严格地受到时间的制约。这是由身体发展的生物学基础所规定的。

在生理学中，生长是指构成身体的细胞数量增多，体积增大以及细胞间质的增加，表现在整体体形的增长和体重的增加。发育则是指组织、器官的结构与功能从简单到复杂，从低级到高级的分化演变过程，广义地说还包括心理和行为的改变。生长通常伴随着发育进行，发育的进行又促进生长。也可以说，前者突出的是量的发展，后者常体现质的变化，两者密切相关，使身体正常生长。

在人的一生中，生长发育大致经历四个时期。第一个时期，从受精卵开始到出生后两周岁。这个时期生长占优势，而功能分化较少。如从受精卵到出生后两岁时，体重约增加了 20 亿倍，身高的增长亦是非

常显著，这个时期是人体生长发育的第一个突增时期，也称第一次生长高峰。第二个时期是从学前儿童到成人期之前，这个时期，生长与发育都很快。这一时期又可分为两个阶段：一为青春期之前，此时生长发育较缓慢；二为青春期，此时生长发育突增，是人生第二次生长高峰，表现为身高和体重的快速增长，而且身体内部的结构与功能也发生突出的变化，可说是一个从量变到质变的飞跃时期。第三个时期为成人期，这个时期绝大部分组织、器官的生长只局限于对磨损、消退和废弃组织的修复及更新的代偿性生长，以及疾病后的康复。第四个时期为老年期（实际上老年期是成人期的后一部分），此时各种机能逐渐衰退。总之，人的身体的生长发育是在成人期之前完成的，成人的身体只可能具有代偿性生长和康复，而在它的后期，日薄西山，逐渐衰老。

上面我们说到，生长通常伴随着发育进行，发育的进行又促进生长。也可以说，前者突出的是量的发展，后者常体现质的变化，两者密切相关，使身体健康成长。除此以外，身体生长发育还具有以下一些规律。

由头至尾原则：生长发育是由上及下进行的。这点在胎儿的发展上表现得最清楚；在胚胎初期，头部约为身长的一半，出生时则为身体的四分之一。

由近及远定律：生长发育的方向由近处至远处进行。最靠近身体中心的大肌肉先成长并发展出协调的功能，较远的手部和指头的小肌肉则发展较慢。

生理年龄和生长发育阶段相关。每个儿童发展的顺序和方向大致相似，但每个儿童会以自己的速度和自己的形态行进在成长途中。

第三节
学前儿童体育的实施

学前儿童体育主要包括两项内容，其一为学前儿童保育保健，其二为学前儿童身体锻炼。两者比较起来，前者是学前儿童体育中更基本的内容，后者是学前儿童体育中更积极的内容，二者在促进儿童生长发育方面相互补充，相得益彰。

一、学前儿童保育保健

学前儿童保育保健是在任何方面都顺应学前儿童身体这一自然，满足学前儿童生长发育的自然要求。它包括学前儿童生活护理和学前儿童心理保健两项内容。

（一）学前儿童生活护理

1. 优美、自然、丰富的环境

外部环境对于人的生活具有巨大的影响。只有同外界环境保持着动态的平衡，生命才能自然成长；这种平衡一旦遭到严重破坏，生命休矣。生命本身是一个统一体，生命同周围环境也是一个统一的整体。

自然生态因素与人类的生存、发展是密切相关的。自然生态因素对人类的影响有很多是有益的，如阳光、空气、水分、食物以及其他有益于人类生活的各种物质，我们应当注意科学合理地开发利用。但有些生态因素则是不利或有损健康的，如地方性甲状腺肿大、克山病、血吸虫病等，就是有害的自然因素引起的，我们应当避开或改造这些有害的自然因素。在宏观的生态系统中，人类的有些活动也会破坏生态环境，如污染、滥伐森林等。值得注意的是，被破坏的生态环境又会反作用于人类本身，危害人们健康，对正在迅速生长发育的学前儿童影响更大，应引起全社会的重视。

2. 符合卫生要求的生活设施

学前儿童的生活用具应当具有学前儿童的特点。过去，学前儿童所使用的桌椅等生活设施都是成人化的，这是受“小大人”儿童观的影响。学前儿童应当有学前儿童自己的生活。学前儿童的生活用具要便于学前儿童使用，特别是桌椅的高矮要合适，因为它直接关系到学前儿童形成正确姿势和生长发育。

3. 丰富的营养

儿童在生长发育过程中，需不断吸收各种营养物质作为生理组织的生长发育和生命活动的物质基础。由于学前儿童正处于生长发育阶段，他们所需要的营养一方面用于补充每天活动中机体代谢所消耗的能量，另一方面还要供给机体组织生长发育的需要。儿童需要从食物中获得大量的能源物质。食物中提供热量的物质主要是糖类（占每天从食物中提供热量的46%）和脂肪（占每天从食物中提供能量的40%），蛋白质是建造和更新组织细胞的最基本物质。正在生长发育旺盛时期的儿童和青少年，新陈代谢的同化作用大于异化作用，蛋白质的需要量较大，特别需要含有八种必需氨基酸（二异亮氨酸、亮氨酸、赖氨酸、蛋氨酸、苯丙氨酸、苏氨酸、色氨酸和缬氨酸；对于婴幼儿还需要组氨酸，共九种必需氨基酸）的食物；铁、钙等无机营养物质关系到血液、肌肉和骨的建造，为身体有关生理功能所必需，如果这些物质供应不足，不但影响机体的正常代谢，而且可导致抵抗力的降低，妨碍正常的生长发育。

4. 充足的睡眠

睡眠是有机体借以维持正常生命活动的自然休息。抑制扩散到大脑较深的部位（皮下组织）和中脑，是进入睡眠的先决条件。睡眠可以使神经组织在觉醒时消耗的能量得到恢复，以保护大脑皮层的细胞免丁衰竭和破坏。还有些科学家认为睡眠还是一种积极的心理过程，能将人在白天所获得的信息加以整理，排除无用的信息。

正常的睡眠首先要有足够的时间。卢梭在《爱弥儿》中的有关建议看来是合理的，他说："孩子们睡眠的时间要长，因为他们运动的时候特别多。睡眠可以补偿运动造成的消耗，这两者同样是孩子们所需要的。夜里是休息的时间，这是大自然所规定的。亘古不移的是，当太阳西沉，我们在万籁俱静不再感到有阳光照热的空气时，睡得更香甜。所以养成日出而起、日落而眠的习惯，是最有益于健康的。"①

① ［法］卢梭著，李平沤译：《爱弥儿》，商务印书馆1978年版，第155～156页。

学前儿童应当有良好的睡眠习惯和睡眠姿势;保持卧室空气新鲜;被褥应清洁。

5. 合适的衣着

服装可以防止身体过多散发热量。衣服能调节身体和外界冷热温度,当气温低时,适宜的衣着能降低体温的放散。服装的质料应松软、透气,使身体表皮和服装间空气流通,才能保持温暖,有利于蒸发汗液。

学前儿童的衣服应当有其自己的特点。卢梭建议:“在发育中的身体各部分,所穿的衣服应当宽大;绝不能让衣服妨碍它们的活动和成长,衣服不能太小,不能穿得紧贴着身子或捆什么带子……千万不要用衣服去显示他们的身材,因为这样做,反而使他们变成畸形的人。他们身体和精神上的缺陷,差不多都是由同样的原因造成的,那就是你想早使他们成为大人。”①

学前儿童的服装不应追求华丽、高档。实际上,对于儿童来说,“最简朴和宽松的衣服,最使他不受拘束的衣服,在他看来才是最珍贵的”。②

6. 防病治病

许多疾病直接影响人体的正常发育,如急性高烧、持续性体温偏高等,都易破坏酶系统的正常活性,导致机体新陈代谢障碍。慢性病也影响机体正常的生长发育。所以,搞好卫生防止疾病,加强锻炼,对生长发育是十分必要的。

7. 安全

保证活动场地、器械的安全,经常注意检查并及时维修场地和活动器械,以免发生事故;加强安全指导和教育。

除了上面谈的几点以外,为学前儿童制订合理的生活制度并帮助其执行、养成良好的卫生习惯和独立生活能力也是学前儿童保育保健

① [法]卢梭著,李平沤译:《爱弥儿》,商务印书馆 1978 年版,第 151～152 页。
② 同上,第 152 页。

工作的重要内容。

（二）学前儿童心理保健

健康不仅包括身体健康，而且还包括正常的心态和良好的社会适应能力。因此学前儿童心理保健是学前儿童保育保健的一项重要内容。

保证学前儿童心理健康，至少应注意以下几个方面。

1. 学前儿童应当有营养丰富的食物，有与其年龄相适应的睡眠等（我们在上面所谈到的保证学前儿童身体健康的各项内容），以保证身体正常的生长发育，这是保持心理健康的生理基础。

2. 学前儿童应当有一个安全的家庭生活，父母关系和睦，能合理地关照孩子的健康和学习。

3. 学前儿童应当有漂亮的御寒的衣服，有珍爱的玩具，有游戏的伙伴。

4. 学前儿童应当有适当的表现自我的机会。在家里，学前儿童应当有权利参与部分家务的处理，如选择衣服，使用零钱等；在教育机构里，教师应当根据每个学前儿童的实际情况适当地给予学前儿童表现自我的机会。适当的自我表现是自信、自尊的重要来源。自信的学前儿童能够以更好的方式对待挫折；自尊的学前儿童能够更自觉地避免出现不良行为。自信、自尊是学前儿童幸福愉快的重要因素。

5. 成人应当使学前儿童避免高度的情绪紧张或情感危机。幼小儿童有时也会经历着影响或改变他们生活的重大事件，如搬家、家人生病、死亡、父母离婚、家长虐待等等。学前儿童有时会遇到一些煎熬着他们心灵的事件，例如，皮亚杰的一个孩子在厨房桌子上看到一只杀死的拔去了羽毛的鸭子，非常焦虑，“当晚发现她沉默地躺在沙发上，引起别人把她当做正在生病。开始时，她并不回答问题，后来就大声回答：‘我就是那只死去了的鸭子。’”[①]遇到这些情况，最能帮助学前儿童的是家长。教师应当与家长密切配合，共同帮助儿童减少心理负担，顺利度

① [瑞士]皮亚杰、英海尔德著，吴福元译：《儿童心理学》，商务印书馆1980年版，第47页。

过感情危机。

6. 学前儿童在教育机构中生活的时间甚至会超过在家庭中生活的时间。游戏和学习是学前儿童的主要生活内容。教师应当注意认识学前儿童身心发展的特点，应当把握教育的规律，应当提高自己的业务水平，尽可能使教育工作达到理想的境界——在这种境界中，不仅教师在教学工作中如同庖丁解牛得心应手，而且，教育对象在接受教育的过程中也避免了许多束缚和重负。

7. 保证学前儿童适当的社会交往机会。通过社会交往，学前儿童学习到以社会赞同的方式表现他们的情感和情绪，增强社会适应能力。

二、学前儿童身体锻炼

身体锻炼，也称身体练习。动作练习是身体锻炼的基本手段。根据学前儿童的年龄特点和身心发展水平，适合于学前儿童的动作练习主要包括以下四个方面：1. 基本动作的练习（走、跑、跳、投、攀、钻、爬）；2. 基本体操的练习（徒手操、轻器械操、模仿操和队列队形的练习）；3. 体育游戏；4. 运动器械的活动。

学前儿童身体锻炼应注意遵循以下两条原则。

（一）学前儿童身体锻炼应当以尊重学前儿童生理生长发育的水平为前提

人也是自然，它是最高级的自然，是自然的花朵、宇宙的精华。人的成长存在阶段性等特点和规律，教育应当尊重这些规律。不尊重客观规律，教育就难以收到应有的成效，甚至还可能适得其反。

教育（包括体育）应当尊重学前儿童发展的自然规律，几百年前卢梭便具有这种认识。他指出教育应当遵循自然，“跟着它给你画的道路前进”，“强行灌输学前儿童不能理解或是只能一知半解甚至加以曲解的知识，尤其是身体锻炼方法和卫生保健知识，只能产生偏见”。①

① [法]卢梭著，李平沤译：《爱弥儿》，商务印书馆 1973 年版，第 178 页。

20世纪最著名的学前儿童教育家蒙台梭利也指出，对于学前儿童进行身体锻炼必须尊重学前儿童生长发育的水平。“从身体上看，如果把儿童当成小大人，那就错了。”她列举了一些数字来说明新生儿到六七岁之间儿童躯干和下肢长度比例的变化。她指出，在这段时间里，孩子不仅明显长高，而且躯干和下肢比例也发生很大变化，下肢长度明显增长，“这种增长是长骨两端软骨的增长，但此时整个骨骼还未完全骨化。可是，娇嫩的下肢骨头又必须承受大得不成比例的躯干的重量。”她接着指出：“如果我们考虑到这点，那我们就不会以成人走路的步态标准来要求孩子，要他们也那样步态平稳。如果孩子不够强壮，站立和走步都容易疲劳，下肢长骨不堪承受身体的重量，就容易造成畸形，通常是弯曲成罗圈腿。”①她认为，我们应当以儿童身体生长发育的年龄特征为根据，来理解儿童的身体功能，并以儿童身体生长发育的特点和规律为依据进行儿童的身体锻炼。例如，她指出：“小孩常有向后伸腰和向前踢脚的倾向，这表明他们有因身体比例的生理需要。学前儿童喜欢像四足动物一样爬行，只是因为他的四肢还太短。我们往往用愚蠢的方式强使孩子改变他的这种自然表现，不让下地，不让伸腿等等，强迫他跟大人一起走路，要求他跟上大人的步速，还借口说不能让他任性，不能让他想干什么就干什么，这实在是大错特错。这样通常就会造成罗圈腿。”②如何纠正上述错误做法呢？蒙台梭利指出，我们能够而且应该用体操来帮助孩子发育，让儿童所做的运动是他们需要的运动，并保证他们的下肢不致疲劳。③ 学前儿童身体锻炼应尊重学前儿童的发展水平，蒙台梭利为我们树立了光辉的榜样。

从尊重学前儿童身体生长发育的特点和水平来看，学前体育的专项化或早期定向是错误的。学前儿童时期身体是全方位生长发育的，

---

① [意]蒙台梭利著，任代文主译校：《蒙台梭利幼儿教育科学方法》，人民教育出版社1993年版，第142页。

② 同上。

③ 同上。

学前儿童的身体的各个方面都尚未发育完全，因此应当避免采用运动员常用的专项性的身体素质训练，如用连续上举杠铃等方法来训练上肢和躯干部位肌肉，用长时间练习弯腰和压腿等方法来提高腰椎关节和髋关节的柔韧性等。也要避免进行专门性的、枯燥的、不断重复的身体练习，防止体育锻炼的小学化和成人化。在历史上，亚里士多德就反对年幼儿童进行过度的身体练习。他说："早期的过度锻炼所遗留的恶劣影响是很深刻的。在《奥林匹亚赛会历年优胜选手题名录》中，先在学前儿童竞赛得奖，随后这个同一选手又在成人竞赛时得奖者，总共只有二三例而已；理由是明显的：早期训练中的剧烈运动实际上损耗了学前儿童选手们的体魄。"①

（二）学前儿童体育应多采用游戏形式

游戏是儿童对自己身心潜能的自发的开发。任何一个阶段的儿童都有与这一阶段相应的游戏形式，因此，不同阶段的游戏是相应阶段的儿童所喜爱的，而且也是相应阶段儿童身心发展所需要的。所以，游戏不自觉地符合着教育的要求和目的。游戏大都具有体育的价值，尤其是那些以走、跑、跳、投、钻、爬等基本动作为主要内容的体育游戏。

体育游戏在学前儿童全身心投入的情况下训练学前儿童的基本动作，与此同时，还可以提高学前儿童的速度、力量、耐力、灵敏、协调和柔韧等身体素质。学前儿童身体素质得到发展，就有利于提高锻炼效果，增强学前儿童体质。体质得到增强以后，反过来又可以促进学前儿童基本动作的发展。因此，体育游戏是在学前儿童感兴趣的情况下，在不知不觉中全面地接受锻炼的。例如，让学前儿童模仿巨人走（高举手臂、用前脚掌走）和矮人走（半蹲着走），可以锻炼学前儿童下肢各部位的肌肉、韧带和关节，发展腿部的肌肉力量、肌肉耐力以及身体的平衡能力、灵敏性与上下肢的协调能力，同时，还可以增强背肌、臂肌和腹肌，从而达到从多方面发展学前儿童身体素质的目的。

① ［古希腊］亚里士多德著，吴寿彭译：《政治学》，商务印书馆 1965 年版，第 415 页。

成人应当珍视儿童自发的游戏。儿童发泄着自己的所谓“剩余精力”，尽情享受着人际交往的愉快情绪。他们喜爱捉迷藏、抽陀螺、打弹子、跳房子、拍球、跳绳、放风筝、踢球等等。乡村学前儿童更是得天独厚地享受着大自然的恩惠：捉蝴蝶、捉蜻蜓、爬树、游泳等等。他们玩的游戏的最大的特点是自发的，自己管理，没有成人干涉。现在成人为学前儿童设计的体育器械、大型机动游乐器械以及各种玩具越来越多，但孩子对它们并非那么念念不忘，而把成人不放在眼中的石子、废箱废盒等视为宝贝。我们应当注意寻找儿童喜欢的游戏，并注意开发利用儿童自发的游戏。

走到儿童们中间，我们很容易发现不同年龄的儿童所喜爱的不同的游戏。教师应当善于观察、善于发现、善于总结和提升这些游戏。蒙台梭利在这一方面也是好榜样。她写道：“对孩子的观察使我想出一个帮助他们活动的最简单方法。教师正在让孩子们齐步前进……不时总有一些 2 岁半到 3 岁的小家伙落在队伍后面，显然他们累了……[①]但他们并不休息，而是跑向矮栅栏，手抓住上面一排铁条，脚踏下面一排铁条，横着走来走去。他们笑嘻嘻地看着仍在院子里绕圈走的大伙伴，眼睛闪烁着光芒，这表明爬铁栅栏给他们带来很大的乐趣。正是这些孩子以非常实际的方法帮助我解决了一个问题。”[②]他们沿着铁条斜吊着身子横着走，他们的下肢就不致承受整个身体的重量。要是专门为学前儿童设置这种器械，就能满足儿童们在地上爬行和踢腿的活动需要，可以做他们在铁栅栏上所做的那些运动，甚至能更正确地满足他们身体发育的需要。“因此，我建议在儿童游艺室设置小围栏。小围栏可以设计成一排排立柱之间横穿若干平行的木棍，让孩子们在这种栏杆上玩时，可以愉快地看到其他孩子玩耍的情况。”[③] 只要我们做有心人，我们就会发现许多这种有益于学前儿童身体练习的游戏。

---

① ［意］蒙台梭利著，任代文主译校：《蒙台梭利幼儿教育科学方法》，人民教育出版社 1993 年版，143 页。

②③ 同上。

这里应当指出，基本动作的练习、徒手操、轻器械和模仿操、队列队形练习等也是学前儿童身体锻炼的手段和内容。教师应当根据不同年龄学前儿童的特点开展这些活动。

第四节
关于幼儿健康教育

说到健康教育，首先我们应当弄清健康概念。按照传统的说法，"能吃能睡、没病没灾"，是谓健康。现在人们已认识到健康概念有更宽泛更丰富的内涵。联合国世界卫生组织（WHO）对健康概念是这样界定的："健康是身体、心理和社会适应的健全状态，而不是没有疾病或虚弱现象。"这一规定从正负两个方面界定了健康概念。健康"不是没有疾病或虚弱现象"，这一说法实际上是对传统健康概念的否定。

对传统健康概念的否定，这是人类科技发展以及生产力水平提高的必然结果。经济发展了、腾飞了，但自然生态被破坏了，生活环境受污染了；生活丰富多彩了，但节奏加快了，人与人之间渐渐有隔膜了，生活变得复杂而难以适应、难以对付了；不缺吃喝了，但由于缺少养生常识，反而营养不良了……

社会生活这种变化同样也影响了儿童的生活。于是学前教育不再满足于传统的健康概念，不再满足于防病治病的"卫生"教育。学前教育界有关人士依据联合国世界卫生组织对健康概念的界定，提出了幼儿健康教育概念，并就健康教育的具体实施展开了有益的研究。

幼儿健康教育的目标当然是使幼儿的身心发展达到预期的健康水平。有的研究人员将幼儿健康教育目标分为以下四个层面，即健康教育的终极目标、分类目标、年龄目标以及各个教育活动设计的目标。幼儿健康教育的终极目标有三条：(1)促进幼儿身体的正常发育，增强幼儿的体质，促进幼儿身心健康发展。(2)培养幼儿对体育活动的兴趣和积极参加体育锻炼的习惯，发展幼儿的基本动作，同时培养幼儿活泼、开朗、勇敢、不怕困难等心理品质。(3)帮助幼儿获得基本的健康常识，培养良好的生活习惯以及自我保护的初步意识和能力。终极目标是确定其他层面目标的依据。分类目标是先将健康所涉及的内容进行归类（如生活习惯、饮食与营养、人体认识与保护等），然后根据不同的分类目标的特点和内容提出相应的目标内容。年龄阶段目标是以不同年龄段幼儿的身心发展特征为依据而确定的健康教育目标，这有利于增强幼儿健康教育的适宜性和发展性。各个教育活动设计的目标是上述三个层面目标的具体化，具有可操作性。① 从这一目标体系中我们可以看出幼儿健康教育在做什么、想做什么。

谈到幼儿健康教育，人们必然会问的一个问题是，健康教育和体育之间是一种怎样的关系？有的作者认为，幼儿体育是以发展幼儿动作、增强幼儿体质为主要任务的教育，它通过幼儿参加各项活动来实现，而幼儿健康教育还将帮助幼儿获得基本的健康常识、培养幼儿多种健康行为作为主要任务，因此，幼儿体育是幼儿健康教育的一个方面。

这一观点是值得商榷的。而统一认识的关键在于对体育概念的认识。

体育是将教育目标指向身体的教育，实际上就是“育体”。教育学上约定俗成地将指向人不同方面的教育分为体、智、德、美等诸“育”。“体育”一词实际上是西方近代教育学中“physical education”的中文译词，直译应是“身体教育”。不过，我国已约定俗成简称为“体育”，以至“身体教育”这一表述对于公众来说不仅显得陌生，而且别扭。不过，我国学者在研究体育的基本理论问题时也有使用“身体教育”这一概念的，大陆、港台地区的学者均有如此用法。然而，在日常生活中出现频率较高的词汇“体育”，例如，在“体育运动会”、“体育比赛”、“你喜欢体育吗”等等表述中，其所指的是体育中的竞技运动或身体锻炼。但正如说自行车是车没错一样，将竞技运动或身体锻炼说成体育也同样未错。

① 详见顾荣芳:《幼儿健康教育若干问题的探讨》，载《幼儿教育》1998 年第 4 期，第 4 页。

不过，如果反过来说车是自行车、体育是竞技运动和身体锻炼，那就搞错了。错就错在将概念的外延缩小了。而体育实际上包括指向身体的一切教育活动。

从我们上面所介绍的幼儿健康教育的目标来看，幼儿健康教育的终极目标指向的对象是身心健康并有良好的社会心态、有适度的交际愿望和交际能力、具有健康的发展现状与发展趋向的承载者——身体。健康教育是内含于体育中的，是体育概念的下位概念。试图在体育概念之外建立健康教育理论框架的种种想法都是值得商榷的。

我以为，幼儿健康教育应当以体育理论为依托。我们在上面已指出："学前儿童体育主要包括两项内容，其一为学前儿童保育保健，其二为学前儿童身体锻炼。两者比较起来，前者是学前儿童体育中更基本的内容，后者是学前儿童体育中更积极的内容，二者在促进儿童生长发育方面相互补充，相得益彰。"这里所讨论的幼儿健康教育主要是沿着"学前儿童保育保健"这一方向发展的。从这里也可以看出，幼儿健康教育是学前体育的一部分。另外，要使幼儿健康，身体锻炼也是不可忽视的一个手段，所以，健康教育不仅不要把身体锻炼推给定义过窄的"体育"，嚷着与身体锻炼分家，而且还应当注意利用身体锻炼在健康教育中的积极作用，将身体锻炼也纳入幼儿健康教育研究的范围。

不过应当指出的是，对幼儿健康教育的探讨是对学前体育的一种贡献，它以健康概念为中心探讨幼小儿童的体育问题，丰富了传统的体育理论中尽管已有但关注不够、内容亦较单薄的健康教育这一领域。另外，由于人们对体育概念的认识大都局限于身体锻炼和竞技运动，过去的幼儿体育内容受此影响，往往只关注幼儿身体运动能力的培养和身体锻炼活动，而幼儿健康教育所提出的目标恰恰弥补了被人忽视了的体育所应涵盖的那部分内容。

第七章 学前儿童语言教育

20 世纪以来，有关学前阶段儿童语言的系列问题备受学术界的关注：语言的本质是什么？在学前儿童发展中，语言占有什么样的位置？儿童是怎样以神奇的速度获得语言的？语言与儿童其他领域的发展具有怎样的关系？需要进一步思考的是：学前阶段的语言教育如何遵循儿童语言发展的内在规律？落实到幼儿园教育实践中，教师又应当选择什么样的内容与方式来促进儿童的语言发展，为其语言能力达到更高的水平提供最佳支持呢？

第一节 学前儿童的语言发展

首先，语言的本质究竟是什么？应当如何看待儿童的语言发展呢？

一、语言的本质

随着社会的高速发展，科学研究日新月异，来自语言学、心理学、教育学，以及哲学、信息科学等不同领域的研究者对儿童语言的发展产生了空前的热情，从各种视角力图探究语言的本质，并形成了各种不同的理论认识。有观点认为语言是人的天赋本能，同环境发生新陈代谢的作用，语言是一种能力而且是天生的，儿童的语言自动生成；也有观点把语言形式看作是语言的本质；近年来涌现出来的系统功能派则认为语言受到遗传与环境两种因素的影响，将语言视为一种行为而不是一种能力。

学者们尤为关注的是语言在人们的社会生活中所发生的作用。在机能主义语言学理论中，语言是人的心智的核心部分，人类的物种特征是创造并使用语言。结构主义语言学流派代表人物皮亚杰反对把语言看作工具，认为沟通思想仅仅是语言的一种职能。而历史唯物主义学派从唯物主义角度出发，对语言作用持这样的观点：一是认为符号是人的精神生产工具，从根本上改变心理结构，从而形成人特有的高级心理机能；二是认为语言是一种特殊工具，一方面具有机能结构，另一方面又具有意义结构。苏联心理学家维果茨基认为语言具有交际和思维两种功能，语言与思维不同源但相融合，语言的交际功能和思维功能是互相依存的。维果茨基曾用一个例子来解释语言的基本功能：“我想告诉人家我冷了。我可以通过一系列动作、表情使他明白这一点，但是只有在我能够将我的感受进行概括，说出我的感受时……才会有真正的理解和转达。这也就是为什么不具备一定概括能力的儿童不能转达完整事物的原因……因此，有一切理由可以将词的意义不仅看作是思维与语言的统一，而且可以看作是概括和交际的统一，交际与思维的统一。”[①]语言发展和思维、交际的发展是无法分开的。

① [苏]维果茨基著，余震球选译：《维果茨基教育论著选》，人民教育出版社 1994 年版，第 11 页。

二、语言在儿童发展中的价值

语言对儿童意味着什么呢？有学者提出如下观点："儿童获得语言，便开始掌握社会交往和思维的工具，儿童逐渐开始使用语言表达自己的需要和情感，用语言来调节自己的动作和行为，用语言来认识整个世界；儿童获得了语言，心理发展便放射出人类特有的奇光异彩。"①这一段话生动地阐释了语言与儿童各个领域的发展密切相关，在教育部所颁发的《幼儿园教育指导纲要（试行）》中也明确指出："语言能力是一种综合能力，幼儿语言的发展与其情感、思维、社会参与水平、交流技能、知识经验等方面的发展是不可分割地联系在一起的。"儿童的语言发展、思维发展与社会性发展是和谐统一的。

语言的发展极大地影响儿童各领域的发展，其中语言与认知的关系为许多科学家所关注、研究并提出相关理论。苏联心理学家鲁利亚（1966）继巴甫洛夫的第一信号系统之后提出，没有言语的直接参与或间接参与，任何一种单一的复杂的人类心理活动都不能发生。许多语言发展有障碍的儿童一般都同时表现出严重程度相近的认知缺陷。

语言又是人们交往的工具，是儿童社会化的心理工具。有学者对此做了如下阐述："语言既是一种凝缩的符号，又是一种社会调节。作为社会化的心理工具，语言帮助儿童逐步地发展对外部世界、对他人和对自己的认识，导致社会化的正常发展。"②语言发展对儿童社会领域的发展至关重要，语言问题同样会带来社会性发展的障碍。

现代社会各地区经济文化相互融合与竞争日益激烈，生活节奏加快，信息量翻番，社会已发展为信息社会，符号系统尤为重要，通过语言处理问题日益迫切，语言在人们的生活、学习和工作中愈来愈占有核心位置。如果不能熟练地驾驭符号工具，便不能适应当今社会。人以语

---

① 王振宇：《学前儿童发展心理学》，人民教育出版社 2004 年版，第 163～164 页。

② 王振宇，等：《儿童社会化与教育》，人民教育出版社 1992 年版，第 26 页。

言的方式拥有世界,语言是人参与社会生活的一个重要条件。语言在儿童的发展中占有极为重要的地位,儿童的语言发展影响着儿童的整个生命过程,儿童语言教育理应受到重视。有学者提出:“语言、儿童的语言以及儿童语言教育应当是教育学关注的最主要的课题之一。”①

三、学前儿童语言发展阶段

儿童的语言能力是一种不断生成的能力,包含以下几方面:语音、语义、语法和语用。在语言的发展过程中,儿童语音的清晰度不断提高,词汇知识不断丰富,逐渐学会构建否定句、疑问句、复合句、被动句和祈使句等,说出的句子长度更长,句法结构更完整和复杂,语法能力飞速发展,从只能说出单词,到能够说出双词句、简单句,再发展为复杂句。语用能力是指一个人用于对外表达自己的意图,完成任务的语言使用能力。儿童在与周围人的互动中恰当地理解并使用语言,语用能力不断提升。儿童语言发展表现出明显的阶段性,不同民族、不同语言的儿童获得语言呈现出相似的历程。著名幼儿教育家蒙台梭利曾经在其著作中论及儿童语言发展的阶段:“2 岁半以后,儿童开始了组织语言的新阶段。这一阶段持续稳定地,而不是爆发性地发展。同时也产生了大量的主动性和自发性。这一阶段要延续到大约 5 岁到 6 岁。”②有学者提出:“对教育工作者来说,最需要了解的有关儿童语言的信息是‘什么时候儿童语言是什么样的’。”③儿童语言发展的阶段特征是语言教育必须遵循的依据。

以词汇为例,大多数儿童出生后 1 年左右出现第一个单词,被视作语言发展的第一个里程碑。1 岁半至 2 岁,儿童大约掌握 50—100 个词汇,并开始学会将两个词放在一起说;到 3 岁左右,儿童表达性词汇量由数百

① 刘晓东:《儿童教育新论》,江苏教育出版社 2008 年版,第 317 页。

② [意]蒙台梭利著,任代文译:《蒙台梭利幼儿教育科学方法》,人民教育出版社 1993 年版,第 428 页。

③ 周兢:《汉语儿童语言发展阶段新说》,载《南京师大学报(社会科学版)》1997 年第 1 期,第 59 页。

增长至数千；到5岁左右，汉语儿童大约能够说出2 000—2 500个词汇。进入20世纪70年代以后，罗杰·布朗创立了“平均语句长度”(Mean Length of Utterance, MLU)方法，用具有量化意义的平均语句长度来区分儿童语言发展阶段。20世纪80年代以来，世界范围内儿童语言研究发展速度很快，但在儿童语言发展阶段问题上，研究者依然倾向于根据句法水平划分语言发展阶段，在很多儿童语言研究中运用句子复述(Sentence Repetition, SR)作为儿童语言障碍的诊断标志。[①] 儿童语言发展过程中，语言结构水平的核心能力反映在儿童语法结构能力上。

儿童语言发展是一个持续的演变过程，语言发展的各个过程之间存在着质的变化，上一阶段到下一阶段之间有着本质的区别；就发展速度而言，儿童存在语言飞速发展的时期。对学前儿童进行语言教育，必须关注儿童语言成长的年龄变化，对儿童语言发展阶段有深入的认识，能够准确把握儿童语言发生发展的规律和趋势，从而为儿童语言发展提供恰当的教育支持，这势必要讨论儿童是怎样获得语言的。

四、儿童语言障碍

如前所述，儿童有着令人惊奇的掌握语言的能力，在出生后头几年，就迅速成为一个熟练的语言使用者。语言成为其与人交往和思维的主要工具。但是，也有相当比例的学前儿童患有各种各样的语言障碍。儿童在正常的语言学习环境中，在没有听力缺陷、智力迟钝、神经或精神损伤的情况下，语言发展明显低于同龄儿童的平均水平，这类儿童通常被诊断为特定型语言障碍(Specific Language Impairment, SLI)。研究发现，7%的5岁儿童在语言方面有特定性语言障碍。[②] 近

① Wang, D., Zheng, L., Lin, Y., Zhang, Y & Sheng, L: *Sentence Repetition as a Clinical Marker for Mandarin-Speaking Preschoolers With Developmental Language Disorder*, Journal of Speech, Language, and Hearing Research, 2022, 65(4), pp. 1543～1560.

② Tomblin J B, Records N L, Buckwalter P, et al: *Prevalence of Specific Language Impairment in Kindergarten Children*, Journal of Speech, Language and Hearing Research, 1997, 40(6), pp. 1245～1260.

年来，越来越多的研究人员开始使用“发展性语言障碍”(Developmental Language Disorder，DLD)这一概念，在《精神障碍诊断与统计手册》(第5版)(Diagnostic and Statistical Manual of Mental Disorders，简称DSM-Ⅳ)(美国精神医学学会，2013)，SLI概念已经不再出现。

发展性语言障碍儿童语言能力存在明显不足，习得新词汇的能力有明显缺陷，句法规则掌握有限，与阅读障碍的并发率极高。近年来，我国研究儿童语言的学者们对这一障碍类型进行了多项实证研究，发现汉语语言障碍儿童有同样的表现。何晓炜与曾涛(2013)发现汉语特定性语言障碍儿童语法能力明显低于同龄儿童。[①] 发展性语言障碍还会带来儿童其他发展领域的次级障碍，对情感和社会性发展产生负面影响，会导致行为问题。马斯登等(2010)研究发现，如果儿童没有达到所处年龄段应有的语言能力，那么，在与语言相关的认知领域、情感与社会发展领域中都可能面临更大的困难，所引发的情感与行为问题会持续发生并且加重。[②]《幼儿园教育指导纲要(试行)》中明确指出，“对有语言障碍的儿童要给予特别关注，要与家长和有关方面密切配合，积极地帮助他们提高语言能力”。学前阶段发展性语言障碍会对儿童的发展产生多方面不良影响，对于语言障碍儿童要及早进行适宜的干预。

第二节
学前儿童怎样学习语言

一、儿童语言获得理论

婴儿不是生来就会说话的，学习语言是儿童面临的一个特别复杂

① 曾涛，李慧，李珂，何晓炜：《汉语普通话特殊语言障碍儿童“把”字句习得研究》，载《华文教学与研究》2013年第1期，第10～18页。

② Masten, A. S., & Cicchetti, D: *Developmental Cascades*. Development and Psychopathology, 2010, 22(3), pp. 491～495.

的任务。不论语音系统或词汇，还是句法结构或单词结构，语言都是相当复杂的系统。这个过程是怎样发生的呢？第一节中已论及研究儿童语言获得理论的重要性，研究者们立足于生理学、心理学、社会学等不同的角度，提出了形形色色的儿童语言习得理论。

首先是外因论。其中强化论由美国语言学家布龙菲尔德和心理学家斯金纳提出，认为语言能力是后天习得的，来自一系列“刺激—反应”，是经强化而形成的习惯；儿童学说话就是对环境或成人话语所给予的刺激做出的相应反应，如果反应正确，他就从成人那里得到物质的或口头的奖励，使反应得到强化而形成语言习惯。强化论受到了诸多质疑，如不能解释儿童语言所表现出来的创造性，也不能解释儿童对语法规则的敏感性，不能解释语言获得“关键期”的存在。班杜拉提出了模仿论，认为儿童语言大部分是在没有强化的条件下对语言范型进行观察和模仿，在此过程中产生模式行为的实际摹本，得出模式行为的基本原则，并利用这些原则创造出与模式同样全新的行为。模仿说主张儿童语言不是内部成长和自我发现的过程，而是通过社会模式的呈现和社会训练、实践而构成的。模仿说的反对者认为语言是由无限多个句子构成的集合，儿童不可能在有限的时间内通过模仿获得语言。

其次是先天论。先天论语言学习模式最有影响的代表人物是乔姆斯基，他认为在儿童的头脑中存在着一套由遗传因素决定的“语言获得装置”（Language Acquisition Device, LAD），是人类的“普遍语法原则”；主张语法规则不是根据输入的语言材料归纳出来的，而是由LAD中的普遍语法规则转换来的，该理论被称为“转换生成语法理论”。先天论语言学习模式忽视语用对语言能力的反作用，低估后天的环境和教育作用，忽视后天形成的数理逻辑经验对个体言语发展的推动作用。

认知学派心理学家皮亚杰特别强调儿童智慧、思维等认知因素对语言发展的作用，认为语言是儿童认知能力发展的一个方面，以认知能力发展为基础。与其他认知结构发展一样，儿童语言能力是主体与客体相互作用的结果，是儿童通过同化和顺应不断达到新的阶段。

随着学术界注重从社会学的角度研究语言的新趋势，儿童语言获得学说中出现了社会相互作用理论，该理论模式把参与相互作用的因素扩大到社会环境、认知发展、语言知识和先天成熟因素，认为这些因素相互作用，共同促进儿童语言的发展。社会相互作用理论特别强调语言环境和语言输入的作用，把儿童及其所在的语言环境看成是一个动态系统，认为儿童不是语言训练的被动受益者，而是一个有着自己意图和目的、积极主动的语言加工者。

语言有三大因素：语言的结构、语言的功能及语言的处理过程。语言的功能通常被理解为语言的用途，长期以来，人们一直很注意研究语言的功能，从不同角度对语言功能进行了划分，如皮亚杰通过对两名儿童的追踪研究，认为儿童的语言功能可以分为自我中心的和社会化的两大类；自从皮亚杰提出有关自我中心语言的论断以后，研究者们相继对儿童语言功能进行分类，穆休、麦卡瑟、鲁格、费希尔等都承认自我中心语言在幼儿期普遍存在。此后，人们逐渐对皮亚杰过分渲染的早期儿童的自我中心提出了异议，如发现儿童早在前言语期就已能运用非语言手段和他人进行交流，儿童使用姿势或目光接触的方法来指向物体，用同样的声音和语调模式来表达某种交流意图等。

近年来，以社会语言学家韩礼德为代表提出的儿童语言功能理论受到人们的重视。韩礼德从其老师弗斯那里继承了两条基本原则：第一是“语言环境”。他认为语言与典型的社会情境有密切联系，并受其影响。韩礼德进一步发展了“语言环境”学说，从社会学角度去研究语言，提出了语言学中的社会符号学学说。第二是“系统”概念。[①] 系统语言学不仅研究语言的性质、语言过程和语言的共同特点等根本性问题，而且探讨语言学的应用问题。他最关心的问题是语言的社会功能是什么及如何完成这些社会功能，并集中精力探讨了语言的功能问题。语言功能揭示语言是如何使用的及语言使用的基本原理。韩礼德在马林

---

① 刘润清：《西方语言学流派》，外语教学与研究出版社 1995 年版，第 298 页。

诺夫斯基的基础上，发展了"语言系统最初来源于儿童语言的功能"这一观点，进一步考察儿童是怎样使用这些结构来进行交际的，把语言习得看成是儿童和其他人交往的过程，认为儿童语言的发展实际上就是对语言功能的逐渐掌握，"学习自己的母语就是学习语言的用途，以及与其相关联的意义或意义潜势。结构、词和语音是这种意义潜势的实现。学习语言就是学习如何表达意义"。[①] 功能分析法以意义作为中心，而把结构看成是实现意义的形式。

韩礼德认为对儿童来说，语言有许多用途：满足物质和精神需要，调节人之间的关系，表达某种感情等。儿童习得语言的过程，即是逐步掌握以语言表示功能的各种可能方式的过程。他把儿童的语言功能归纳为工具功能、控制功能、交往功能、个人功能、启发功能、想象功能及信息功能；此外，会话向儿童提供一个学习社会、参与社会活动的渠道，所以说语言还具有学习的功能。韩礼德建立了独特的儿童语言功能学说，强调在语言意义及语言形式之间，儿童语言功能学说重视语言的意义而不重形式；强调语言的用途；强调儿童在运用语言的过程中学习语言，重视语言运用。

二、语言获得理论的发展趋势

儿童语言获得理论研究呈现出这样的趋势：

1. 重语言的社会性因素

语言具有社会性的本质属性。近年来，学术界认为以往的研究致力于语言本身的内部结构及发展规律，其弱点是忽视了语言的社会制约性，因而不能解释许多语言现象。社会语言学获得飞速发展，在美国语言学研究发展史上，1972 年成为重要年份，这一年的美国语言学会以"把语言放在时间、空间和社会中去研究"作为主题，突破以往乔姆斯基微观思想的束缚，放眼于宏观研究。这一变化不可避免地影响到儿童语言获得理论，越来越多的研究者把目光投向了社会性因素。

① 刘润清：《西方语言学流派》，外语教学与研究出版社 1995 年版，第 314 页。

2. 重语言与认知的关系

语言与认知的关系早在冯特时期就已提出，近十几年在心理语言学界曾有一场极为复杂的论战。1982 年，乔姆斯基、奥斯古德、皮亚杰、奈塞和金斯伯恩五位学者对语言和思维心理学主要问题进行争论，后来集成一本《语言和思维心理学对话》。其中，第一个问题即语言与认知的关系：在语言获得和语言发展中认知起了什么作用？语言因素是否对一般认知发展有影响？人们对语言与思维的关系一直争论不休，各持己见。有的学者认为语言决定思维，如萨丕尔、沃夫的极端决定论，认为语言支配思维，是“思维的塑造者”。苏联心理学家以维果茨基为代表，认为人类语言导致人类高级心理机能的产生，语言是形成概念的主要心理工具，语言具有“载蓄功能”，词汇是储存知识的手段。继维果茨基之后，鲁利亚、尤多维奇等苏联心理学家认为语言对儿童各项活动均有影响。[①] 皮亚杰晚年对其所坚持的思维和语言的单向关系观点发生了动摇，认为语言能够增加思维的广度和速度。至此可以看出，人们对语言与认知的相互影响关系已达成共识。

3. 重语言习得中儿童的主动性

当代儿童语言获得理论越来越重视儿童自身在语言获得中的主动性。如社会相互作用观点把儿童及其语言环境看作一个动态系统，认为儿童不是语言训练的被动受益者，而是一个有着自己意图和目的、积极主动的语言加工者。有研究者提出：“儿童和语言环境是一个密切相关的统一整体；在某种意义上，语言获得的进展速度取决于儿童本身。”[②]儿童学习语言的动机水平影响其语言学习水平，在卡洛-乌尔福克和伦奇的语言学习四方块图中，“交际环境范畴”包括内部的需要、愿望，属于语言发展的重要环节之一。[③] 儿童的行为、态度影响其父母、教师的态度，如孩子的反应决定了父母对他们所使用的言语，即儿童指向

① 朱曼殊：《心理语言学》，华东师范大学出版社 1990 年版，第 112～152 页。

② 朱曼殊：《心理语言学》，华东师范大学出版社 1990 年版，第 401 页。

③ 赵寄石，楼必生主编：《学前儿童语言教育》，人民教育出版社 1993 年版，第 276 页。

言语(Child Directed—Speech, CDS)的复杂程度。在幼儿园中,儿童原有的语言水平、学习语言的态度、交往的主动程度均会影响教师的态度、提供语言的多少及复杂程度。总之,儿童的态度、言行影响整个其所在的语言环境对其提供信息的内容及数量。

4. 重语义与语用

重视语义的观点由来已久,蒙台梭利就曾说:“我们认为,孩子的口头语言是在他所说出的单词能表示某种意义时开始的。”这鲜明地显示了她重视儿童语义的思想。[①] 发展心理语言学把以句法为核心变为以语义为核心,把语义看作儿童言语的中心成分,认为语义是进行充分交流的核心成分。语言学研究从结构形式的分析深入到结构形式所包含的语义的分析,从结构本身的研究扩大到结构运用的研究。

重视语用也是儿童语言研究的一大趋势。语言的生命和价值就在于运用,语言对于儿童的价值也在于运用。儿童不仅在语言运用中发展认知和满足自己的各种需要,而且在语言运用中发展自己的语言。美国语言学界从 1965 年至 1975 年经历了十年大辩论,辩论的结果是有学者把视线从语言结构转向语言功能。研究者开始重视语言的运用,这是对形式语言学的一种冲击,形式语言学家区分“语言能力”和“语言运用”,把研究的注意力放在前者而忽视后者,语用学强调的正是后者。在乔姆斯基时代零星出现的语用研究,从 1970 年开始成为热点,除了弗斯提出的“语言寓于行动之中”“意义见于运用之中”等理念,由韩礼德创立的完整的系统功能主义理论,也与乔姆斯基“先天语言获得装置理论”背道而驰,对语用学发展起到了推波助澜的作用。

语言运用包括语言功能及语言情境,任何语言都是和一定的社会情境联系在一起的。有关研究表明,儿童在理解语言时采用了一系列策略,其中包括语境策略。儿童在生活中听到的许多语言或者是和当

① [意]蒙台梭利著,任代文译:《蒙台梭利幼儿教育科学方法》,人民教育出版社 1993 年版,第 268 页。

前情境中的物体和事件有关，或者和他们所熟悉的事物有关，他们是根据语境来理解这些话语的意思。① 上述研究阐释了儿童语言获得过程中离不开语境的作用，成人选择学前儿童语言教育内容与策略时需要关注语境因素。

此外，儿童双语现象研究受到广泛关注，双语现象在世界各地文化中成为学习语言的儿童身上常见的情况。出生后前三年同时习得两种语言的儿童被称为双母语者或者同步双语者；学习第一语言之后再开始学习第二语言是顺序双语者。迪克逊等学者认为，理解双语儿童的语言习得以及双语发展和单一语言发展的相似之处和不同之处，是一项重要的任务。学者们还讨论了如何创造习得两种语言的最佳条件，包括：语言输入丰富的环境，强大的家庭读写支持，高质量的输入，同伴互动的大量机会，外语沉浸教育项目和其他环境因素。②

第三节
学前儿童语言教育观

上述儿童语言获得理论研究，影响着学前儿童语言教育的实施，出现了全语言教育观等新的儿童语言教育理论。

一、全语言教育观

前面论述了儿童语言发展与认知、社会化等方面是相互影响的，儿童的语言知识、认知知识和社会知识是密切地融为一体的。美国儿童语言教育专家卡洛-乌尔福克在近年的研究中提出，应将儿童语言学习视为一个整合的系统，由此出现了语言教育整合模式。整合模式强调儿童的语言是以整合方式获得，其中包括语言代码范畴、语言内容的认

---

① 彭聃龄：《语言心理学》，北京师范大学出版社 1991 年版，第 269～270 页。

② [美]琼·伯科·格利森，娜恩·伯恩斯坦·拉特纳，等著：《语言的发展》，人民邮电出版社 2021 年版，第 383～395 页。

知范畴、语言操作范畴和交际环境范畴；强调在发展过程中语言与其他方面的发展（认知、社会化、情感、个性、艺术表现力等）相互配合、相互促进，脱离其他方面的发展进行语言教育，结果必然是事倍功半；强调进行语言教育要多种方法结合。[①] 语言教育整合观强调语言与其他方面的联系，强调在语言学习内容、方式方法等方面都应执行整合的观念。

全语言模式（Whole Language）可以说是整合模式的更高阶段，目前在儿童语言教育领域广受重视。全语言教育观对语言持这样的观点：什么是语言呢？语言是一个群体中成员之间交往的工具，语言是表达的最佳方式。有了语言，人们的思想才能以令人惊奇的微妙与复杂的方式交往。语言是思维和学习的工具，某种意义上，语言直接介入学习过程。从学前儿童算起，人们需要不时地表达自己的认识，与其他人进行交流，在交流中完成语言学习。语言是社会和个人共同发明的，人们创造语言是为了同周围世界相交流。语言发展过程中，形式是在功能之后，语言始于功能，然后才有适应功能的形式。

研究者们指出语言教育中存在以下误区：(1)只教语言形式（语音、语法规则等），没有帮助儿童提高对语境的理解能力及交际能力；(2)忽视儿童的语言经验；(3)把教师的责任只看作提供语言范例及强化正确语言；(4)不能给儿童提供交流、自然语言学习的机会；(5)将语言分成零碎的、孤立的部分，不能将语言学习置于一定的语境之中。[②] 古得曼(1986)等学者所提出的全语言教育观正是针对过去那种机械孤立、条块分割、支离破碎的语言学习而提出的一种新的语言教育观，强调语言是一个完整的系统，语义、语法等因素同时存在并相互影响，语言是与语境相依存而存在的。

全语言教育观提倡自然、完整的语言学习，认为应重视语言能力而非孤立的语言技巧，强调语言的交际意义；强调真实的语言情景；强调

① 李绍珠，周兢，等编著：《聋儿早期康复教育》，南京大学出版社 1993 年版，第 32 页。

② Janet A, Norris Jack, S Damico: *Whole Language in Theory and Practice*, Language, Speech and Hearing Services in Schools, 1990(21):212.

语言不是独立的系统,而是和认知、情绪、经验、学习欲望等密切相连。[①] 全语言教育观认为语言不是单独发生的,总是产生于一定的社会情境,在真实的情境中学习完整的语言是获得语言的捷径,儿童在任何阶段都无法脱离实践而去单纯学习语言技巧。儿童学习语言是出于自身需要,语言只有在社会情境中对学习者才有意义,也只有在社会情境中才易于掌握。儿童语言学习应当是完整的、实用的,和他们的生活经验密切联系的。语言是自然、真实的,儿童在使用语言中学习语言。通过语言学习,儿童感知和理解周围世界中的观念、文化。儿童掌握了语言,也就掌握了一种文化及其价值。儿童懂得要用语言去做些什么,学习控制语言形式以适应其需要;儿童学习语言是从整体到部分,整体比部分更重要。

二、重视学前儿童交往能力培养

对语言的本质有这样两种大不相同的见解:理想语言与日常语言。近年来语言学界对“日常语言”更加重视,认为语言研究应重在探索人们日常的语言运用;“交际”受到社会心理学、心理语言学、哲学心理语义学等学科的普遍重视。根据社会语言学观点,儿童在语言发展过程中不仅要习得语言能力,还要习得“交际能力”,这种交际能力不仅包括正确掌握和运用语言的语音、句法和语义系统,而且包括在不同的社会语境中恰当地运用和理解语言规则,以及对不同语境中微妙信息的感受、辨别及调整自己语言的能力。基于上述认识,对学前儿童进行语言教育,应重视儿童的日常交往,通过日常交往提高儿童的语言能力并以培养日常交往能力为目标。重视儿童交往能力培养的语言教育理念与全语言教育观和韩礼德的儿童语言功能学说相一致。

在语言教育目标上,研究者开始转向话语的程序和会话的互相影响问题,把研究重点放在探索儿童语言交际策略及形成过程,以及在社

① Janet A, Norris Jack, S Damico: *Whole Language in Theory and Practice*, Language, Speech and Hearing Services in Schools, 1990(21):212.

会相互影响过程中言语输入是如何构成的等问题上。社会语言学理论认为,言语习得的根本动力来自为生存而交际的活动,强调语言习得和语言运用所处的社会相互作用的环境。在这种理论影响下,儿童语言发展的研究工作更为关注的是儿童语言的交际功能而不只是指称功能。研究过程中已注意到考察更为广泛的语言交际行为的范围和影响儿童语言发展的语言和语言以外的因素,不是离开词和句孤立地学发音,而是把训练儿童语言的重点放在指导儿童在社会的和感情的交往中利用语言,在各种环境联系中训练儿童使用语言,专门训练课上学得的语言可能不会用到其他环境中,重点要注意使儿童把语言技能迁移到不同环境中。重视儿童交往能力培养的观念下,同伴因素通常受到重视,这一观点认为年龄相近的同伴,往往是最好的语言示范者,在幼儿园中应充分利用同伴这一良好因素,建立积极的同伴关系,促使儿童在与同伴的交往中提高语言能力。

三、学前儿童语言教育文学化倾向

文学与语言有着天然的密切联系,文学在幼儿园语言教育中一向占有重要位置。美国著名教育家布鲁纳提出一种全新的见解,即儿童叙事性智能理论。他认为儿童具有一种叙事结构的智能,把周围环境看作是有生命、有联系和有故事的世界,将该理论运用于学前儿童语言教育领域实践,文学作品的教学备受重视,即“语言教育文学化倾向”。[①]借助于这种思路,语言教育可以选择适当的文学作品,开展饶有趣味的文学活动来达到目的,弥补语言经验的不足,使儿童掌握语言形式和语言运用,并促进儿童情感、认知、社会化等共同发展。

以儿歌为例阐述文学教育与儿童语言发展之间的关系。“儿歌是以年龄较小的儿童为对象,既具有儿童的特点,又具有民歌的艺术风

① 赵寄石,楼必生主编:《学前儿童语言教育》,人民教育出版社 1993 年版,第 290 页。

格，为儿童所喜爱的一种可吟可唱的简短的诗歌。”[1]儿歌从儿童心理出发，反映儿童生活、思想、感情，格调明快，语言亲切，多采用叠韵，语句多重复，具有鲜明的音乐性和节奏感，和谐、明朗，富有音乐美。儿歌具有以下作用：(1)激发儿童学习语言的兴趣。儿歌作为人一生中最早接触的文学样式，易于为幼儿理解、乐于为幼儿接受。儿童语言具有自娱功能，即把语言用于自我游戏，儿童出生20多天就出现用声音做游戏的自我“玩弄”声音的现象。唱儿歌、讲故事等语言游戏就是在自娱句基础上发展起来的。[2] 在儿童语言教育中，应遵循“儿童主导”原则，要符合儿童的趣味，儿歌能适应这一要求。它能有效地激发儿童的兴趣，消除儿童学习语言的心理压力，如英语国家中，让儿童念这样一句儿歌：“A fat cat sit on a rat.”不论内容还是形式都饶有趣味，因而儿童怀有强烈的兴趣，不知不觉中学会正确的发音，掌握数个单词。(2)儿童在反复吟唱浅近简单的儿歌中，能不断验证自己的经验和记忆，得到心理、精神上的满足和快感，其优美的节奏和韵律，能培养儿童最初的美感。(3)形成语言符号系统。无疑，儿童在学习儿歌时，可以接触到丰富的词汇。好的儿歌，语言优美、句式整齐规范，可为儿童提供使用语言的良好范例。(4)语言连贯性的发展是儿童语言能力和思维发展的重要环节。幼小儿童语言连贯性差，缺少表达式的独白语言。儿歌在培养训练幼儿的语言能力方面，具有不可忽视的作用。反复吟唱有简单情节、充满趣味的童谣，能促进其语言思维的发展。(5)正音。如绕口令是专以帮助孩子练习发音、帮助他们学习说话的一种特殊类型的儿歌……它的特点是把一些发音易混淆的双声、叠韵字或同声同韵而不同调的字，巧妙地连缀成具有一定意义的韵文。儿童朗诵时感到十分有趣，乐此不疲，不知不觉中，唇舌齿腭等发音部位和口型变化都能得到锻炼。

文学作品的学习能够使儿童学习成熟的语言，增强对艺术语言的敏感

---

① 蒋风：《儿歌浅谈》，四川人民出版社1979年版，第3页。

② 李宇明：《儿童语言的发展》，华中师范大学出版社1995年版，第261页。

性，并得到创造性运用语言的启示。作为一种艺术的结晶体，故事、童话这样的文学作品通过艺术的语言和形象来表现反映社会生活，不仅是生动有趣的、具体形象的教科书，有利于学前儿童立体地把握周围生活，而且是规范典型的、风格多样的语言学习样本，有利于培养学前儿童综合的语言能力。而有关儿童故事结构水平和儿童句法结构水平匹配的研究成果，更是恰到好处地提供了这样一种见解：利用文学作品进行语言教育，是事半功倍的、有效的教育途径。① 叙事性智能理论阐述了以叙事性的结构方式来学习，对儿童来说具备多重效应，是儿童获得知识和提高能力的有效途径。

四、语言教育寓于活动游戏中

认知心理学家皮亚杰认为，儿童是在与周围环境的交互作用中成长起来的，儿童的语言也是在与周围环境的交互作用中发展起来的。儿童通过积极主动地与周围环境中的语言和非语言信息、材料交互作用发展他们的语言，因此幼儿园语言教育的一个突出特点就是以活动的组织形式来帮助幼儿学习语言。在活动中，要糅合多种儿童发展因素，允许多种与儿童语言和其他方面发展有关的符号系统的参与，从而促使儿童在外界环境因素的刺激和强化作用下，产生积极的运用语言与人、事、物交往的需要、愿望和关系，在生动活泼的操作实践中动脑、动嘴、动手，成为主动探求并积极参与作用的语言加工创造者。② 将语言教育寓于游戏之中，能够使得儿童在轻松愉悦的活动中潜移默化地加深对语言的感知理解，自然而然地提高语言表达水平，语言和游戏相得益彰。

从语言的性质来说，语言属于符号系统中的一种，语言活动的功能之一即对象征符号意义的理解。21 世纪初，语言学家索绪尔和哲学家皮尔士同时提出建立“符号学”的构想，索绪尔把研究社会生活中符号生命的科学称为符号学。符号活动指意义的产生、传达和阐释过程，除

① 赵寄石，楼必生主编：《学前儿童语言教育》，人民教育出版社 1993 年版，第 290～292 页。
② 周兢：《中国幼儿园语言教学研究的新进展》，载《学前教育研究》1997 年第 4 期。

语言符号外，还包括绘画、舞蹈、音乐符码、文化符码、医学符号、动作符号乃至嗅觉符号、触觉交流等。① 语言与其他符号系统之间有密切的联系。贡布里希认为，语言符号和非语言符号本质上都是“语言”，②因而是相同的，如语言符号和视觉符号之间就密切相关。阿恩海姆认为语言是视觉思维的“辅助媒介”。③ 总之，各种符号系统之间存在一种共性，其他符号的学习与语言符号系统的发展能够相互促进。从这一意义上来说，在幼儿园开展口语表达、写、画、故事及学习唱歌、游戏等多种活动，能帮助儿童更好地学习语言。

利用符号学关系去认识词的语义内容，词义可分解为四部分：(1)能指意义，即概念意义，也就是一般词典中对词的释义；(2)结构意义，表现为词在语言体系中的相互关系；(3)语用意义，表现为使用语言的人与词的相互关系；(4)语境意义，表现为词与具体语境中所指对象的关系。英国当代语言学家利奇将词义区分为七种：理性意义、内涵意义、社会意义、情感意义、反映意义、搭配意义、主题意义，不再将词义单纯理解为单纯的概念意义(或理性意义、逻辑意义)。④ 上述观点说明语义和语境是不可分割的，语义必须在具体的语言情境中学习，要还语言以血肉之躯，让儿童学习活生生的语言。语言学习内容不需要事先挑选出来，最有用的语言即在情境中经常发生的语言，因此，要让儿童在活动、游戏等具体的情境中学习高频率出现的语言。

五、创造良好的语言环境

蒙台梭利认为所有的儿童天生具有一种吸收文化的能力，并提出了这样的论断：“如果儿童生活在一个有文化的环境里，就会丰富他的

---

① 王一川：《语言乌托邦——20世纪西方语言论美学探究》，云南人民出版社1994年版，第158页。

② 王一川：《语言乌托邦——20世纪西方语言论美学探究》，云南人民出版社1994年版，第150～154页。

③ 王一川：《语言乌托邦——20世纪西方语言论美学探究》，云南人民出版社1994年版，第132～133页。

④ 王福祥，吴汉樱编：《文化与语言论文集》，外语教学与研究出版社1994年版，第108页。

词汇。由此可见,环境是非常重要的。”[①]蒙台梭利强调语言教育应重视语言环境的作用。根据全语言教育观,语言教育要以向儿童提供交往的机会和应用语言的环境为中心,尽可能地让儿童在各种情境中学习使用语言,通过多种情境激发儿童学习语言的愿望,通过重复使用强化其语言能力。具体有以下要求:

第一,创造良好的环境,特别重要的是为儿童创造情绪良好的环境。语言发展过程中,儿童自身的主动性、创造性起着关键性的作用,良好的情绪是儿童顺利学习语言的保证。第二,要为儿童创造交往的机会。通过交往,可以让儿童强化、巩固其已有的语言经验,更重要的是交往的环境能够使儿童形成对言语交往的需要,这是言语发展的最重要的因素。第三,为儿童创设丰富多彩的环境。有着多种刺激因素的环境可以激发儿童学习语言的动机。提供儿童喜欢的玩具和图书,可以引发儿童说话的兴趣,丰富儿童的话题。第四,交往既是语言教育的目标,又是语言教育的手段,要提高儿童的交往能力,引导儿童在交往中学习语言。

第四节
学前儿童语言教育内容与实施

一、儿童语言教育内容

(一) 叙事能力

皮特森(1991)认为叙事是按照时间顺序叙述一系列真实或想象的事件。[②] 这一概念下的叙事具有以下几个特点:按照一定的时间逻辑讲

① [意]蒙台梭利著,任代文译:《蒙台梭利幼儿教育科学方法》,人民教育出版社 1993 年版,第 429 页。

② McCabe A, Peterson C: *Developing Narrative Structure*. Lawrence Erlbaum Associates, 1991:29～54.

故事，叙述的故事可以是真实的、发生过的事件或行为，也可以是想象的、虚构的事件或行为，故事的叙述是有组织的。

叙事是可以调动儿童语言内部各要素，来完整考察其语言能力的一种活动。斯诺(1991)从教育的角度出发，认为要在语言运用中评价儿童的语言发展水平。[①] 同时，语言和认知的关系密不可分，叙事不仅是一种综合运用语言的活动，也是一种复杂的认知过程。叙述者根据要求在头脑中提取已有语言经验，选择恰当的词汇和句子，并按照规则组织，向听众口头叙述，这样的活动普遍存在于幼儿的日常生活中，反映叙述者认知加工和语言组织的叙事能力。

（二）会话能力

语言最主要的功能之一就是与别人交流信息，儿童习得语言的过程也是习得交际能力的过程。麦克提尔(1985)在《儿童的会话》一书中首次对会话能力做了概念界定，认为“会话”是两个或者两个以上的参与者之间，运用适当的言语或非言语行为与他人进行面对面交流和沟通的能力。[②] 舍格洛夫(1988)明确指出会话不只是信息的转移，更是会话者互动合作的结果。[③]斯诺与伊尼奥(1996)进一步从话轮转换(turn-taking)能力、会话发起与维持(topic selection and maintenance)能力、会话修补(repair)能力等几个方面诠释儿童的会话能力，对儿童会话研究有重要影响。[④]

（三）文学欣赏与文学语言能力

《3—6岁儿童学习与发展指南》要求：引导幼儿感受文学作品的美。具体包括有意识地引导幼儿欣赏或模仿文学作品的语言节奏和韵律。给幼儿读书时，通过表情、动作和抑扬顿挫的声音传达书中的情绪情

---

① Snow C E: *The Theoretical Basis for Relationships Between Language and Literacy in Development*. Journal of Research in Childhood Education, 1991,6(1):5～10.

② McTear M: *Children's Conversation*. New York: Blackwell Publisher, 1985.

③ Schegloff, E. A: *Presequences and Indirection: Applying Speech Act Theory to Ordinary Conversation*. Journal of Pragmatics, 1988(12):55～62.

④ Ninio, Snow C E: *Pragmatic Development*. Boulder: West View Press, 1991:143～170.

感，让幼儿体会作品的感染力和表现力。在接触文学作品的过程中，儿童感知、体验文学语言的感染力并进行模仿，文学语言表达能力不断得到提升。儿童在早期发展过程中，经常说出具有文学色彩的语言，心理学、语言学以及艺术创作领域诸多学者都曾经提到幼小儿童这一语言现象。有学者提出："最近十五年来，大量研究证明儿童有理解和使用隐喻、成语、转喻以及反语的能力，反映了儿童诗性智慧的发展。"[①]文学语言是指语言材料变形或反常的艺术，具体表现为生动、形象，具有审美性和情感性，更有感染力的语言表达，常常使用比喻、拟人、夸张、排比等修辞手法。

（四）阅读与书写准备能力

早期阅读是儿童还不能独立阅读时所进行的与阅读有关的一切准备活动，其实际范围和具体形式十分宽泛。近年来，关于儿童阅读的各种理论层出不穷，从不同层面探讨了学龄前阶段阅读的特殊性及其发展规律。阅读是一项复杂的技能，狭义的早期阅读指儿童学习和接受书面语言的意义解读活动。广义的阅读范围更加宽泛，指凭借丰富多变的色彩、图画和声音，相应的语言文字及成年人的语言讲述，完成对书面语言文本意义的解读。早期阅读对儿童的语言、智力、个性、社会性、道德、审美以及创造性等方面的发展具有积极的促进作用。

前书写是指儿童在未接受正式的书写教育之前，根据环境中习得的书面语言知识，通过涂鸦、图画、像字而非字的符号、接近正确的字等形式进行的书写。前书写是学前儿童进行入学准备，适应未来正规书写学习，顺利实现幼小衔接的重要内容。儿童的前书写发展作为书面语言经验积累的重要组成部分，它所具有的规律与特点已引起国内外研究者的广泛关注，对儿童的前书写行为所体现的规律与特点进行了探索。

---

① Gibbs, R. W., Jr: *The Poetics of Mind: Figurative Thought, Language, and Understanding*. Cambridge, UK: Cambridge University Press, 1994:402.

二、幼儿园中的语言教育

(一) 集体语言教育活动

幼儿园集体语言教育活动是指在幼儿园集体环境中,由教师有目的、有计划、有组织地对幼儿进行语言教育的过程。以往的语言领域教育活动,分为谈话、讲述、听说游戏、早期阅读与文学活动。

叙事能力培养与幼儿园讲述活动联系在一起。讲述活动在幼儿园语言教育中有着悠久的历史,一直被作为幼儿园语言教育的重要方式。讲述活动旨在训练独白性的语言,需要说话的人独自构思和表达对某一内容的完整认识。讲述的独白语言特性,要求幼儿的口头语言经历从独立编码到独立发码的过程。独立编码就是按照所要表达的内容选择词语、组成话语;发码就是以口头语言的方式将独立构思的讲述内容发送传递出去。从语言特点来说,讲述活动的语言相对来说比较正式,针对具体的讲述内容等来选择口语表达的方式,经过一番对语言比较严密的组织,使用较为正规的语言来表达对周围某一人物或事物的认识,内容要比较完善,掌握较为正式的场合所使用的独白语言,有相对正式的语境;能够理解命题和围绕命题组织语言。讲述活动有别于其他各类语言教育活动,有其独特的价值。

会话能力的培养通过谈话活动,幼儿园语言教育目标之一是使幼儿能够顺利与别人进行对话交谈。幼儿园谈话活动旨在帮助幼儿学习在一定范围内运用语言与他人进行交流,与幼儿园其他活动相比有明显的不同,对促进儿童语言发展具有独特功能,是不可替代的。谈话活动有利于培养儿童谈话的兴趣和习惯。通过专门的、有组织、有计划的谈话活动,能够使儿童集中注意力,能够激发儿童的谈话兴趣,培养谈话的积极性、主动性,逐渐养成谈话习惯,从而促进儿童口语能力的发展。语言的学习过程,同时也是一个语言使用规则的习得过程,帮助儿童学习谈话,实际上是指导幼小儿童按照社会交往过程中约定俗成的方式进行交流,使他们在谈话活动中能够逐渐领悟、掌握谈话的基本规则，懂得人际语言交往的基本规则。在谈话活动中，幼儿通过气氛热烈的谈话，对所谈内容能够加深了解，激发兴趣。近年来，在国内外教育界兴起同伴教学的潮流，认为儿童更容易从同伴那儿得到各种信息和学习知识的方法，谈话活动能够提高儿童的交流水平，加强儿童之间的互动，促进同伴关系的发展。

文学欣赏活动。幼儿园文学作品学习活动，是以文学作品为基本教育内容而设计组织的语言教育活动。这类活动从一个具体的文学作品学习教学入手，围绕着作品展开一系列相关活动，帮助儿童理解文学作品所展示的丰富有趣的生活，体会语言艺术的美，为儿童提供全面的语言学习机会，为将来学习阅读和写作打下基础。文学作品是幼儿园课程的支撑点，更是语言教育活动的主要支撑点。文学作品饱含丰富的语言信息，可以向儿童提供成熟的语言范型，提高儿童创造性运用语言的能力，从而最终促进儿童语言的发展。

学龄前阶段儿童的阅读，重视适宜文本的支持，特别强调阅读兴趣的培养和阅读习惯的养成，为入小学后的阅读打下良好的基础。这一阶段的阅读具有如下特点：(1)与生活密切联系。在幼小儿童的眼中，阅读是日常生活中例行的常规。(2)具有泛化性。成人阅读是一种专门化的特定行为，而学前儿童的早期阅读则和其他活动是混沌的、未分化的。(3)具有游戏性。观察学前儿童的阅读表现，我们会发现儿童在家里和幼儿园里的读写行为具有鲜明的游戏性。(4)具有交互性。阅读的交互性受到极大重视，研究阅读的著名学者艾登·钱伯斯认为，阅读归根结底，就是思绪分享的方式。[①]交互式阅读理论成为早期阅读的理论基础，具体指成人与儿童在轻松愉快的阅读氛围下，运用大声朗读、讲述、提问、解释、推理等多种策略和技巧引导儿童积极参与到阅读活动中。教师与儿童的交互指教师和儿童凭借文本进行的互动，教师

① [英]艾登·钱伯斯著，蔡宜容译：《说来听听——儿童、阅读与讨论》，北京联合出版公司2016年版，第16页。

为儿童理解文本搭建桥梁，教师的鼓励、讲解、提示、回馈、演示、点拨等都在阅读活动中发挥“支架”的功能。儿童之间的交互是指儿童共同讨论、辩论或者一起表演文本，以相互的观点为自己理解的参照物，不断拓展和丰富对作品的理解，由此也诞生了同伴阅读模式。

幼儿园书写准备活动可以帮助儿童学习获得前识字经验，提高对文字的敏感程度。知道文字与口语对应，理解文字的功能，知道文字是一种符号系统，分别代表一定的意思，口语可用文字表达出来；知道文字和语言的多样性，认识到世界上有各种各样的语言和文字，同样一句话可用不同的语言和文字表达出来，不同的语言和文字可以互译；了解识字规律，并掌握这些规律，培养对读写活动的兴趣。在前书写方面，认识汉字独特的书写风格，汉字区别于其他文字；感知汉字间架结构，了解书写的最基本规则，用有趣的方式练习基本笔画；知道汉字的书写工具，知道使用铅笔、钢笔、圆珠笔、毛笔时的不同要求；学会正确的书写姿势，如坐姿和握笔姿势等。特别需要说明的是，反对幼儿园专门集中地识字，前识字的活动可以提供有关文字信息，但是不要求幼儿机械记忆和认读。

（二）语言区域活动

除了集体活动，幼儿园的区域活动也扮演了重要角色。怎样理解区域活动呢？区域是一种空间概念，区域活动是一种教育途径，体现儿童的自主学习，在师幼互动性质上与日常生活、集体教学不同。幼儿园班级活动室中专门为儿童阅读创设的半开放式的区域，就是阅读区。阅读区为儿童提供主动阅读的环境和材料，选择适合儿童感知、认读、表达、书写的内容，将语言学习和游戏进行了有机结合。

阅读区环境包含显性的物质环境和隐性的心理环境。显性的物质环境创设，包括阅读材料、装备环境、照明环境、卫生环境、声控环境等；隐性的心理环境的创设，包括人际关系环境创设、阅读指导、阅读组织形式等。

三、家庭中的学前儿童语言教育

我们在前面论述了环境对语言学习的重要性，家庭环境是儿童学习语言的重要环境。在儿童的语言获得过程中，父母有着举足轻重的作用，从读写能力发展来说，家庭中亲子共享阅读的频率、幼儿图书的数量、父母带幼儿去图书馆的频率、家庭中讲故事的频率、父母的阅读习惯以及幼儿的阅读兴趣、亲子言语互动机会、父母的语言教育观、亲子交流方式等都会对儿童读写能力产生影响，其中共同阅读一直被认为是家庭读写环境中的积极因素。[①]综上，家庭中的物质材料、语言活动以及家长的早期语言教育观念都影响着儿童语言能力的发展。

和幼儿园相比，家庭中的语言教育在内容、方式方法等方面有明显的差异。例如，家庭中的语言教育是随机进行的，是个别教育形式，是贯穿于日常生活中的。家庭中的语言教育要巩固强化幼儿园的教育内容，发挥家庭环境在儿童语言学习中的独特优势，研究发现，在教育父母—孩子对话在语言技能的发展中发挥着至关重要的作用。[②] 在会话能力培养中，家庭中的语言教育与幼儿园语言教育应在内容上相互补充，在教育观念上保持一致，以保证教育效果。

四、计算机语言辅助教育

现代科技的发展影响到儿童教育的发展，目前教学手段的革新集中表现为电脑的使用，在条件具备的幼儿园，可以进行计算机辅助教学的尝试。计算机辅助教学（Computer Assisted Instruction，CAI）自1965年被正式承认，其中对语言教学的影响尤为引人注目，人们单独提

---

① Li L，Tan C L：*Home Literacy Environment and Its Influence on Singaporean Children's Chinese Oral and Written Language Abilities*. Early Childhood Education Journal，2016，44(4)：381～387.

② Salmon K，O'Kearney，R Reese，E，Fortune，CA：*The Role of Language Skill in Child Psychopathology: Implications for Intervention in the Early Years*. Clinical Child and Family Psychology Review，Volume19 Issue4：352～367.

出了计算机辅助语言教学这一术语,缩略为 CALI(Computer Aided Language Instruction)或 CALL(Computer Assisted Language Learning)。对于学前儿童语言教育来说,其作用表现在以下几个方面:

首先,计算机最大的优点是可以实现“因材施教”,适合不同儿童的水平。计算机辅助教学可以满足儿童不同的需要。因此,它是我们实施个别化教学的得力助手。其次,提高语言学习效果。多媒体是 20 世纪 90 年代计算机发展的代表,多媒体教学是计算机辅助教学的发展趋势,动画及声音相互配合,具有多通道功能。儿童同时学习多种符号系统,不同的符号系统之间起了相互促进的作用,有利于他们更好地掌握语言符号系统。这是源于人们对词义的重视及重新认识,更是源于语言教育界“全语言”教育观的提出。再次,刺激儿童的学习兴趣。儿童学习语言是在具体的语境中,而计算机可以模拟自然情境等多种情境。利用计算机进行辅助教学,儿童面对的是机器,不会有心理压力,这一点符合我们强调儿童兴趣的要求。此外,计算机便于教师对学生进行管理,如教师可以为每名儿童用计算机建立详细档案,记录其语言发展程度、类型、原因及各个阶段的教育内容、目标、手段与效果,进而顺利实施个别化教育方案,而家长则可以更多地参与到教育中,更好地配合教师的教育。

计算机的使用将把学前儿童语言教育提高到一个新的高度。随着计算机辅助教学技术的成熟,无论是在幼儿园的活动室还是高等院校的课堂,计算机将成为一种举足轻重的、不可或缺的教学工具和手段。计算机辅助教学系统将日趋多样,越来越完善,在教育中发挥更大的作用。

第八章 学前儿童认知教育

罗素曾提出过这样一个问题:“人和世界的接触是短暂的、个人的、有限的,那么人是怎样对世界了解得如此之多的呢?”确实,知识的积累,认知能力的成长,可以说是人的一生中最为迅速,也最为重要的变化之一。本章讨论的就是儿童的认知如何发展,学前儿童认知教育应如何进行的问题。

什么是认知?心理学中对这一术语的使用并不统一。从狭义上讲,认知仅限于人的信息加工过程即思维的过程,这是近几十年来现代认知心理学的理解。然而更多的人是在更为广泛的意义上使用认知这一概念,用它来描述人在认识方面的能力。如皮亚杰理论中,认知、智力和思维指的是同一回事。我们认为,认知这个概念可以包容较广的含义,它既指人的认识能力(智力),也指认识的过程(思维),还能指认识的结果(知识)。

第一节
学前儿童认知教育的基本问题

人类具有超乎其他任何物种的智力，这是事实。然而人类对自身的智力了解很少，这也是事实。正如一部小说中所说的："如果我们的头脑非常简单，简单到我们可以理解它，那么，我们就会变得非常愚笨，愚笨到我们无法理解我们的头脑。"①这个有趣的悖论，足以证明人类的智力是多么复杂。

可是，无论智力的问题多么复杂，也无法阻挡它的拥有者——人类的思考。其实，人从童年起，就开始了对自身智力的探寻。一个十几岁的儿童，有一日忽然想到：我为什么能思考？而且我为什么还能思考"我为什么能思考"这个问题？而且我为什么又能思考"我为什么还能思考'我为什么能思考'"这个问题？……也许我们会认为这是个无聊的文字游戏，然而它正道出了人类智力的实质——人类具有反思的能力，人能够认识自己的认识。而且这正是困扰很多哲学家和心理学家的一个基本问题，即人类智力的本质是什么？人类的智力从何而来？

如果说上述问题还不是人人都思考过的话，那么下面所列的则是一些"常识性"的问题：人为什么有智愚之分？智力的差异是天生的吗？在人的成长过程中，智力是否会变化？如何变化？智力是否可以开发？等等。我们关于学前儿童认知教育的讨论就从这些基本的问题开始。

一、人类认知的本质

人类的智力是适应环境的一种重要工具。正如狮子依赖强健的肢体成为森林之王，老鼠依赖旺盛的繁殖能力维持物种生存，人类是靠发达的大脑才成为大自然的主宰。然而，人的这种智力究竟是什么，它是

① [瑞典]贾德著：《纸牌的秘密》，昆仑出版社 1997 年版，第 139 页。

从哪里来的，却是众说纷纭，没有定论。

皮亚杰曾说：智力是你不知怎么办时动用的东西。[①] 这是一个玩笑。我们并不知道动用了什么东西。1575 年，西班牙医生胡安·胡阿特把智力定义为学习、作判断的能力和想象力。而今天我们通常认为智力是抽象思维的能力，推理的能力，把大量的信息组织为有意义系统的能力，以及解决实际问题的能力。人类的智力尤指一种创造性解决问题的能力。“智力就是无计可施，而惯常的做法不奏效时所需要的应付能力，所谓计上心来。”[②]可以说，人的认知是一个“黑箱”：我们知道它能做什么，却不知道它是怎样做的。千百年来，心理学家为了弄清这个“黑箱”的构成，做了很多假设和猜测。

20 世纪以来，心理学家（主要是心理测量学派和信息加工学派）为了解智力的结构做了很多努力，并提出了一些理论模型。早期的斯皮尔曼（1904）提出智力由一般因素（g 因素）和特殊因素（s 因素）组成。这种区分颇有道理，而且得到当代认知学者的认同。20 世纪 90 年代的心理学家詹森也认为智力存在一种普适因子 g，并指出影响 g 的两个最强的因素是速度和头脑中同时应付事项的数目。[③]

斯皮尔曼之后的学者对智力结构的分析就更为细致。卡特尔认为一般性因素可以分为两类：流体智力和晶体智力。流体智力是指那些受生理因素所支配、随神经系统成熟而提高的因素（如记忆广度、空间知觉能力），它代表一种生物性的潜能，相对来说不依赖于教育。而晶体智力则是通过社会文化经验，也就是经过教育培养而获得的智力（如词汇、言语理解能力）。吉尔福德（1967、1988）在他著名的三维结构理论中，提出智力是由 120 种因素所构成的三维空间结构。后来经反复修改，又增加到 180 种。他认为智力的结构包含内容、操作和产物三个维度，其中内容包括视觉、听觉、符号、语义和行为五个因素，操作包括

① 转引自[美]威廉·卡尔文著：《大脑如何思维》，上海科学技术出版社 1996 年版，第 1 页。
② 同上，第 13 页。
③ 同上，第 10 页。

认知、短时与长时记忆、集中思维、发散思维和评价五个因素，产物包括单元、类别、关系、转化、蕴含和应用六个因素。这样就可得到180种不同的组合。

心理测量学派如此热衷于作精细的分析，也许是为编制智力测验提供理论依据。但是这些理论并不能说明各因素之间的结构联系和智力活动的机制。毕竟，人的智力不是多种因素的简单拼凑。当代的认知心理学家则是从认知过程出发，动态地分析智力的结构。以斯腾伯格(1985)为代表，他提出智力由元成分、操作成分和知识获得成分构成。元成分负责对认知活动的调控，操作成分负责解决问题的具体步骤，知识获得成分负责提取或收集信息。而智力活动实际上是这三种成分的联合作用。

另一位心理学家加登纳则提出了多元智力理论。他认为过去的智力理论都是以逻辑能力作为智力的核心，而忽视了另外一些能力，如艺术能力、社会交往能力等等，因而是一种不完整的智力观。他认为人作为一个完整的个体，具有七种智力：语言智力、音乐智力、逻辑数学智力、空间智力、身体-动觉智力、人格智力等等。由于遗传和后天训练等原因，个体可能在某些方面的能力发展得比其他人要好得多。但是，每一个正常的个体，只要他获得机会，都可能使其每一种智力获得某种程度的发展。

以上所说如此众多的理论，如果不能真正说明智力的结构，至少也说明了智力是很复杂的。这倒似乎能证明“智力是人类所独有的”这一观点。千百年来人们从维护人类“尊严”的立场出发，一直信奉这一点。然而近来观点在发生变化。哈佛大学的格里芬以《动物的心智》为题写了一本书，试图改变人们对动物的看法。事实上人们已经发现，动物的确具有某种程度的智力。这迫使我们在探寻人类认知的本质时，考虑到人类和动物之间的联系，并且承认智力的进化过程。

当代脑科学的研究证明了作为人类智力的物质基础的人脑，是进化的产物。越是高级的动物，其脑量越大，所表现出的智力行为也越复杂。在脑的进化过程中，不仅是脑的大小，而且脑的结构也发生了变化：老鼠的脑还没有分化出额叶区，猿脑已有额叶，但小于枕叶，而人脑的额叶则大于枕叶。我们知道，额叶在人的认知活动中是负责高级的监控职能的部位，额叶区的增大对于智力的进化具有重要的意义。从个体来说，也同样表现出这一趋势：儿童在出生以后脑量在持续地增长，同时儿童的额叶是大脑中发育最晚的，它的成熟恰好预示着儿童认知功能的成熟。可见，人的智力的复杂性，根源于脑的复杂性。这可能为我们揭开认知之谜指示了方向：从个体来说，认知是大脑成熟的结果；从人类来说，认知是大脑进化的产物。既然人无法否定自身的生物性，那么人的认知活动也必定有其生物性的基础。

尽管今天我们对于人类认知的本质还没有一个明确的认识，但生物科学的广阔前景使得我们对解开这一谜团抱有足够的信心。被比作登月行动的"人类基因组计划"，经过各国科学家几年的努力，已于2000年6月26日完成了人体全部基因草图的绘制工作。在不久的将来，人类必将找到影响我们的各种特征及行为的基因。既然我们承认了人类认知有其进化史上的渊源，有其物质上的基础，我们也相信，在不久的将来，人类不仅能在外部功能上认识自身的认知活动，而且能从生物结构上揭示认知活动的内在机制。

二、认知的个别差异

显而易见，以同样的内容教两个不同的儿童，会发现他们学习的速度有快慢，保持的时间有长短，迁移的能力有强弱，这就是我们通常所谓的"智愚之分"。我们并不否认个体在认知上的巨大差异，如反应速度、认知风格等，并且这种差异在很大程度上是由某些先天的遗传基因决定的。我们也相信有朝一日真的能了解决定人类认知活动的基因组，从而在基因的水平上解释智力的个别差异问题。但这并不意味着我们所持的是一种"智力天生论"的悲观论调。原因有二：其一，我们承认可能存在某种遗传基因决定了个体在认知上的差异，但很难说这就是一种“优劣之分”。其二，人的智力的基因型可能是天生的，但其表现型则可能千差万别。用通常的话说，遗传仅仅提供了认知发展的可能性，而现实的发展则决定于外部环境。

这里我们先讨论第一点。不同的遗传基因有无优劣之分呢？从日常的观点看，“聪明”的基因当然要比“愚笨”的基因好，反应快总比反应慢好。谁也不愿让自己的孩子天生就获得“愚笨”的基因，从而输在“起跑线”上。但是，对于整个物种来说，问题并非如此简单。大自然赋予生物界以物种的多样性，以及物种内个体之间基因的多样性。这不仅使得这个世界丰富多彩，也为物种的生存和繁衍提供了保证。人类可以探寻、认识这其中的奥秘，却无法阻止这一自然规律。正如格赛尔所说：“大自然讨厌千篇一律。”大自然不愿把“笨”的基因淘汰掉，自有它的道理。近年席卷西欧的“疯牛病”就是一个典型的例子。科学家试图“优化”牛的基因，使其生长更快、肉质更佳。结果这些“优良”品种在疾病面前却不堪一击，反而是那些没有经过“优化”的“笨”牛得以生存。中国古人所说的“尺有所短，寸有所长”，也许就是这个意思。

对于人类而言，也是同样的道理。“智者千虑，必有一失”，“笨人自有笨办法”。智力的高低是不能绝对地加以区分的。我们有可能会发现一些出乎预料的情况，比如同样一个问题，聪明的孩子想不出，而平时比较“笨”的孩子却能解答。这可能是聪明孩子受了思维定式的消极影响，或者是反应速度虽快却未能捕捉住一些微弱而有用的细节，相反“笨”孩子由于思考速度慢反而获得了有效的策略。这是一个极端的例子。它说明聪明、反应快并不总是优点，有时它也会成为解决问题的障碍。因为在我们的生活环境中并不总是遇到挑战性的问题，大多数时候我们不是用我们的智力而是凭常识行事。我们经常听说一些大科学家在处理日常问题时反而很笨拙，他们由于过分相信自己的逻辑判断能力，而将其用之于简单的日常生活，结果反遭愚人的嘲笑，正所谓“聪明反被聪明误”。

因此，如果我们假设人的认知活动中存在着若干认知元件的话，那么每一个人身上的元件性能都不相同，而且它们的组合形式也多种多样，这就使得每个人形成了独特的认知风格。对于不同的问题，不同的认知风格各有利弊。以冲动型和沉思型的儿童为例。前者往往只根据问题的部分信息就能作出决定，反应速度较快，但也容易错。后者往往深思熟虑，反应较慢，但错得也少。再如逻辑和直觉似乎也是一对矛盾。前者更合乎理性，而后者则更具洞察性。

看来，这些“元件”多种多样，各有其长处。那么能不能将这些特性加以综合呢？不可能也无必要。因为大自然并不在乎把人类的每一个体“创造”得很完美，而是要保证人类的整体效能。对个体来说，留下一些遗憾的同时，也是为了保证其自身价值的实现。我们不必计较一个有着惊人音乐感受力的艺术家在数学运算上多么差劲，也不要以为科学家解决日常问题的能力比一个主妇强多少。正是这些形形色色的个体：艺术家、科学家……还有主妇，使人类成为最聪明的物种。只有这样，人类才足以应付各种各样的问题。也许，这正是大自然“讨厌”千篇一律的理由。

所以，人类个体在出生之初，就已表现出认知发展的潜在差异性。除了这些先天的差异，在个体认知发展过程中，还表现出更明显的现实的差异性。这其中，既有认知风格的差异，更有能力高低的差异，发展速度的差异。造成这些差异的原因也更复杂，既有先大的因素，也有后天的影响。

三、智力开发与认知发展

承认后天环境对儿童认知发展的影响，是对儿童进行智力开发的前提。在某种意义上说，认知的发展就是大脑机能逐渐成熟的过程，但绝不是一个自然的成熟过程。外界环境，从整个的文化背景到个体的生活经验，都极大地影响了儿童的认知发展。露丝·本尼迪克特在其著作《文化模式》中叙述了一个为法国传教士所抚养的土著婴儿的故事。这孩子来自叫巴塔哥尼亚的原始部落，最后她竟获得了生物学学士学位，并能操两种欧洲语言。原始部落的儿童在接受了现代的教育后，他们的思维水平能远远超过土著人，由此可见文化的影响。再如，在维也纳，即使最普通的人都具备较高的音乐鉴赏能力，这不排除他接受了这个“音乐民族”的特殊的遗传基因，而文化的熏陶作用也不可小视。实际上，文化熏陶正是人类的一种特有的“体外遗传”方式——文化的遗传。文化以其强大的力量和“润物细无声”的方式影响着它的个体。文化的影响是一种选择：它既掩盖了人类的某些生物遗传特性，同时也发掘了人的某方面的潜能。

如果说文化环境对认知发展的影响多是一种不可抗拒的力量，那么在教育实践中，教师的工作则是一种有意识的影响，它同样能使儿童的先天素质发生深刻的变化。比如，我曾观察到某幼儿园的小班儿童动作节奏感很强，超出其他园的同龄儿童。后来得知该园的音乐教育很有特色，儿童在这方面的发展很好。可以想见，儿童在这方面的遗传素质未必都好(或者好的遗传素质未必都能得到充分的发挥)，但好的教育能扬长补短。

我们能够通过智力的“开发”来影响儿童的认知发展，这是一个不争的事实。但影响的好坏、大小，却因人、因时、因方式而异。这里涉及一些基本的问题，如：智力是否可以无限制地“开发”？它和认知发展的过程是什么关系？在什么时机进行智力开发效果最佳？用什么方式最有效？

显然，智力开发和儿童的认知发展是两个不同的过程，前者是外在于儿童的影响源，后者是儿童内在的发展过程。两条线相互交织，互有先后。智力开发只有在适当的时机才能对认知的自发发展过程产生促进作用。

苏联心理学家维果茨基曾提出过著名的“最近发展区”理论，认为教学能够而且应该促进儿童的发展，教学的最重要的时机就是儿童“尚处在成熟阶段然而还未达到成熟地步”的时候。他说：“任何教学都存在着最佳的亦即最有利的期限，超出与不及亦即过早和过晚的学习期，从发展的观点来看，反映在儿童智力发展的进程上常常是有害的、不利的。”①

比如,3 岁儿童学话就要比 1 岁半困难得多,尽管看上去 3 岁儿童学习言语要容易些,因为他的注意、记忆、思维要比 1 岁半的儿童成熟得多。但是由于缺乏早期的教学,它非但不能促进智力的发展,反而失去了对自然成熟过程加以干预的可能性,成为智力发展的障碍。相反,过早地教学或劳而无功,或事倍功半,也可能对儿童智力的发展产生不良的影响。因此,教学只是在一定的时期(即所谓最近发展区)能促进智力的发展。

但是,也有的学者提出相反的意见。如著名的心理学家皮亚杰认为,教学只能帮助儿童学习一些具体的事实,而无助于他们的一般认知发展。儿童的认知发展是一种一般能力的发展,它依赖于主体自己和外部世界的相互作用,而不单是教学的结果。因此,教育者的作用,与其说是促进儿童的发展,还不如说是为儿童创设丰富的环境,让他们自己获得更好的发展。

皮亚杰的观点在幼儿教育领域产生了很大的影响。他强调儿童发展的自发性、主动性,尊重儿童的主体性,主张教育应立足于儿童现有的发展阶段,适合儿童认知发展的节奏,维持认知的整体和谐,这些都很有意义。但是,在当代,皮亚杰理论又受到新的挑战。认知发展心理学的新观点认为,尽管学前儿童的认知能力有局限,但是能够通过教学和训练加以有效地克服,由此出现了一种新的智力开发观。对于这些不同的主张,我们将在下面加以讨论。

第二节
学前儿童认知教育:不同的观点和方法

众所周知,学前儿童的认识能力不完善,知识也有局限,因此对他

① [苏]维果茨基:《学龄前期的教学和发展》,载陈帼眉、冯晓霞编:《学前心理学参考资料》,人民教育出版社 1991 年版,第 17 页。

们进行认知方面的教育显得尤为重要。但是，学前儿童认知教育的真正内涵和意义应该是什么？是否就意味着“教儿童知道更多”或“让他们变得更聪明”？以及应该如何对他们进行认知的教育？对此，不同的理论有着不同的观点。

一、皮亚杰理论及其认知教育观

学前儿童经常会表现出一些古怪的错误，比如坚信月亮会跟着人走，太阳会不高兴等等。我们通常会认为这是因为他们的知识贫乏，或以为其幼稚而置之一笑，或以纠正其错误为己任而担负起“教育”的职责。然而，皮亚杰的不同之处在于，面对儿童的这些古怪想法，他既没有嘲笑儿童的这些谬误，也不急于将成人知道的结论告诉他们，而是从儿童的错误中受到启发，研究造成错误的原因，从而形成了对儿童认知特点及其发展规律的独特理论。

皮亚杰相信，儿童的这些奇怪的想法，“它们并非天生的，因为随着儿童长大，这种想法也就会消失；也不是后天获得的，因为这些想法并不是成年人教的”。① 想必这些是儿童发展过程中的特有现象。过去人们认为儿童仅仅是无知，事实上，儿童不仅不是无知，而且有着对世界的独特解释。儿童做错事，常常是因为他们用自己的智慧、按照自己的方法去做的。每个错误都是儿童思想的真实反映。儿童的错误，恰恰反映了他们在某个发展阶段的特点。

皮亚杰之所以能从儿童的立场出发，去理解他们的独特想法，揭示其不同的思维方式，同他对儿童的基本看法有关。

皮亚杰的学术背景首先是生物学，因此，他不可避免地（也毫不忌讳地）将生物学的观点带进了对儿童的研究。他认为，儿童首先是一个生命有机体，儿童的发展和所有生物的生长一样，是一个自然的和自发的过程。儿童按照其固有的节奏和步骤展现其生命的全过程，就像一

① [美]大卫·埃尔金德：《儿童发展与教育》，华东师范大学出版社 1988 年版，第 55 页。

株植物，只要具备了阳光、空气和水，就能开花、结果一样。儿童的认知发展有其自身的规律性，这不是哪个人所能决定或改变的。

人类从出生发展到成熟需要十几年的漫长时间，也不是没有道理。皮亚杰打了一个比方，人在刚出生时是很无能的，在婴儿期的发展也很慢，甚至比不上其他的动物，4 个月的小猫表现出的能力，婴儿要到 9 个月或 10 个月才能做到。但随后小猫的发展就停止了，而人的抽象思维能力却开始萌生，最终达到任何动物所不可企及的高度。

这个例子很能说明问题。尽管儿童早期的发展速度很慢，然而这正是为将来的进一步发展打下坚实的基础。皮亚杰承认目前我们对儿童发展的细节还不甚了解，但他坚持儿童发展的速度有一个“适宜量”，并且相信儿童能够通过自己和环境之间的相互作用获得发展。成人不必也不能干预这个自然的过程，否则，“欲速则不达”，对儿童的发展是没有好处的。他这个观点受到卢梭的影响。卢梭曾经说：“自然能使儿童在成长为大人以前保持儿童的天性。如果我们企图颠倒这种顺序，就像勉强摘下无味的不成熟的水果一样，在它们能够成熟之前，就已经烂掉了。儿童有他自己的思维、观察和感觉方式。”①皮亚杰强调这一事实，即儿童某种能力的发展存在一种“最佳时间”，不可以匆促地加以提前。这点便反映了卢梭所坚持的“成长需要有一定的时间，不能急于求成”的主张。

皮亚杰除了强调儿童认知发展的自发性外，还认为儿童的认知发展是一个整体的和一般的过程。也就是说，儿童发展的各个方面是相关的。比如说，学前时期的认知具有一个重要的特征，就是自我中心，即儿童不能站在别人的立场上思考问题，而是用自己的主观认识代替之。前面所举的例子，就是因为儿童不能用客观的态度对待自然物，而是把太阳、月亮想象为和人一样。这种自我中心不仅表现在对于自然

① 转引自[美]大卫·埃尔金德：《儿童发展与教育》，华东师范大学出版社 1988 年版，第 39 页。

事物的认识，也表现在儿童的社会交往和情感等方面。比如，儿童之间的“交谈”往往没有一个共同的话题，他们只顾说自己的话而不顾对方是否在听。儿童的共同游戏也不是合作性的，他们都不遵守游戏规则，都认为自己赢了。这些现象的背后都有一个共同的原因在起作用，也正说明了儿童认知发展的整体性。

皮亚杰认为儿童的认知发展不是某些具体的知识技能的累加，而是作为一个整体的认知结构通过自身的平衡化过程所产生的变化。在他看来，认知的发展就是认知结构的变化。而认知结构不同于任何具体的知识，它是一种一般性的、制约具体知识的获得的机制。

比如，儿童在7岁左右获得了一种称之为“具体运算”的认知结构，表现为他们从此能够理解和具体事物有关的可逆性和相互性。他们具备了“物质守恒”的概念，也就是当一团橡皮泥被压扁以后，他们不再像以前那样认为橡皮泥变多或变少了，而是确信它的多少没有发生改变。在其他方面，儿童也表现出各种形式的守恒，如“性别守恒”(确信自己的性别不会因穿异性服装而改变)。这些能力都是伴随着具体运算结构的获得而获得的。

有人在运用皮亚杰理论对儿童进行智力开发时，针对守恒能力对幼儿进行训练，即用皮亚杰提出的这些经典问题教儿童，结果发现，经过教育，儿童在皮亚杰所说的年龄之前就达到了“守恒”。但是，皮亚杰对此不以为然。他反对这种以偏概全的观点，认为教育训练固然可以让儿童获得某些具体问题的正确答案，但不足以促进儿童的一般认知结构的发展。因为，认知结构的发展有其固定的顺序和阶段，儿童通过这些阶段的速度将依赖于多种因素，既有生物的成熟因素，又有环境的因素，而根本的因素是在相互作用的过程中，儿童和环境间的平衡化过程。这里的“平衡化”包含着非常广泛的内容，涉及儿童的全部生活。与此相比，教育的作用是有限的。

据此，皮亚杰认为，教育不应该超越儿童的发展阶段，而应该从属于儿童的发展阶段。教育也不应该立足于促进儿童的发展阶段，而应该让儿童以他们能够的方式认识世界。

二、当代认知心理学的观点

皮亚杰的观点对“揠苗助长”式的智力开发观点泼了一盆凉水。他为儿童代言，揭示了他们独特的思维方式，保护他们作为“真正”的儿童以及按照自己的节奏发展的权利。但是，当代认知心理学的发展动摇了皮亚杰的观点。皮亚杰所说的一般性的“认知结构”由于太抽象而被冷落，人们更加关注一些具体的问题，研究儿童如何解决这些具体问题。同时，教育的作用也重新受到重视。

当代认知心理学虽然没有形成一个统一的学派，但各家理论都有一个共同点，即注重对儿童认知发展的内在机制作具体、精细的描述和解释。这和认知心理学对于儿童的基本观点有关。它的假设是：儿童是一个问题解决者。通过研究儿童解决问题的过程，能够揭示其认知的特点。大多数认知心理学家不像皮亚杰那样强调普遍的认知结构对儿童的重要性，而是用多元的观点来解释认知发展，即将总的认知活动视为形形色色的个别认知过程的集合，并认为这些过程不一定遵循相同的规律。所以他们更加关心儿童是如何解决一些具体问题的。

认知心理学认为，儿童的认知结构与成人的认知结构相比，并没有本质上的区别，而只是在完善程度上存在着差异。如前面曾提到的斯腾伯格的三种成分理论就认为，儿童和成人在解决问题时，都同样是应用认知结构中的三种成分，其差别仅在于他们在各成分上所花费的时间及对各成分进行整合的速度不同。在操作成分中，成人将很多的时间用于对信息的编码，以获得充分、完全的信息，儿童则“浅尝辄止”，用于编码的时间很少，往往只提取出事物的有限的或表面的特征，而将更多的时间用于后面的处理过程。在知识获得成分中，儿童不能像成人那样“沙里淘金”，从无用信息中抽取出有用的信息，并将新信息和过去已有信息形成联系。而在元成分的操作中，儿童认知的不成熟更是表现为不能对其他两种成分实行有效的监控，以获取解决问题所必需的策略。

因此，他认为，认知能力的发展不是认知结构在本质上的飞跃性变化，而是构成认知结构的各组成部分之间不断取得协调一致、提高工作效率的渐进过程。在这一点上，斯腾伯格与皮亚杰对儿童认知发展的分析和阐述具有根本的不同。

和斯腾伯格一样，其他的认知心理学家也大都认为，儿童之所以不能解决某些问题，是因为他们不具有解决问题所必需的认知策略。而这些又和儿童表征信息的方式，加工信息的方式，以及每次所能储存信息的数量有关。比如，罗比·凯斯的理论就认为，儿童的认知发展，具体表现为确立问题解决的目标，形成问题解决的策略，整合不同的策略以形成更精确的、更有效的策略等等能力的进步。而短时记忆能力的发展是促进其认知发展的关键。儿童和成人在解决问题时总的处理空间是相当的，但是这些空间的具体分配不一样。儿童由于要将其中的大部分空间用作认知操作的过程，所剩下的短时贮存的空间就很有限了（这正是其短时记忆能力差的原因）。成人则不一样，由于其认知操作的熟练和自动化，使得他不需再对每一个具体操作进行运算，而是将其结合成抽象层次的关系、维度等，直接对这些抽象的关系、维度进行运算操作。因此成人只需较少的运算空间，而能腾出较多的短时贮存空间，以处理较复杂的问题。

凯斯认为，儿童认知发展的一个重要机制，就是在认知操作上的不断自动化。个人通过不断的练习，就可以使指向某种特定任务的短时记忆操作更有效、更快捷。这样就可以在总体上节省短时记忆的空间和能量以用在其他的认知任务中。他的这一观点为对儿童进行教育训练提供了依据。

在他看来，教育训练的意义还不仅是让儿童通过练习达到熟练，更为重要的是教儿童解决问题的策略，使其在自己较低的认知水平上，获得解决复杂问题的简单策略。这对于发展落后的儿童更有意义。比如，“3＋□＝7”这个问题，常常会难住不少幼儿，他们不会像成人那样判断出□里应该是另一个加数，并根据加减运算的可逆关系将其转化为减法：7－3＝？。按照皮亚杰的理论，直到 7 岁以后，达到具体运算阶段的儿童才能理解加减之间的可逆关系。常见的错误是，儿童虽然知道这是一道加法，但是却把 3＋□＝7 理解为 3＋7＝？而把得数 10 填在□中。罗比·凯斯的教育方案是，在儿童现有的认知水平上，教给他简单但是有效的策略。首先，让儿童牢固掌握“＋”、“＝”等符号的意义，知道“＝”后面的数应该是加法的和。然后，教其“接数”的策略，即计算从 3 开始，还要加几才是 7。

这仅仅是一个例子。认知心理学的教育主张大多集中于儿童认知策略的培养。其目的在于帮助儿童解决具体的问题，并通过解决具体问题促进其认知的发展。它对于学校教育，尤其是学习落后儿童的教育具有积极的意义。但是，认知心理学的观点仍然无法回避一个理论问题，即：我们有没有必要把解决问题的策略教给所有的儿童？策略教学是否妨碍了儿童自己去发现策略？对于不能自发运用有效策略的儿童，教育能有助于他们获得解决问题的捷径，但离开这些具体问题，教育是否还具有影响力？也就是说，认知心理学倡导的教育训练能否促进儿童的一般智力的发展？这正是皮亚杰理论所提出的问题，但是并没有得到解决。实际上，这涉及智力开发的价值观问题，我们将在最后集中讨论。

第三节
关于儿童智力开发

儿童的认知发展，是一个非常复杂的过程。学前儿童的认知教育也是一个复杂的问题。说其复杂，不仅在于我们对智力本质的不甚明了，影响儿童智力发展的因素之复杂等等。即使我们对于儿童智力发展的过程了如指掌，也不可能形成一个统一的认知教育观点。这是因为人的智力发展过程的多向性，即个体具有多方面发展的可能性。从不同的教育价值观出发，也就会形成不同的认知教育观点。比如，皮亚杰理论和当代认知心理学的观点，实际上就代表了不同的价值观。因此，我们以这一问题的讨论作为本章的结束。

那么，教育价值观的差异在儿童智力开发的问题上有哪些表现呢？

一、智力发展的好坏问题

这个问题在过去并不是问题。在单一智力的观点下，智力的发展只有一个方向，衡量智力发展的好坏也只有一个标准，即聪明不聪明。但是，自从加登纳提出“多元智力理论”以来，人们普遍赞成这种全域性的智慧观点。针对过去西方强调理性的智力观，当代的学者则更加注重人在情感领域中所表现出的智慧能力，即所谓“情感智力”。在智力开发的问题上，也相应地从过去单纯考虑逻辑思维能力的培养转向一种全域性的智力开发。事实上，每个人都具有智力的潜能，而且每个人的潜能都表现在不同的方面。智力开发应建立在对个别差异的了解和尊重基础上，才能做到扬长避短，全面发展。我们平时所听说的个别头脑发达、然而情感压抑或者人格扭曲的人，并不能说已挖掘了全部的潜能，相反，他们是扭曲了的文化价值取向的牺牲品。

用这样的价值尺度来衡量，聪明不聪明就不是一个简单的问题了。而智力开发也涉及一个让儿童的智力向哪个方向发展的问题。

应该说，人的发展是一个整体，任何割裂的观点都是不科学的。当代很多学者大谈非智力因素在认知教育中的作用，也是出于同样的根据。而哈佛大学心理学家费希尔则是用计算机模拟的方法，对人的发展的整体性给予了形象的说明。他提出，儿童的发展是若干个领域的整合，这些领域之间相互作用、相互影响，同时保持着平衡的状态。如果对其中某个领域施加刺激（比如强化的训练），尽管在短期内能够引起儿童在该领域的进步，但是破坏了整体的平衡，使整体的发展脱离平衡状态，产生某种弥散性效应。原先受到刺激的领域，最终也不能达到更高的水平。也许费希尔认为这和皮亚杰的观点不谋而合，他把这种现象称之为“皮亚杰效应”。

从智力开发的角度来看，学前儿童的认知教育应该是一种立足于整体发展的教育，而不是某种特殊技能的训练。现实社会中有不少家长强迫儿童去学习各种各样的技能，实际上并不能起到开发智力的作用。如果不能激发儿童的学习兴趣，反而使其在情感上产生对立的倾向，会对他们将来的学习造成长远的不利影响。学前时期还不是学习某项专门技能的时候，对他们来说，最重要的仍然是完整的、全部的生活。让儿童在生活中接触大自然、大社会，正是一种广泛意义的认知教育。

二、智力发展的快慢问题

国外曾有学者区分了两种不同的教育：助长式的教育和丰富式的教育。前者认为，教育者的责任就是帮助儿童更快地成长，用我们的话说就是“促进儿童的发展”。而后者的观点是，教育的目的不在于促使儿童发展得更快，而应是让其在发展的每一个阶段都获得丰富的生活经验，使得他能更充分地享受人生的每一刻。

显然，这是两种不同的价值观。但问题是，儿童的智力发展果真是能够加快的吗？而且，即使我们真的能够加快儿童的智力发展，快是否就意味着好呢？

按照皮亚杰的观点，儿童的智力发展是无法人为地加速的。我们可以教给儿童很多知识，却不能教给他认知结构。儿童的智力发展遵循其固有的规律。当代认知心理学虽然能够提供一些有效的方法，帮助儿童解决具体的问题，但并没有能从根本上回答皮亚杰提出的问题，即如何促进儿童的“整体”发展。这里我们应该把知识信息的累积和认知结构的成长区分开来。有些家长以为，儿童能够识字诵诗，就是聪明的表现。其实不然。儿童对事物的理解，总要受到其认知结构的局限，而无法超越其限制。苏联科学家曾调查当代的儿童，看他们是否比皮亚杰在 20 世纪 30 年代调查的儿童更聪明些。结果发现，30 年代的儿童认为天上的星星是人放上去的，而 70 年代的儿童则认为是宇航员乘航天飞机放到天上去的。今天的儿童知道宇航员、航天飞机，这是进步，但是他们的思维方式还是一样：不能摆脱自我中心的立场。

这就好比一个婴儿，我们可以用小推车把他送得很远，但他的身体却没有得到锻炼。当然，也有人会提出，我们可以扶着他，教他学走路。但是，这还要看他的身体能否支持这样的训练，比如，他首先要能独自站立、会向前迈步。而且，我们还要考虑，训练儿童学走路是否必要，提前会走路对他将来的成长有什么好处，以及这样的训练会不会导致一些不利的影响，比如是否会损害他骨骼的发育等等。总之，这是一个复杂的问题。

智力的开发更是如此。我们在教给儿童各种知识的同时，必须兼顾这些影响的短期效应和长期效应。我们不希望看到，为了让儿童在早期表现出过人的智慧，而用成人的思维方式取代其原有的天真。也许和别人相比，他只是更早地结束他们的童年，提前成为一个大人。而当他真的长大时，他只是一个平庸的人。中国古代有一个《伤仲永》的故事，说的正是这个道理。而更多的科学家在他们童年的时候也并不是聪明绝顶，相反有的还被认为是愚笨的儿童，像爱迪生、爱因斯坦等等。他们的与众不同则是表现为一种幼稚的幻想和惊奇：梦想着能插翅飞翔，惊奇于罗盘针的指向。

我们常常把童年看成是智力不成熟的时期，而正是那些“不成熟”的思想中，蕴含着巨大价值。它能让儿童亲身体验到认知的冲突，它能转化为儿童内在的认知冲动，总之，它是儿童成长过程中不可缺少的基础。人类正是依赖漫长的准备期才进化到智力的顶峰，个体智力的成熟不也是这样吗？

有一位农民曾对我大谈他的种麦之道。他说：“麦子快成熟的时候，最好天不要太热，太阳也不要太强，这样麦子就可以慢慢地‘养’。要不然，麦子虽然成熟得快，颗粒却不饱满。”这些话使我很自然地联想到儿童的成长。可是，教育者是不是能像那位农民一样，拥有一份等待的悠闲呢？

第九章 学前儿童社会性教育

第一节 社会性和社会性教育的意义

《心理学大词典》(朱智贤主编)对“社会性”含义的解释是:“广义指由人的社会存在所获得的一切特性。其中最根本的决定因素是人在生产关系中的地位,并同其他社会关系有密切的关联。就个人的社会性而言,一般可分为两类:(1)由出生时所处的既定历史条件和社会关系(家庭出身、籍贯、居住地区等等)所获得的先赋社会性;(2)通过自身活动继承、学习、创造而获得的特性,称为后成社会性。”有的学者认为:“狭义的社会性指由于个体参与社会生活、与人交往、在他固有的生物特性基础上形成的那些独特的心理特性,它们使个体能够适应周围的社会环境,正常地与别人交往,接受别人的影响,也反过来影响别人,在努力实现自我完善的过程中积极地影响和改造周围环境。"①

幼儿从出生的第一天起，就生活在一定的社会环境与社会关系之中，每时每刻都要与社会接触，与周围的人们交往，关注社会事物与现象，接受社会群体行为规范的约束，按照社会需要的方向发展，以期将来成为合格的社会成员。特定的社会环境和社会关系不仅构成了儿童成长发展的社会条件、儿童心理发展的内容，也是个体发展的强烈的本能需要。人的个性形成和全面发展离不开社会性教育。

从宏观上看，当前我国社会正面对深入改革开放的新形势，国际市场的急剧变化、科学技术的迅猛发展和高新企业的蓬勃兴起，使我国出现了有史以来最为兴旺发达、复杂多变的境遇和挑战，未来生活要求我们比以往时代具有更强的人际交往能力、自我情感调节控制的智慧和应付处理头绪纷繁的社会问题、环境问题的策略。发达国家的经验告诉我们：它们在后工业化进程加速以后，经济起飞，物质生活条件改善。但是，现代化也带来了生态危机、社会危机和充满贪欲性和侵略性的道德危机。20 世纪 80 年代中期，日、美、欧学前教育、保育会议发出呼吁，幼教要纠正偏重智能发展的倾向，转向儿童的个性全面发展，特别提出要重视社会性和情感的发展。90 年代以来，世界各国均认识到，全面和谐发展才是学前教育的根本目的，认识到忽视个体的社会交往，忽视社会性情感和亲社会行为的培养，忽视意志和能力的教育，其后果是特别严重的。1989 年 12 月联合国教科文组织在北京召开"面向 21 世纪教育国际讨论会"时，众多的科学家、教育家、经济学家众口一词地提出，把"学会关心"作为从根本上改善教育质量的对策性建议，要求从早期开始就要加强"关心他人"的教育，使每个人"不仅关心自己和家庭，而且要关心周围的人，关心国家和社会，关心世界的物种，关心我们居住的地球"。"学会关心"的召唤震惊了各国政府和教育决策者。现在，重

① 陈会昌：《儿童社会性发展的特点、影响因素及其测量：中国 3～9 岁儿童的社会性发展》课题总报告，载《儿童发展与教育》1994 年第 1 期，第 1～17 页。

视和加强社会性教育已经成为各个国家进行学前教育改革的共识。几乎所有国家都把社会性(或品德)教育列入本国幼儿教育的目标、教学大纲或教养任务文件中,例如日本的《幼儿园教育纲要》在幼儿园教育的基本目标中着重提出:“培养对人的爱心和信赖感,培养初步的自立和协作的态度以及道德性。”把“人际关系”这一新课题纳入五大教学领域(健康、人际关系、环境、语言、表现)之列。1996 年 7 月日本中央教育审议会在关于进入 21 世纪后教育改革的咨询报告中,再次强调培养具有“能够自律,与他人合作,关心和同情他人,具有丰富的人性”,“无论社会如何变化都能自己发现问题,自己学习,自己思考,自主地作出判断和行动,更好地解决问题的素质和能力”的人。俄罗斯国家教育委员会肯定的“彩虹”大纲(已在俄联邦 30 个以上地区的学前机构实施)提出的五项教育目标中有四项与社会性教育有关:(1)培养有自主精神的、独立的、积极的儿童,拥有自己的观点、尊严和个人权利,在活动和交往中表现出积极性。(2)对别人的状况有积极的情绪反应,能感受周围世界和艺术作品的美。(3)为儿童与成人和同龄人之间的交往提供宽松的空间。(4)为儿童过渡到下一个“发展的社会环境”——学校的学习和生活作好准备。① 由此可见,社会性教育确是全世界学前教育界共同关注的重要问题。

从微观上看,随着我国计划生育政策的贯彻执行,独生子女家庭日益增多。2002 年的统计,独生子女领证者达 5 643 万人,但在交通不便或优惠政策不够落实的农村地区有的家长不去领证。在经济较发达的大中城市,90%左右的家庭为独生子女家庭。由于父母、祖父母和外祖父母都将大量的时间、精力、金钱和爱心集中地投放到唯一的孩子身上,出现了“小皇帝”、“小太阳”现象。过分宠爱、过多照顾、过度教育、过高期望、攀比消费、“子代优先”已成为当前家庭教养不当的倾向性问

① 上海市教委学前教育课程改革办公室:《学前教育纲要指导用书》,上海教育出版社 2000 年 4 月版,第105～118 页。

题。独生子女成长在没有兄弟姐妹的家庭环境中，独来独往，平时缺乏友爱、谦让、协商、分享、合作的社会经验，不善于和他人交往，容易滋生以自我为中心，不知道体贴关心他人；一旦处在陌生的社会环境中，有的胆小、退缩、惊慌失措、完全依赖成人；有的缺乏社交能力，容易恃强侵犯、骄横、引起纠纷，社会适应能力普遍较弱。这就严重影响了新生一代性格、意志的健康成长。社会性教育对独生子女来说更为重要、更加迫切，是当前学前教育改革中不容忽视的问题。

第二节
社会认知的教育

认知是个体社会性发展的重要前提。婴幼儿在适应外部世界的过程中，一方面向内，把外界信息进行同化或顺应以建立自身的认知结构；另一方面向外，直接运用或改组已有的认识使之作用于客体，积累和发展物理经验和社会经验。皮亚杰指出："知识在本原上既不是从客体发生的，也不是从主体发生的，而是从主体和客体之间的相互作用中——最初便是纠缠得不可分的——发生的。"[①]社会认知，主要是指人对社会性客体及其之间的关系，如人(他人和自我)、人际关系、社会群体、社会角色、社会规范和社会生活事件的认知，以及对这种认知与人的社会行为之间的关系的理解和推断。作为一个独立研究的领域，它起源于20世纪70年代中期，研究所有影响个体对社会信息的获得、表征和提取的因素，以及知觉者的判断与认知过程间的关系。它强调个体的社会知识，制约其对社会现实的认识的范畴和原则；通过社会互动，人们交换、接受和加工信息，产生人际沟通和调节社会行为。社会认知是理解复杂社会行为的钥匙。

学前儿童的社会认知，包括对他人和群体的认知，对社会环境、社

① [瑞士]皮亚杰著，王宪钿等译：《发生认识论原理》，商务印书馆1981年版，第105页。

会现象的认知和对社会规范、规则的认知等三个方面。

一、对他人、群体的认知和教育

学前儿童对他人和群体的认知往往是从辨别他人的外形特征和外部行为表现开始的，发现他人的装束、发式、性别、高矮或能力和自己的不同，知道他人的称呼和仿效其行为，最后才把他人看作是各种各样的、有独立性格的人，把其他群体和自己所属的群体区分开来，如幼儿会说："大班是比我们年龄大的班"，"大班是楼上的班"，"少先队是戴红领巾的小哥哥、小姐姐"，"他们是小学生，有鼓乐队，可神气啦"。

但是，社会性客体与非社会性客体，在三个方面存在着根本性的区别。

（一）稳定性与变动性

社会性客体比物质客体如岩石、书、茶杯等，在时间和空间上有更大的变化，常常导致学前儿童理解概念的不准确。如幼儿会把电视或图书上所有穿军装的人都称为解放军，分不清谁是新四军、八路军或地方军等等。

（二）明显的外在特点与神秘的内在活动

社会性客体有很多内在的深层的心理活动，对于缺乏社会生活经验的学前儿童很难体会。物质客体是按物理规律运动的，而人则是按心理原因和社会需要活动的，对于他人的情感、动机与社会需要，幼儿的认识很肤浅、粗略，有时甚至是视而不见的。

（三）自我中心的态度

皮亚杰用"三山"实验证实学前儿童正处于自我中心主义阶段，对于社会性客体的反应常产生偏差，如受自己经验的误导，会"以己度人"，以为别人都是和自己一样想法；或以个人好恶或以外表定本质；特别是在把自己与对方在兴趣、能力、态度或集体中的地位等方面作对比时，缺乏客观、公正态度。

美国发展心理学家 R. 塞尔曼认为角色采择（或观点采择）在儿童

的社会认知发展中处于核心地位。因为儿童对不同角色、不同观点进行协调的能力的发展标志着其认识社会关系方式的再建构。通过角色采择，可以预测儿童对同伴、对成人以及对自我进行推理的概念水平，可以把儿童社会认知发展的不同方面联系在一起。角色采择常被人们比喻为“从他人的眼中看世界”或“站在他人的角度看问题”。香茨，(1983)认为：角色(观点)采择表现为一个过程，它是一个人依据我们关于人类行为的一般知识，结合从直接情境中获取的具体信息，对在一定情境中突出的角色特性的意义作出猜测的过程。[①] 它要求个人摆脱自我中心，区分自己与他人的观点，在对他人作出推断或计划个人行动时，把他人的观点或视角考虑在内。塞尔曼认为，儿童认识自己和他人的能力是以对其观点的假设或采择为前提的。要认识一个人就必须理解他的观点并了解他的思想、情感、动机和意图等影响其外部行为的内部因素。如果儿童没有获得这种能力，那么，他就只能依据他人的相貌、行动等外部特点对他人作出描述。从 20 世纪 70 年代起，塞尔曼及其同事利用两难故事法，对儿童在不同社会交往情境中的角色采择能力的发展进行了一系列的横断研究和追踪研究，并对发展阶段作了划分。

学前儿童角色承担或社会观点采择的发展阶段包括：

3～6 岁：自我中心或未分化的阶段。

表现方式：儿童只知道自己的观点，意识不到别人的观点。他们认为，不管自己怎样想，别人都会这样想。说明幼儿停留在自我中心状态，尚无观点采择能力。

6～8 岁：主观的社会信息的观点采择阶段。

表现方式：儿童认识到人们接收的信息不同，会有与自己不同的观点，但仍时常被当前情境的知觉所支配，仅能设身处地去判断他人的行

① 张文新：《儿童社会性发展》，北京师范大学出版社，1999 年版，第 237 页。

为，不能以他人观点来评判自己的行为，因而很难接受和考虑别人的观点。①

塞尔曼认为，4～6岁儿童懂得他人与自己有不同的想法与感情，但是在面对不一致时，几乎不能理解他人的动机，他们主要是通过外显的线索来反映现实，不会推论他人内心的想法。近年来，有些研究者指出，儿童达到观点采择的年龄要比上述资料的时间早。我国发展心理学者方富熹与其澳大利亚合作者1990对中澳儿童社会观点采择的发展研究认为，四五岁儿童已具备初步的观点采择能力。张文新、郑金香(1999)采用标准化观点采择测验考察了6至12、13岁儿童，结果发现，儿童观点采择能力的发展要经历一个较长的过程。6岁左右能够区分自己和他人的观点，但在利用有关情景线索准确推断他人观点或视角方面存在较大困难。6～10岁是儿童观点采择的快速发展阶段。

在促进儿童认知他人和其他群体的教育中，要努力开展多样化的活动。

1. 提供幼儿与不同职业、不同年龄的人交往的机会，扩大其视野。

2. 让儿童比较和描述他人的外形特征。

3. 启发儿童从自身体验引申到他人同样的体验。

4. 通过询问、调查同伴中不同的意见、爱好、兴趣，理解别人与自己有不同的观点、情感、态度，学会从不同角度思考。

5. 组织儿童交流和讨论有分歧的观点，探讨如何协调不一致的观点，达到相互考虑和接受对方的合理建议。

6. 参与不同群体的有意义的活动，加深对这些群体的认识。

二、对社会环境、社会现象的认知和教育

幼儿每日每时都接触到丰富、复杂的社会环境中的各种事物，教师应当选择那些符合幼儿认识特点和发展水平的最必需、最生动、最易于

---

① Schaffer: *Social Development & Personality*, 1993, P. 137.

为幼儿所理解接受的教育内容，有计划、有目的地开展活动，让幼儿去体验、去感受、去了解，并有针对性地提高幼儿观察、搜集、调查、讨论、操作、探究的积极性。例如，家庭、幼儿园，本是幼儿最熟悉也是接触最多的社会环境，然而若向3～6岁幼儿提出“我们是怎样长大的，爸妈和老师是怎样照顾我们的，爸妈在家中干些什么家务？他们为社会付出哪些劳动？每个人的职业对社会、对别人有什么贡献？”等问题，仍能激发起幼儿很大的兴趣，在充分了解事实的基础上，再让幼儿去思考“我们应当怎样做，才能为爸爸妈妈（或老师）分担一些辛苦，送去一份温暖。三八节、教师节、劳动节怎样向他们表达爱心，做使他们高兴的事，说使他们感到安慰的话。”

在幼儿居住的社区内，存在着电影院、医院、商店、邮局、理发店、饭店、银行、消防站、交警大队、体育馆、文化宫、公园、福利院、图书馆等各种社会设施，幼儿经常注意观看或与家人一起去郊游、理发、购物、问路、吃点心、看电影、寄信、借书、访友等，他们希望了解不同职业的劳动者的工作，特别是解放军或武警的英雄故事，渴望和他们直接接触和谈话。家长、教师应当有意识地扩大幼儿的交往范围，让他们愉快地了解各种社会设施的作用，从小养成幼儿对不同劳动者的尊敬、感激之情和向往自己长大后成为一个对社会有用的人的思想、感情、态度。

幼儿生活在美丽的家乡和伟大祖国的怀抱之中，只要坚持贯彻“由近及远”、“因地制宜”的原则，通过幼儿容易看到的、真实感人的社会现象和容易参与的有趣的活动，就能归纳形成亲切的社区、可爱的家乡和伟大祖国的美好形象，在幼儿心中留下深刻的印记。认识社会环境，要尽量多地联系幼儿的已知经验，如幼儿园所在那条大街在扩建改建后的变化，国庆节广场上的辉煌景象，春、秋季节的踏青、登山活动，和老师一起到博物馆、公园、福利院、消防站访问等。要尽量多地让幼儿参与实际操作活动，如合作绘画、元宵做灯、搭建交通工具模型、办家乡产品展览会、表演节目、植树种花或参加收获活动等等。要利用多样化的手段，加深和巩固社会认识，让幼儿不仅享受欢乐，而且动口、动手、动脑，有能力、有机会表达出对周围环境的印象。

在进行社会环境和社会现象的教育时，要注意以下几点。

1. 不同地区、不同幼儿园应有不同的选材。如南京有中山陵和长江大桥，上海有南浦大桥和东方明珠塔，湖南有湘江和爱晚亭，甘肃有造林治沙工程和敦煌石窟壁画，这些都是对当地幼儿进行爱家乡、爱祖国教育的活生生的好教材。

2. 教育重点不在于知识量的多少而在于认知过程中给予幼儿的社会情感体验的深度，要着力培养幼儿正确的社会态度。幼儿的知识基础有限，逻辑推理、抽象思维尚处在萌芽状态，不可能科学、系统地把握有关祖国的史地知识，或从理性层面把握和分析社会环境和社会现象。知识要求过高过全，活动时间过长，而内容单调枯燥，趣味性、新颖性、操作性不足，都对幼儿的社会学习不利。在幼儿期所获得的最基本的社会认识，伴随着对祖国成就的自豪之情、对家乡的依恋之情、对普通劳动者的尊敬之情、对本国文化的喜爱之情、对兄弟民族的手足之情、对小同伴的友爱之情会成为今后形成稳定的社会态度体系的良好基础，而且常常是刻骨铭心、终生难忘的。

3. 选择社会现象应以正向为主。现实的社会生活中有诚实、勇敢、勤劳、守信、关心他人，英勇对敌、舍己为人等无数好榜样，也有酗酒、赌博、打架、说粗话、欺诈、损人利己等消极丑恶现象，家长、教师既要帮助幼儿分辨是非好坏，支持正确行为，反对错误行为，又要对幼儿无知好奇，模仿、尝试消极现象的游戏行为，坦然面对，加以引导和解释、教育，不必惊慌失措、辱骂呵斥。否则，反会增加负面强化的印象。

4. 要充分运用故事、儿歌、诗歌、情景表演、游戏或艺术手段等，多渠道、多形式地向幼儿介绍社会现象，或让幼儿表达感受。一般来说，幼儿对于生疏难懂的内容或枯燥单调的说教，常常持视而不见、无动于衷的态度，但对鲜明的形象、生动的语言、能理解的情节和可爱的人物（或动物）形象就能产生兴趣和联想，引起关注和共鸣。

5. 紧密结合社会重大事件和全民性的节日活动，增强社会环境教育的力度。四五岁幼儿会关心国家大事，如地震或抗洪救灾报道，科技界重大成就，亚运会、奥运会上我国运动员获奖仪式等；应当让他们参加和主持国庆、六一的联欢会、庆祝会、演唱会、毕业生告别会，以及元宵节、中秋节的亲子联欢（提灯、赏月）活动等；参与希望工程捐献和环境保护、禁止污染宣传以及绿化植树保苗行动等等，这些都有利于提高幼儿的社会认识和热情。

著名心理学家皮亚杰曾说过，没有一个行为模式（即使是合理的）不含有情感因素作为动机；但是反过来，如果没有构成行为模式的认识结构的知觉与理解的参与，那也就没有情感可言。因此，对幼儿进行社会环境和社会现象教育，需要把认识、情感与行为有机组合，形成一个整体，才能取得良好的效果。

三、对社会规范与规则的认知和教育

儿童在不同的社会环境中会遇到各种各样的社会规范和社会期望。社会规范的内容很多，它包括：文明礼貌规则、日常生活规则、基本道德准则，公共秩序规则、群体规则、人际交往规则等等，主要有以下几种类型。

（一）基本道德准则

道德准则是可以作出对与错、善与恶的判断的规则，它与保障个人权利，资源的公平分配，尊重他人的福利和相互守信等密切关联，因而是不可改变的、带普遍性的，不同文化、国家和社会都可以适用的。如不准偷盗、奸淫、杀人，不能侵犯他人身体、财产或名誉等等。

（二）习俗规则

社会系统内部约定俗成的统一的行为规则，对社会互动起结构性作用。在不同的文化背景下，人们有不同的礼仪、服饰、生活方式、性别角色、行为类型等，它对一定群体内成员的相互关系、行为方式提供了共同的规定和期望，由此调整着人们的社会关系和行为方式。另外，在一些公共社会机构中对进入机构的人们的行为也有一定的

规则约束，以保障机构内活动的秩序和参与者应享的权利，减少冲突和资产流失。这是各个社会机构在得到成员共识的前提下制订的纪律或规则。这些规则是带情境性的、相对的、可改变的，受组织结构和权威控制的影响，常见的有企业规章、学校纪律、村民公约、公园守则、馆所制度等。

（三）谨慎规则

在年幼儿童活动范围内，成人为防止意外，保证安全、舒适和身心健康起见，会共同制订或提出一些要求儿童遵守的规则，如有些电影、书籍、场所不向少年儿童开放，“不许儿童玩火、下河、爬树，不能玩弄农药”，“不要把东西塞入耳鼻”等等。谨慎规则适用于对儿童身心发展可能产生消极后果的行为。这些规则是权威人物针对少年儿童的年龄特征，因时因地确定的，既有普遍性，又有特殊性。

（四）带情境性、临时性的规则

在有人群的地方，都有协调、约束人群互动行为的需要，从而产生一些规则，如不同家庭的家规，户外游戏中孩子们自己规定的游戏规则，宿舍大楼的居民公约，户外运动场地的器械使用规则等等，它涉及的人数和使用范围较小，个别差异较大，随机性也更强。

丝米塔纳和布雷格斯(1990)，对 2～3 岁儿童区分违背道德规则或习俗规则的行为的能力进行了研究，发现 2 岁儿童不能区分违背道德规则与习俗规则的行为；3 岁左右的儿童则认为违背道德规则的行为（如咬人、打人）比违背习俗规则（如男孩穿女孩衣服）更为错误；3 岁半的儿童认为违反道德规则的行为程度严重，从普遍性上讲更不对。而且，儿童对假设事件和真实事件的判断几乎没有区别。提萨克及其同事(1988)的研究发现，儿童在考虑道德规则时，主要注意对他人造成的不良后果；考虑习俗行为时是以规则定向的；考虑谨慎规则时，常认为重要性要差一些。[①]

① 张文新：《儿童社会性发展》，北京师范大学出版社 1999 年版，第 273 页。

进行社会规范教育，其目的绝不是让儿童机械地记忆一些条文，或单纯地顺从权威人物的行为要求，而是要使规则内化，其实质是把成人的行为要求纳入主体的认知结构体系，成为主体占优势的价值观念或行为习惯。内化的过程一般为：

1. 儿童被动地顺从成人的规则要求。儿童一方面从尊敬教育者的威信、权力和避免惩罚出发；另一方面，也从依恋和获得赞许、接纳的需要出发会接受、服从规则，但自觉性较低，行动上虽暂时能做到，但内心的自我中心状态尚未改变。

2. 在执行过程中逐渐理解规则的意义和可能产生的后果，不断自觉调节个体愿望与遵守规则之间的矛盾，对违背规则的不良后果留下较深印象或在行为练习中受到良性强化，产生愉快的体验。

3. 通过模仿、认同和观察学习，体验到执行规则和违反规则的不同结果，出现认识和情感上的渐趋一致。进一步能运用规则评价自己和他人的行为；尽管无人监督，在不能执行规则时，会感到不安和羞愧，以致能自觉抵制干扰和诱惑，坚持执行规则。①

发展水平和社会经验不同的儿童，其规则内化的过程会有很大差异。在进行社会规范和规则教育时，我们应特别注意到内化的过程。

1. 认真研究制订符合幼儿身心发展特点和本园实际的行为规则体系。在充分分析各班现实情况的基础上，反复论证每条规则要求的合理性、必要性，必须引导幼儿从需要出发共同讨论和论证规则，理解规则的含义，懂得建立规则的必要性，激发幼儿主动、自觉地实施规则的积极性。

2. 规则的数量不宜过多。表述要清楚、明确，便于记忆，易于执行。随儿童年龄或环境变化而不断更新要求，逐步增加难度，循序渐进，经过反复实践使之成为不需提醒或外力监督的行为习惯。

3. 在执行规则过程中要及时讲评，指明效果与范例，经常表扬、鼓励

---

① 卢乐珍主编：《幼儿道德启蒙的理论与实践》，福建教育出版社1999年版，第53～54页。

符合规则的言行，肯定儿童的进步和规则对集体生活的益处。由于幼儿情感冲动而不稳定，自制力和坚持性较差，容易发生认识和行为脱节的现象。对于违反规则的行为，先要让儿童申诉原因和想法，给予信任并点明正确的做法，不要任意申斥、辱骂、恐吓，伤害儿童的自尊、自信。

4. 儿童来自不同的家庭文化背景，对规则认知的心理准备有较大差距。有些家庭可能更强调个人的自由，教师必须和家长取得教育态度上的一致性；同时，要反省规则要求的难度和进度是否适当，采取更灵活、有效的步骤、方法，加强个别指导，从实际出发落实规则要求，避免家园脱节增加幼儿的心理负担。

第三节
学前儿童社会性情感的发展与教育

一、社会性情感的发展

情感发展是学前儿童社会性发展的核心内容，也是对社会性行为导向、维持、调节、监控的动力。俄罗斯哲学家索罗维耶夫在文化人类学研究的基础上，提出三种情感是社会性发展最主要的原始因素。它们分别是羞耻感、怜悯感和虔敬感。羞耻感是人与低级自然界的绝对差别之所在，决定着人与物质本性的伦理关系，表明人羞于物质本性对自己的统治，羞于自己对物质本性的屈从而体现出的人的尊严。怜悯感是人伦关系的根基，它是主体相应地感觉到他人的痛苦或需要，由于同情心而表现出与他人不同程度的联合。虔敬感同前两种情感一样原始，它是对一种特殊的、被视为崇高的、既不感到羞愧、也不能加以怜悯的、应当加以崇敬的形象的道德关系。它是由爱，由服从，由强烈的依赖、恐惧、敬重感，由感激过去的幸福和期望未来的幸福的情感，也可能还有其他要素所组成。索罗维耶夫说，羞愧、怜悯和虔敬这些基本情感，把人对低于他、等于他、高于他的生物应有的道德关系包括无遗了。超越物质的情感，对有生命之物的同情和自愿服从超越人类本原——这就是人类道德生活的永恒牢固根基。一切所谓美德，都可以被视为这三个根基的变式，或者是它们与人的智力相互作用的结果。①

社会性微笑是婴儿社会性情感发展的开端，而母婴依恋则是婴幼儿社会性情感发展的重要里程碑。许多研究者从不同的角度出发，提出了依恋发展的阶段理论，其中影响最大的是鲍尔贝（1969）提出的。鲍尔贝把依恋发展过程分为四个阶段，并描述了儿童依恋发展的一般规律、典型特征及其内在机制。

（一）无分化期（或称不分对象的导向和信号阶段）

0～2、3 个月，婴儿的社会反应还没有分化，但他的哭泣、微笑、咿呀声、抓握等信号行为和对所有成人的追视、微笑、依附、要求拥抱等趋近行为，吸引了父母及抚养者的爱抚和照料，从而获得安全感、信任感与各种需要的满足，构成了父母与婴儿亲密的关系。

（二）低分化期（或称导向一个对象的、分化的导向和信号阶段）

3～6、7 个月，儿童出现了对熟悉面孔的再认与识别行为，社会反应逐渐指向母亲，对母亲能主动微笑、喃喃自语、视线追随、抓握求抱，知道以自己某些行为引起母亲的反应，然而对熟人和陌生人同样持友好反应。

（三）依恋关系明确期（或称运用运动或信号同已识别对象保持亲近阶段）

6～18 个月，儿童对特定个体的依恋真正确立，积极主动地寻求与所依恋对象的亲近与接触，注意保持亲密关系，更加仔细地调整自己的行为以适应亲人的要求。由于婴儿已获得“客体永恒性”概念，依恋行为具有“目标-矫正”的性质，能根据父母行为改变自己行为的方向、速度或动机。当母亲离开时会反抗分离、哭泣、沮丧，把母亲当作探索环

① 朱小蔓：《幼儿道德情感的发生、发展与教育》，载卢乐珍主编：《幼儿道德启蒙的理论与实践》，福建教育出版社 1999 年版，第 30 页。

境的“安全基地”。当陌生人出现时，会引起恐惧和明显的消极反应，哭泣，焦虑，停止活动，寻求母亲保护；陌生人离去，又恢复平静。

（四）伙伴关系发展期（或称矫正目标的合作阶段）

2岁以后，随着语言、动作能力的迅速发展，幼儿交往范围扩大。鲍尔贝认为，这时幼儿与母亲形成了更为复杂的关系，即“伙伴关系”。儿童能从母亲的角度看问题，推测母亲行为，运用种种行动影响母亲，力求亲子之间达到亲近。社会反应具有合作性质。同时，也能忍受与母亲的短暂分离，到托儿所、幼儿园去，在新环境中学会与陌生成人或同伴交往。2岁以后，幼儿寻求亲密情感的需要有所减弱，而以依恋对象为“基地”，探索周围世界，满足好奇心的需要却逐渐增强，从母亲身边走开的时间显著延长，对分离表现出更大的容忍力。哭不再是机体内部状态的自动反应，已被用作召唤和引起成人注意的工具，幼儿还能根据母亲的反应和彼此的空间距离调整哭叫的强度，能有意识地指向特定个体作复杂的目标调节行动，开始形成对自我、对重要他人和人际关系的认知模式。安思沃斯发现不同婴幼儿的依恋强度与依恋模式不同。依恋可分三种模式：A型，焦虑/回避型依恋。B型，安全型依恋。C型，焦虑/抗拒型依恋。三种模式中，安全型依恋占总数的70%，焦虑/回避型依恋占10%，焦虑/抗拒型依恋占20%。有些研究者认为，早期依恋的类型对儿童以后行为和个性发展会产生持久的影响；然而不仅要看到早期环境，也要看到以后环境对发展更重要的影响。[①] 早期依恋的考察可归结为以下三点：

1. 安全的依恋使儿童愉快而满足，有利于心理健康，有助于培养婴幼儿对己、对父母、对同伴、对世界的信任感以及积极的探索兴趣和自立能力，可促进今后的社会性发展。

2. 不安全的依恋（回避型与抗拒型），说明儿童早期可能生活环境

① Ainsworth, M. D. Blehar, M. C. Waters, E. & Wall, S.: *Patterns of Attachment*. *Hillidate*, NJ, Lawrence Erlbaum Assocates, 1978.

不稳定，社会性刺激不足，与成人之间缺乏丰富的应答性的情感交流或因为成人的忽视、冷漠、刻板、反馈不及时，而儿童的情感表示减弱，但年龄越小，可塑性越大，若能加以重视，及时改善亲子交往方式和社会环境，情感能及时得到合适培育与熏陶，也能较快学会良好的交往行为，成功地与人相处，从而得到正常的社会性发展。

3. 鲍尔贝认为不安全的依恋（或称不良依恋）如果得不到补偿与改善，这些儿童也许不能很好地与人相处，怕冒险，怕探索，缺乏自信，也不信任人，延续到儿童末期也难以与人形成亲密的人际关系。在幼儿园里，他们可能表现出与年龄不相称的、婴儿般的依恋行为，或对所有成人持冷淡态度，他们孤独、沉默、退缩，回避同伴，不愿甚至不能主动与同伴建立友好关系，对新环境适应缓慢。[①]

二、移情与同情感、羞耻感、罪错感

移情又被译成“情感移入”，是由他人的情绪、情感状态引起的、并与之相一致的情绪、情感体验，是主体与客体之间的一种情感共鸣反应。费希巴赫夫妇(1969)认为移情包括：(1)辨别和命名别人的情绪状态。(2)将自己放在别人的位置上并懂得从别人的观点看待事物。(3)分享别人的情绪反应。美国《心理学百科字典》中“移情”的定义是：“对另一个人在某一特殊情景中情绪体验的理解和分享。”[②]霍夫曼(1976)研究了幼儿的同情感、羞耻感与罪错感对其社会性情感的影响，认为同情感来自对他人情感的共鸣和移入；羞耻感来自别人的评价，是别人的语言引起的，伴随着对别人意见和情感的敏感性，它以评估的方式注意到自我，引起的自我形象感比罪错感多；罪错感主要是自我评价引起的，反省自己的行为是否伤害了别人，以明显的认知成分帮助人提高社会责任感，促进心理的成熟。他对幼儿罪错感发展的描述，也很有

---

① J. Bowlby: *Attachment & Loss*, Vol. 1. New York, Basic Books. 1969.

② R. Harre, & R. Lamb: *The Encyclopedic Psychology Dictionary*, The Mit Press, USA. 1983.

参考价值。他认为 1 岁末，幼儿觉察到他人与自己的区别，开始有早期形式的罪错感，但由于这一时期尚未形成真正的因果关系观念，会误解所有的事情都与自己有因果关系，甚至对不在自己控制范围内的事物也产生罪错感；2～3 岁时，幼儿觉察到别人的存在和情感后，会因未能做出减轻别人痛苦的行为而有罪错感；4～5 岁以上的儿童会因自己的行为及其后果而有罪错感。[①]

总之，依恋感、同情感、羞耻感和罪错感是最早的社会性情感。由于学前儿童存在泛灵主义观念，因此他们的移情行为不但指向成人和同伴，也会指向文学作品中的人物、植物或小动物，甚至指向无生命的玩具、图书、椅子等，他们会为落叶离开树妈妈而悲伤，会为断臂的娃娃、死亡的小鸟流泪。成人应当理解这种同情感，给予安慰，并共同修理娃娃、安葬小鸟和等待明年春天小树叶的萌发。

三、社会性情感的培养与教育

1. 创设亲切、尊重、理解、和谐的情感氛围和安全、卫生、整洁有序，备有丰富多样的操作材料的物质环境，是进行情感教育的基础。

2. 社会性情感教育的目标是：(1)使幼儿经常保持积极愉快的心情和活泼开朗的性格。(2)乐于与人交往，热情参加集体活动。(3)能用适当的语言、表情、动作表达自己的思想、感情和要求，学会调节、控制自己的情感，用合理的方法宣泄消极情感。(4)能识别和理解他人的思想、情感和需要，对他人的情感变化有敏感性，能与别人分享欢乐和同情、安慰、帮助别人去解决困难与痛苦；在学习、游戏活动中，能考虑和接受别人与自己不同的意见、建议。(5)会正确运用礼貌用语，掌握基本的社会交往技能，和周围的人或群体建立良好的关系。(6)形成对父母、家人，对老师、同伴，对家乡、祖国和周围事物的正确

---

① 霍夫曼：《移情、角色承担、内疚感和利他动机》，引自利科那主编：《道德发展与行为：理论研究与社会问题》英文版，1976 年，第 124～143 页。

态度，如民族自豪感，集体荣誉感，对父母、教师敬爱感，对同伴合群感、同情感，对周围环境、物质用品有惜物感，厌恶任意破坏自然、浪费物品的行为。

3. 社会性情感教育的主要途径与方法是：(1)根据教育目标，强化情感体验，有计划地选择、设计符合幼儿特点的、有明确主题的集体教育活动，如"幼儿园里朋友多"、"可爱的家乡"、"我有一双灵巧的手"、"我爱……"等。(2)针对本班幼儿的年龄特点和精神需要，集中组织一个时期的专门性情感训练活动，如移情能力训练(卢乐珍，1991)，同伴交往能力训练(庞丽娟，1991)，去自我中心化教育系列活动(李辉，1991)和角色扮演训练活动(陈虹，1990)等。[①] 主题性、专门化的情感教育系列活动，有利于引发幼儿产生符合期望的情感体验和幼儿在群体中的相互情感交流。(3)在教学、游戏、劳动、散步、娱乐等各项活动中，针对所发生的情境、实例，自然而然地进行分散的、渗透性的情感教育。情感伴随着人的所有的活动，因而社会性情感教育的目标可以渗透、融合于各种活动之中，如在体育活动中发展幼儿勇敢、进取、团结合作、坚定不移的精神；在科学实验活动中培养幼儿认真、细致、尊重事实、热爱自然的态度；在游戏和文娱表演中，培养幼儿谦让、分享、遵守公共秩序和关心同伴的品质，尤其是在语言文学教学中，选择蕴含着高尚道德的人物榜样和真实感人的行为实例的诗歌、故事、散文，其情感影响之强烈和深刻并不亚于专门性、主题性活动，在有丰富情感教育经验的教师的引导下，各方面的隐性、显性教育因素都会镌刻在幼儿脑海之中，形成多方位、多层次的情感素养。(4)日常生活中，随机的、因人而异的社会性情感教育。针对个别幼儿的个性特点，针对临时发生的玩具纠纷、同伴冲突或幼儿伤病事件，教师启发得当都能成为有感染力的社会性情感教育的切入点。例如，有幼儿在来园途中发生了车祸，跌伤手臂，有的教师漠然处之，绝大多数幼儿置身事外。有的教师引导集体热情

① 梁志燊：《学前教育学》，北京师范大学出版社1997年版，第412～416页。

关心和安慰他，经常打电话、组织同伴上门慰问或录音交流。半个月后，这个孩子挂着吊带央求父母天天来园，整个班级洋溢着团结互助的友情。某个幼儿个性孤僻、退缩，上课从不举手发言，从不和教师、同伴交谈，但是教师关怀他、接近他，亲自带他参加到同伴游戏中去。两三个月后，孩子变得活泼开朗了，父母带着激动的心情感受到幼儿的进步。在幼儿园中，教师的情感与幼儿的情感是息息相通、相互制约的。教师的情感引导着幼儿情感的走向，幼儿的情感又能影响教师的态度。在劳动园地，有的教师嫌脏怕累，袖手旁观，甚至惧怕昆虫，幼儿对动植物的兴趣也就消退了；反之，教师善于观察，热爱自然，爱提问、会操作，幼儿就经常能发现新问题，对认识生命有无穷的乐趣。如果幼儿时刻感受到父母、教师对他的喜爱和期望，那么他在学习和发展方面，每天都可能有最好的表现。

第四节
同伴关系和社会地位不利儿童的矫正研究

同伴关系是指儿童之间的共同活动或相互关系。学前儿童面对着两种社会领域：一是成人世界，二是儿童世界。两者相互影响，但决不能相互替代，它们各自发挥着不同的作用。儿童与成人交往时，心理上是不平等的，处于依恋、求助、服从和被关注、受保护的地位。儿童只有在与众多的同伴交往时，才是真正独立、平等、互惠的。他们兴趣相似、能力相仿、无拘无束、自愿结合，他们的关系是建立在完全自主、协商、合作的基础之上的。同伴交往是儿童演练未来社会生活实践的现实领地，是锻炼造就社会认知、社会态度、社会能力的最重要的课堂，因而皮亚杰曾说：同伴关系是道德成熟的脊梁。

一、同伴交往的发展

在儿童出生的头两年，儿童与成人的交往占主导地位。2 岁以后，同伴交往的时间和数量越来越多,交往中的社会化程度也越来越复杂。婴儿在与同伴交往过程中,获得对他人的认识,学习社交技能,调整社会行为,逐步丰富自己的社交策略,从而使社会交往能力得到迅速发展。6个月左右的婴儿能注视同伴并对其微笑或发声,这是单方面发起的、极短暂的接触,如看一看、笑一笑、抓抓同伴等,往往不能引发对方的反应,这是社交行为的第一步。简单的应答性质的同伴交往发生在10个月至1岁左右的儿童。儿童开始注意观察并模仿同伴,身体互相接触、微笑或对笑、说话,相互递给或拿走玩具以及轻拍对方,走近又跑开等;同时,互补、互惠性的同伴交往行为也开始出现。伊克曼及其同事(1975)分别观察10～12个月、16～18个月、22～24个月三组儿童,当他们和母亲、不熟悉同伴及陌生的同伴母亲一起时,看儿童喜欢和谁玩,怎样玩。结果发现:(1)三个年龄组都较多与同伴游戏,较少与母亲游戏,没有人愿意与陌生人游戏。(2)1岁半以后的儿童同伴交往迅速增长,与母亲交往逐渐呈下降趋势。

二、同伴间的游戏

幼儿为引起同伴反应,其行为要求渐具技巧性。他需要关注他人,迅速地作出判断和动作。据缪勒观察,2岁左右儿童已出现了相互模仿和互补的社交技能,持续地相互影响和转换动作可达24次之多。帕顿(1932)从2～4岁儿童游戏类型的对比中,发现2岁儿童一般从事单独游戏或平行游戏,4岁儿童主要从事平行游戏、联合游戏与合作游戏。哈韦斯(1980)通过观察又将社会游戏分为五个层次:层次1,不相关的平行游戏。各玩各的,没有目光接触和其他社会行为。层次2,有共同关系焦点的平行游戏。相互有时作目光注视或谈话。层次3,简单的社会性游戏。参与相似或相同的活动,发出交往信息,如微笑、提供玩物、相互触摸、安慰、帮助和交谈。层次4,有共同目的的互补、互惠性游戏。通过相互理解、分工合作使游戏顺利继续下去,如抛接球、角色游戏、棋类游戏等。层次5,实质性的互补、互惠性游戏,是层次3和层次4的合并，在层次4的基础上，还采纳对方意见，不断改进共同的活动。①

三、幼儿的友谊

在托儿所中，2岁以前的婴幼儿最初的同伴关系建立在交换玩具或物品上；2岁半左右才开始简单的口头语言的交流；3岁以后出现了复杂的角色游戏，如娃娃家中出现了妈妈、爸爸和客人。在实际交往中，儿童初步认识到他人的特性和自己在他人心目中的形象和地位，学会与人合作和处理矛盾，学会保持活动的有效性和同伴关系的稳定性，吸取大量的间接经验，增强规则意识和归属感，培养社会责任感和友谊感。

友谊是同伴关系的高级形式，是建立在共同兴趣、共同利益的基础上的持久的个体间的相互关系。儿童在集体中可能有好几个游戏伙伴，而其中只有一个被认为是“好朋友”。友谊概念的形成也是有阶段的。美国哈佛教育研究生院的R. 塞尔曼认为不同年龄的儿童友谊的概念不同。友谊概念的形成有四个阶段：3～5岁为“暂时性的游戏伙伴”关系，朋友就是某个时间一起玩耍的人；6～9岁儿童认为朋友是干一件事让你高兴的人；9～12岁的儿童意识到友谊是互惠的，朋友必须适应另一个人的需要，即“顺利的合作”，但仍局限于具体的事情上；12岁左右的儿童把友谊看作是“持久的共享”的关系，强调共同的兴趣和个性。② 幼儿在选择同伴时，多数无明确目的，容易受交往机会、共同兴趣、对己有利和教师评价的影响。选择同伴的理由大多是直接交往多，是邻居、同组；常一起游戏等占40%以上，在小班尤其显著；中班突出了共同兴趣和对己有利的行为，如“我们喜欢一起搭积木”、“我们玩大排档、娃娃家游戏”、“他帮我做事”、“他教我折纸”、“他听我话”、“他从来不打我”；大班还提到对方的长处，带有敬佩意味，如“他会讲许多故

① 庞丽娟、李辉：《婴儿心理学》，浙江教育出版社1993年版，第355页。
② Z. Rubin: *Children's Friendship*, Haward University Press, 1980, PP. 31～44.

事”、“他学习好、守纪律”、“他跑得特别快”、“他跳绳全班第一”，或转述老师的好评：“老师说他现在进步了”、“他表现好”、“老师经常表扬他”等等。

在同一班级集体中，每个幼儿的社交地位往往因其生理特征、能力和社会行为特点的不同而分化为不同类型。划分同伴群体中儿童的社交地位类型的主要方法是社会测量法（或称同伴提名法），这一方面是因为同伴之间存在着多样化的个人联系，能反映观察的不同视角；另一方面，儿童提供的信息真实、丰富、具体，可以补充和印证教师和家长的评价。庞丽娟采取同伴提名法对4～6岁幼儿中受欢迎儿、被拒绝儿、被忽视儿和一般幼儿四种社交地位不同类型幼儿各45名，分别进行了有关生理和行为特征的调查，发现受欢迎儿一般相貌可爱、卫生习惯好，体质与力气中等；被拒绝儿体质强、力气大、相貌中等，卫生习惯较差；被忽视儿体质弱、力气小或相貌与卫生习惯差。在行为特征方面，受欢迎儿喜欢与人交往，在日常生活、学习和游戏活动中能力较强，表现主动、积极，因而受到多数同伴的接纳、喜爱，在同伴中享有较高的地位，6项积极行为得分均居第一，6项消极行为得分均居最末，与其他三类幼儿存在非常显著的差异；被拒绝儿也喜欢交往，但情绪易冲动，常采取攻击性、破坏性的行为方式，6项消极行为得分均最高，如强行加入活动、抢夺玩具、推打同伴等，5项积极行为得分除帮助行为略高于被忽视儿外，其他均属最低，存在非常显著差异。因为攻击性行为较多而被多数幼儿排斥、拒绝，在同伴中关系紧张，地位较低；被忽视儿不喜欢交往，在日常生活、学习和游戏活动中表现得胆小、退缩，友好行为和消极行为均很少，他们在同伴心目中无足轻重，常常被忽略和冷落；一般幼儿表现出一定量的积极行为和消极行为，在同伴心目中的地位一般。[①]四种交往类型的幼儿在不同班集体中所占的比例并不是完全一样的。有的班插班生多，被忽视儿比例增加；有的班教师变动大，被拒绝儿比

① 庞丽娟：《幼儿同伴交往类型特征的研究》，载《心理发展与教育》1991年第3期。

例上升；同时，在良好的教育影响下，受欢迎儿比例会增多，而被拒绝儿、被忽视儿的比例会减少。

为了促进幼儿的同伴交往，应当注意以下几点：(1)提供更多的交往机会，如开展“大带小”活动，变换小组组合，在区角活动领域中扩大同伴接触机会；或从各个儿童的交往特点考虑，利用委托任务、节目表演、游戏、劳动等活动，鼓励幼儿尝试新的交往，使他们不断丰富交往经验。(2)在丰富多样的兴趣活动中，让每个幼儿充分表现其才能，让班上涌现更多的“故事大王”、“广播明星”、“金牌运动员”、“小能手”等，让幼儿在成功的喜悦中，体验和别人、和集体在一起的愉快心情，逐步增强其关心集体、关心他人和自我调控的能力。(3)有针对性地对“被拒绝儿”和“被忽视儿”进行家庭访问，了解其早期亲子交往经验，争取家长改变教育观念和教养方式，重视对幼儿社会交往的指导。(4)采取专门的训练措施提高其社会交往技能，如庞丽娟曾在四所幼儿园中进行了被拒绝儿社交地位的矫正研究，对 4～6 岁被拒绝儿 60 人，分实验组、控制组进行 8 周的对比教育实验，其教育实验方法包括：(1)教导法，选用幼儿日常交往中友好、不友好的具体事例通过讨论、分析、谈话，使幼儿真正理解应该如何做，不应该如何做，进一步明确合理的行为方式。(2)角色转换——培养移情能力，帮助幼儿站在他人的角度去体验自己行为的后果，理解对方的情感。(3)创设情境，在假设情境中，让幼儿分别处于不同角色、不同情境，练习使用积极的行为方式。(4)及时强化，研究人员随时注意被试幼儿的友好行为表现，给予表扬、鼓励。经过教育过程，在两个月后再次进行同伴提名时，发现实验组 30 名幼儿中变为受欢迎儿的 8 人占 27%，变为一般儿的 16 人占 53%，仍属被拒绝儿的 6 人占 20%，而控制组 30 名幼儿的社交地位并未发生任何变化，这说明幼儿被同伴拒绝的社交地位既有稳定性，也有可塑性。[①]

① 庞丽娟：《幼儿被拒绝儿社交地位的矫正研究》，载陈帼眉、刘焱主编：《学前教育新论》，北京师范大学出版社 1996 年版，第 258～269 页。

刘晶波对15名被忽视儿的社交地位成因进行了研究，发现被忽视儿的退缩行为是幼儿消极性社会适应的表现，其成因除本身发展水平的差异和较多“尝试失败”体验外，时常还有家庭影响因素不佳的原因，例如，在父母文化程度相当和同样是完整家庭、独生子女的15名被忽视儿与15名受欢迎儿的家庭情况对比中，发现被忽视儿产程不顺者多（被忽视儿占40%，受欢迎儿占13%），早期离开父母，被寄养别处的经历多（被忽视儿寄养他人或祖父母家占33%，受欢迎儿仅7%），家庭搬迁次数多（被忽视儿家庭搬迁2次以上者占46.6%，受欢迎儿家庭搬迁2次以上者占26.6%），长期寄养使孩子产生强烈的不安全感，有的孩子甚至问母亲：“我要是死了，你会想我吗？”有的孩子经常询问父母是否喜欢他。家庭频频搬迁，几乎不和邻居往来，导致孩子害怕陌生人，从不与邻居小同伴一起玩，减少了社会交往的机会；同时，被忽视儿经历意外事故也较多（被忽视儿经历意外事故占53%，受欢迎儿经历意外事故占27%）。在幼儿园里，他们沉默寡言，很少与教师、同伴主动交往。教师感到他们相貌一般，喜欢单独地玩建构游戏，语言和认知能力、自信心、坚持性、表现欲、对角色游戏的兴趣、解决问题的能力都属中等或中等偏下。调查数据反映被忽视儿与受欢迎儿相比，在11个项目上存在显著性差异（相貌、语言能力、认知能力、自信心、成就感、坚持性、表现欲、与同伴主动交往、与教师主动交往、对角色游戏的兴趣、解决问题的能力）。[①] 刘晶波还进行过“被忽视儿游戏治疗的矫正研究”，在15名被忽视儿中随机抽取6人作为被试，每个孩子每周参与游戏室活动2次，每次1小时，持续时间1个月，每个孩子分别接受治疗8次，经过前后测对比，发现游戏治疗对被忽视儿的自信心、主动性、成就感、表现欲、与教师和同伴的交往行为等方面都有明显提高（$P<0.05$），而对坚持性与解决问题的能力，由于时间较短没有发生根本性的变化。[②]

---

① 刘晶波：《被忽视儿社交地位成因研究》，载卢乐珍主编：《幼儿道德启蒙的理论与实践》，福建教育出版社1999年版，第216～229页。

② 刘晶波：《被忽视儿社交地位成因与游戏治疗的研究》，南京师范大学硕士学位论文，1994年。

他提出对被忽视儿应注意:(1)给予表现才能和选择决策的机会,注意培养其生活自理能力和自主精神,经常委托被忽视儿承担力所能及的任务,努力提高其自信心。(2)被忽视儿常自愧不如,害怕和人比较,非常在乎权威人物或小伙伴的评价。教师要热爱幼儿,鼓励幼儿,寻找幼儿身上的"闪光点",使他们获得积极的评价。严禁厉声训斥、孤立隔离、讽刺侮辱的言行。(3)发现被忽视儿不敢尝试有难度的动作时,要耐心鼓励其不怕失败与困难,多给予个别辅导与练习的时间,或暂时降低要求,在实践中分步前进,使他们得到胜利完成的喜悦。同时,积极开展"二人三足"、"接力比赛"、"故事表演"等协作游戏,引导幼儿理解团结的力量,体会合作活动的乐趣。(4)密切联系家长,齐心协力帮助幼儿消除退缩行为,增强同伴交往的积极性;建议家长给孩子更多的关爱,满足其安全感;尊重和理解孩子,既不要保护过度又不要期望过高,求全责备,以免压抑孩子的自尊、自信,以致产生退缩行为;家园双方都应主动、经常交流情况,促进幼儿的进步。

第五节
学前儿童的亲社会行为和社会性能力的培养

一、亲社会行为的概念

最先使用"亲社会行为"这一概念的是美国社会心理学家威斯伯格(1972),用来表示所有与攻击、侵犯等消极行为相对立的行为,如同情、仁慈、分享、帮助、合作、援救等各种积极的社会行为,又译为亲善行为或利社会行为。尽管涉及行为的范围甚广,但有利于他人,会产生积极的社会效果则是此类行为的基本相同点。1976年,美国心理学家巴特尔提出:亲社会行为是一种不期待外来酬赏而自愿自发的助人行为。他根据亲社会行为的最终目的和结果将其分为回报行为、补偿行为和利他行为。回报行为是建立在互惠互利基础上的、为报答他人好处而发出的亲社会行为；补偿行为是为弥补自己使别人蒙受的损失而产生的补过行为。只有利他行为是毫无利己动机的、完全出于道德感的，甚至是自我牺牲的助人行为。但多数心理学家认为任何一种利他行为都会有自我报偿的结果，如感到满足、自豪、愉快等自我强化的情感体验。朱智贤教授在其主编的《心理学大辞典》中，把亲社会行为定义为："人们在交往中表现出来的谦让、帮助、合作、分享等有利于他人和社会的行为。"对于学前儿童来说，常见的亲社会行为包括有益他人或对集体有积极影响的行为，包括分享、谦让、轮流、助人、安慰、协商、合作、慷慨、捐赠等。然而，幼儿引发亲社会行为的动机则是多种多样的，如有的是期待外部奖赏、为获得友谊或集体赞许的回报行为；有的是为了减轻自己内心的悲伤或内疚感的补偿行为；较少出现亲社会行为的高级形式——利他行为。

二、亲社会行为的培养

20 世纪 70 年代以来，不少西方学者就分别从社会文化因素、个人因素、生物因素、情境因素、心理因素和性格因素、被帮助者的特点等方面，研究影响亲社会行为发展的因素，以及早期的亲社会行为表现等。瑞格德(1976)观察15～18 个月幼儿时发现，在需要帮助的情景下——地上有未清扫纸屑、待摆放小椅子、需拾起的衣服等，在 25 分钟的时间内，几乎所有的孩子表现出 1 次以上的帮助行为。赞·威克斯勒和瑞德克-亚罗(1982)利用横向和纵向相结合的研究方法观察 24 名 12～30 个月儿童的亲社会行为，发现 20 个月的幼儿已能注意他人的痛苦而表现出哭泣、叫喊或烦躁不安，但在行为上仅少数幼儿能触摸、轻拍或递给对方玩具、物品以示安慰；20～30 个月的幼儿由于感知运动能力的发展，能理解简单的因果关系，能做出更多的亲社会行为，有1/3能寻求成人去帮助对方，递给对方舒适的物品、绷带等，或向伤害对方的人、物表示愤怒。2 岁以后的幼儿助人行为的频率增加，安慰语词增多，出现了分享、谦让、帮助行为，逐步感觉到自己对他人是有责任的。从儿童很早就表现出自发的亲社会行为，说明婴儿已开始产生利他倾向，具备了做出亲社会行为的巨大潜力。多数学者研究证实亲社会行为与个体对他人所处困境和情感的理解、社会规范的认知、社会责任感和考虑奖惩后果密切相关。厄盖赖尔等人(1965)对4～16岁儿童进行利他行为研究，给每个儿童5～15个核桃(单数)，要求和另一个儿童分享，儿童一般有三种分法：(1)丢掉1个，成双数后，两人平分。(2)自己多拿1个。(3)给对方多1个。他们发现亲社会行为随年龄的增长而增长，4～6岁儿童只有33%能均分或多给别人1个；9岁儿童增加到77%；12岁以后没有1个儿童多给自己1个的。① 不过，从另一个角度看，年龄的增长也使儿童在测试者面前更加注意按社会规范行动，而不像年幼儿童那样单纯率真。李伯黍等人对儿童利他行为的研究，认为无论是实验情境还是假设情境，4岁儿童较少主动的利他行为，虽然幼儿已能理解别人的需要，并有了助人意向，但助人行为仍停留在服从权威指令的水平。

实现亲社会行为，不仅需要熟悉社会规范，掌握移情能力，还需要有 定的人际交往技能。社会技能训练的方法复杂多样，可以应用社会认知训练、行为强化和观察学习等等。拉德和迈兹总结了系统的社会技能训练模式：(1)掌握技能概念。(2)促进技能完成，从训练情景迁移到真实情景。(3)实现技能的保持和概括化。斯皮瓦克和舒尔提出了解决人际认知问题训练法(简称ICPS)，其步骤包括：社会认知—理解原因—提出解决问题的办法—预料各种后果—决定采用最佳办法。潘冬芳以日常生活最常见的分享、助人、合作三种行为作指标，研究3～6岁幼儿在不同活动情境中亲社会行为发生次数和自然情境中不同年龄幼儿的亲社会行为发展特点、表现形式(参见表9－1和表9－2)。

---

① 时蓉华主编：《现代社会心理学》，华东师范大学出版社1988年版，第362页。

表 9－1　在不同活动情境中幼儿亲社会行为发生次数

	教学活动	作业活动	生活活动	体育活动	游戏活动	合计
小班	1	3.4	6.2	15.4	18.5	44.5
中班	2.4	4.8	16.4	23.4	32.0	79.0
大班	3.2	7.2	18.4	27.2	34.5	90.5
合计	6.6	15.4	41.0	66	85	214

表 9－2　在自然情境中亲社会行为的发展水平

	自发的亲社会行为次数	诱发的亲社会行为次数	被动的亲社会行为次数	平均行为次数
小班	2.0(22%)	3.2(35%)	3.8(43%)	9
中班	3.8(24%)	8.0(51%)	4.0(25%)	15.8
大班	5.4(32%)	8.6(51%)	3.2(17%)	17.2
合计	11.2	19.8	10	42

研究表明，在自然情境中，3～6 岁幼儿亲社会行为大多是在成人诱导和指示下产生的，自发的亲社会行为仅占亲社会行为总数的 20%～30%，行为指向一般是年龄相近的同伴（无性别差异），小班几乎没有指向集体的亲社会行为；中、大班开始出现被动和诱发的指向集体的亲社会行为，如集体布置活动室、整理玩具、打扫园地、修补图书等。在不同活动情境中，亲社会行为受活动的组织、结构程度的影响。教师控制度高、主体活动的自由度低时，亲社会行为出现的次数相对减少，故体育、游戏活动和生活环节中亲社会行为的出现频率高于教学、作业活动时间。亲社会行为表现的高与低与幼儿对规则的认知无关，而与对他人情感的理解和自身的情感体验有显著性相关。根据情感体验为主，认知和情感相结合，利用自然后果强化的原则，她先后组织了木偶剧、情境表演、看图讲述、故事表演、游戏等 12 次教育实验活动：(1)引导幼儿认识和理解在具体情境中当事人的情绪感受（如着急、悲伤、求助等）。(2)引导幼儿的情感体验，引起共鸣。(3)启发幼儿思考特定情境中可以采取的亲社会行为方式。(4)引导幼儿认识行为的积极后果及他人

的情感变化。(5)引导幼儿体验自我强化的快乐和满足。在12次教育活动后,实验组的亲社会行为并没有显著性增加,而消极行为却显著减少。①

幼儿的社会适应能力不仅表现在同伴交往方面,还包含社会活动中的决策和耐挫能力、不同角色承担和人际交往的能力、自我保护和事故应变能力、判断评价他人言行的能力等。幼儿可能遇到的社会问题是复杂多样的,重视社会性发展的教师和家长必须注意:(1)给予幼儿更多自我决策的条件与机会。认真倾听孩子的想法,采纳孩子合理的意见;当孩子坚持某种主张时,即使估计会失败,心里不赞成,只要不会有伤健康,也给孩子尝试实践的机会,让孩子自己修正观点,增长社会经验。(2)经常给予幼儿一定范围的决策权,如讨论娱乐活动内容,选择体育活动和游戏;共同设计、布置房间和展示作品;确定新的教育活动内容等等。(3)幼儿在不同情境和群体中时常要充当不同角色,必须学会相应的社会技能,要引导幼儿观察与学习各种情境中符合社会规范的语言、姿态、行为方式;通过讨论,使幼儿理解别人会有不同看法,并能宽容地接受别人不同的意见、批评或建议;真诚地向他人表达自己的思想、情感和主张。(4)鼓励幼儿独立解决他们遇到的人际矛盾问题;当面对困难和挫折时,引导幼儿以健康的心态对待,锻炼乐观、开朗、坚强的品质。(5)培养幼儿一定的自我保护意识和能力。如保护自己的五官;学会看书、绘画的正确姿势;不在尘土飞扬的地方叫喊或唱歌;不把异物塞入自己或他人的耳、鼻;不玩弄药瓶、玻璃片、火柴、锐器和电线、电插座等物;不做猛烈的、无准备的跳、拉、吊动作;不冒险爬高、上树、单独探洞、下河塘等,以防止意外事故。(6)有计划地向4～5岁幼儿进行一系列的"怎么办"教育,引导幼儿设想应对策略。如迷了路,陌生人敲门,看见老人跌伤、昏倒,邻居家有人触电、煤气中毒、失火等。通过观看图片、录像、故事讲述,进行"讲一讲"、"想一想"、"议一

---

① 卢乐珍主编:《幼儿道德启蒙的理论与实践》,福建教育出版社1999年版,第185～192页。

议”活动，让幼儿提高应变社会事故的自觉性和灵活性。特别是要利用社区中发生车祸、失窃，急性传染病、烫伤，或报纸、广播、电视里有孩子溺水、玩火、从楼窗坠落等不幸事例，引起幼儿的注意和议论，发展幼儿的社会应变能力。

儿童的发展是一个矛盾统一的内部运动历程。每个个体既是社会的人，又是个别的、特殊的人。这就是说，一方面个体要认识社会，认识他人，通过各种方式与周围的人建立联系，以便立足社会，适应社会，被社会所接纳，成为社会的合格成员；另一方面，他又从自我觉察和社会性参考信息中，不断地认识自我，发现自我，调整与塑造自我，发展出自我特有的个性，并保证个体能作为受尊重的主体进入社会。鲍德温曾说，个体开始认识自我是和他人发生关系的结果，因为自我与他人同时对个体提供反馈。这就是个体发展的两大功能：社会化功能与个性化功能。个性化功能包括自我意识的发展，对自己的性别、身体、性格、能力等特征的认同，学会在社会网络中确定自己的方向、位置、需要与抱负。婴儿用动作、表情和声调倔强地表现出自己是一个独立的人；学步儿用“不”、“我自己……”表达其自主性要求；幼儿力求在游戏中发现自己有别于同伴的相貌、能力、兴趣、智慧和体力，学会自我评价、自我体验、自我调控和决策，发展自信心、自尊感、自制力和责任感。

两大功能既是独立的，有区别、有体系的，又是相辅相成、互为制约的。它们是又联系、又对立的双向运动。它们之间的一致性，共寓于个体的发展成就之中。亚里士多德说：一个人对他人所有的友善情感来自对自己本身的友善情感。相反地，自我衰弱感损害个体与他人的社会相互作用，人际关系不相适应的经历往往是个体自我认同失调的结果。它们之间的矛盾、协调、统一时刻发生着，像波浪起伏似的。社会性发展要求个体与社会“一体化”，遵从约束、秩序、道德、法制和集体利益，而个性发展要求减少不必要的外界干预束缚，扩大自主性和发展自我独特的形象。良好的个性品质能统率和促进个体的身体、认知、情感、意志和社会性发展，影响发展的各个方面。个性是个体稳定的心理特征和倾向性的整合，是一个复杂的，多侧面和多层次的动力结构，它包括了一个人的气质、性格、智力、社会性、动机、志向、信念和人生观。个性发展的核心是自我调适，正如社会性发展的核心是爱心一样。当然，自我意识与个性发展、自我意识与社会性发展具有怎样的关系，目前还存在见仁见智的情况。不过，尽管许多学者把自我意识的发展和教育也列入社会性发展与教育的章节之内，我认为，要更深刻地去认识和阐明自我意识和个性发展还是不把它列入为宜。

第十章 学前儿童道德教育

第一节 学前儿童与道德

学前儿童有道德吗？这一问题也许会使你感到奇怪：有学前儿童德育这一概念，当然会有学前儿童的道德。但是，如果从另外的角度想一想，也许会发现一些不尽一致的结论。

我们先从常识的角度来思考。

在成人身上发生的一些道德问题如果出现在学前儿童身上，人们会不会认为这个学前儿童有道德问题呢？如果成人干的一些缺德事发生在学前儿童身上，人们会不会骂他们缺德呢？显然不会。如果有人说学前儿童是有道德问题，那么大多数人就会认为这似乎太“上纲上线”了。即使学前儿童存在一些行为或习惯上的问题，人们也不会归因于道德品质方面的问题，顶多冠以“淘气”、“不懂事”而已。

再从道德哲学和心理学的角度来思考。

道德哲学认为，道德的行为不是产生于强制，而是产生于自觉；如果一种行为是不情愿地产生的，那么不管这种行为给别人带来了多少益处，它仍然算不上道德行为。由此看来，如果能证明学前儿童的利他行为没有自觉的目的，也就证明了学前儿童没有道德。皮亚杰的儿童心理学为我们提供了这方面的证据。他认为，儿童的道德发展是从无律到他律再到自律的过程。所谓他律，就是儿童的是非标准取决于是否服从成人的命令或规定。所谓自律，是指儿童以自身具有的价值标准来评价行为的好坏。只有达到了“自律”这个水平，儿童才算有了真正的道德问题。而他律与自律的分水岭大致是 7 岁，所以我们可以认为五六岁以前的孩子是不具有道德问题的。

学前儿童的违规行为可以说是不好的，甚至可以说，做这种事的孩子不是“好孩子”，但并不能说是“不道德的孩子”。为什么呢？因为学前儿童并不真正了解某些规范的道德含义，他的意图性还很差。儿童对说谎概念的认识便可证明这一点。谎言，有避免伤害别人而做出的没有恶意的谎言，有为损害他人而讲的恶毒的谎言，大多数成人会区别这两种具有截然不同道德意义的谎言。但皮亚杰报告说，8 岁以下幼小儿童不能作出这种区别。他们认为，谎话等于伪报事实；叙述的情况与客观真实的距离越远，谎言就越大。也就是说 8 岁以下的儿童还无法区别行为的意图，当然也就不能以行为意图的善恶来评价行为是否道德。后来有人纠正皮亚杰的研究，指出皮亚杰把不能正确判断谎言的年龄上限定为 8 岁，有些过大了。但无论如何，皮亚杰的这一报告说明了幼小儿童还认识不到道德意图。没有道德意图，也就难以自觉去做道德的事。

但这并不是说幼小儿童就远离了道德。在这一时期，未来的自律性道德尽管还没有在个体身上具体表现出来，但却正悄悄地在幼小儿童那里蓄积着力量。幼小儿童正悄悄地孕育着自律性道德的根，悄悄地准备着催发自律的嫩芽并使其破土而出，尽管幼小儿童自己并未意识到道德正在他那里悄悄地生根。这个根是人类的道德本性，是生命进化的结果。这个根实际上就是孟子所谓的“四端”。孟子认为人性中有仁义礼智四端。也就是说，仁义礼智四种根本善，在人性中便具有潜能或潜在的形态，并不是本来没有而由后天修炼的或强加的。孟子认为，仁义礼智四端的初始形态在个体那里表现为恻隐、羞恶、恭敬、是非。“恻隐之心，仁之端也；羞恶之心，义之端也；辞让之心，礼之端也；是非之心，智之端也。人之有四端也，犹其有四体也。”①也就是说，在孟子看来，仁义礼智四端就像生理器官那样，是确确实实地存在于人那里的，尽管四端不像生理器官那样可以直观地看到，而是抽象地存在于人心人性之中。

生理器官有一个生长发育的过程，道德也有一个生长发育的过程即道德发生发展的过程。尽管皮亚杰、科尔伯格也认为自律的道德才真正具有道德意义，但他们又指出，自律道德本身有一个发生的过程，它在个体那里是逐步发生发展的。因而研究道德发生发展不可能不研究幼小儿童。幼小儿童虽然没有成熟的道德（自律道德），但道德却在他那里发育、发展着。为了形成成熟的道德，那么，我们就必须为它的前身提供发育发展的条件，实际上这便是幼小儿童道德教育的目的所在。

学前儿童德育概念并不意味着学前儿童已具有成熟的道德，而是意味着促使道德在学前期顺利萌芽，从而为形成成熟的自律性道德提供发展上的前提与保证。

总之，我认为我们不能说幼小儿童是道德的或不道德的。我相信，不存在道德的或不道德的幼小儿童。我相信，蒙台梭利会支持这种看法的，因为她似乎也具有这样的观念。她曾说过：“年幼儿童没有是非感；他还生活在道德观念之外。事实上，我们并不认为他很坏或邪恶，

① 《孟子·公孙丑》。

而只是认为他挺调皮，即他的行为很幼稚。”因而她声言，她的著作对幼小儿童“没有使用‘善’、‘恶’或‘道德’这些术语”。只有到了6岁以后，“儿童才开始具有是非正误意识，不仅是关于自己行为的是非正误意识，而且也是关于他人行为的是非正误意识。是非正误意识是该年龄阶段的特征。道德意识正在形成……”[①]可见，蒙台梭利也认为，6岁以前的孩子是不存在道德问题的。

我为什么要证明幼小儿童没有道德呢？大家都知道有学前儿童德育这一概念，而这容易使人想当然地认为学前儿童是有道德问题的，而这种观念又是造成学前儿童德育成人化的重要根源。倘若在这一问题的认识上得以澄清，学前儿童德育的目标、内容乃至方法，就能把握在适合学前儿童实际的水准上。

第二节
儿童道德发展概况

通过对儿童道德发展理论的了解，我们可以进一步明确幼小儿童的道德发展状况，进一步明确幼小儿童与道德之间的关系。

一百多年以前，只有为数极少的人对儿童有研究的兴趣，然而19世纪末人类对儿童突然产生了学术的兴趣，产生了具有一定社会规模的儿童研究运动。在这一运动中，学者开始研究儿童身心发展的各个方面，当然也包括对儿童道德发展的研究。许多人试图用科学的方法研究儿童的道德发展，并提出了一些很有价值的关于儿童道德发展的思想。其中最为突出的学者，当属皮亚杰和科尔伯格，他们的研究对教育学已产生了巨大影响。而杜威关于儿童道德发展的一些看法可能影响过皮亚杰和科尔伯格。

① [意]蒙台梭利著，任代文主译校：《蒙台梭利幼儿教育科学方法》，人民教育出版社1993年版，第499页。

一、杜威

在皮亚杰、科尔伯格提出自己的儿童道德发展理论之前，杜威曾提出过自己对儿童道德发展的看法。他认为儿童道德发展要经历三种水平。

1. 前道德或前习俗的水平

处于这种水平的儿童，其行为动机大多来自生理或社会的运动。

2. 习俗水平

处于这种水平的个体，其行为大都接受团体的规范，很少对外部规范进行批评或异议。

3. 自律水平

处于这种水平的个体，其行为的善恶全由自己的思想与判断等决定，而不受制于团体的标准。

在皮亚杰和科尔伯格的儿童道德发展理论中，我们可以看到杜威上述见解的影子。

二、皮亚杰

皮亚杰理论的核心是“发生认识论”，他主要从认识发展的过程和结构来研究儿童道德的发展，他认为儿童道德品质的发展在很大程度上依赖于儿童思维的发展，而且，他对儿童道德发展的研究主要着眼于不同年龄儿童道德判断的思维结构。他认为，儿童的道德发展主要有以下几种规律性的运动线索：

1. 从把规则看作是客观的不可更改的，到意识到规则是契约

即开始儿童对规则只是简单地服从，后来才有一定意义的理解。

2. 从单方面尊重到多方面尊重

幼小儿童是在单方面尊重周围权威人物的基础上做出道德判断的，权威要求他做的就是应当做的，儿童还不能理解“好”与“坏”的道德意义。大年龄的儿童已能根据行为动机和公平概念作道德

判断。

3. 从约束的道德到合作的道德品质

幼小儿童很自然地尊重长者的权威和力量，后期儿童则从人与人之间的相互关系上做出道德判断，前者称为约束的道德，后者称为合作的道德。

4. 从他律到自律

幼小儿童的道德判断只注意行为的外在结果，不关心主观的动机；大年龄儿童不再把规则看作是不变的绝对的，而是把它看作人们在集体生活中相互约定的准则。

从皮亚杰的研究中可以看出，幼小儿童的道德判断实际上不是在真正道德的意义上做出的，他们的道德判断基本上是前道德的，或者用杜威的话来说，幼小儿童还处于前道德的或前习俗的道德发展水平上。

三、科尔伯格

科尔伯格是皮亚杰道德判断发展理论的追随者，他在皮亚杰道德发展理论的基础上又进行了各种纵向研究，把杜威和皮亚杰的道德判断发展的阶段予以详细地分化，将道德判断的发展分为三水平六阶段：

1. 前习俗水平，包括

阶段 1　以惩罚与服从为定向

阶段 2　以个人主义、工具性目的和交易为定向

2. 习俗水平，包括

阶段 3　以人际关系的和谐或“好孩子”为定向

阶段 4　以法律与秩序为定向

3. 后习俗水平，包括

阶段 5　以法定的社会契约为定向

阶段 6　以普遍的伦理原则为定向

科尔伯格通过多年追踪研究发现，大多数 9 岁以下的儿童都使用

阶段 1 和阶段 2 的推理水平，甚至少数青少年和成人犯罪者仍使用前习俗水平的道德推理。大多数青年和成人都使用阶段 3 和阶段 4 推理。只有大约 10％的少数人在 20～25 岁以后才能达到后习俗的道德水平。

按照科尔伯格的说法，我们可以看出，幼小儿童基本上是处于前习俗水平的阶段 1 和阶段 2 的。为了让读者进一步了解幼小儿童的道德发展状况，这里特别将阶段 1 和阶段 2 的具体内容介绍一下。

阶段 1 是以惩罚与服从为定向的。儿童为了保护自己不受惩罚，对大人或规则采取服从的态度，自我中心地遵从较高的权力与威望，相信客观责任，避免对人和物造成物理损坏。

阶段 2 是以个人主义、工具性目的和交易为定向的。在这一阶段，行为只要能满足自己及他人的需要，便被看作是正当的，因而儿童遵守会给人即时利益的规则。儿童认为互利的交易、交换和协定便是对的、公平的。

按照科尔伯格的理论，可以看出，幼小儿童的道德发展也同杜威、皮亚杰所揭示的相似，是处于前道德的、前习俗的水平的。

杜威、皮亚杰和科尔伯格都承认道德发展是以阶段的形势循着固定的顺序不断提升的过程。阶段的发展是循序渐进的，受年龄因素的制约，并非骤然转换。较高阶段的发展要依赖于较低阶段的充分发展，否则较高阶段的发展是难以实现的。

第三节
儿童道德发展的智慧条件和社会性刺激条件

一、个体的智慧发展水平是其道德发展的前提条件

认知发展是道德发展的必要条件，这是皮亚杰和科尔伯格道德发展学说的一种基本看法。儿童认知发展决定着儿童道德发展的水平，

"因为道德推理显然也是一种推理，较高的道德推理依赖于较高的逻辑推理。所以个体的逻辑阶段与其道德阶段是并行不悖的"。[①] 道德认知毕竟是一种推理，推理的发展必然制约着道德推理的发展。由此可见，个体的智慧水平必然制约着个体道德的发展，智慧发展水平必然是道德发展的前提条件。没有较高的智慧水平，就不可能出现较高的道德阶段的发展。如果个体的智慧只在具体运算水平，那么其道德阶段就仅限于科尔伯格道德发展阶段 1 和阶段 2 的前习俗水平；如果个体的智慧只在初级形式运算水平，那么其道德阶段就只限于阶段 2 和阶段 4 的习俗水平。例如，在皮亚杰的守恒实验中，幼儿没有获得守恒能力，看不出装在不同形状瓶子中的同一杯水是相等的，其认识能力只限于一个维度看问题，这就决定了他只能接受成人单方面的道德强制。再例如，幼儿是"实在论"者，不能区分心理的东西同物理的东西，那么他们在道德上也就无法分清主观的意图和客观的后果，因而，相应于智慧发展方面的"实在论"水平，他们在道德发展方面便是"道德实在论者"。由此可见，个体的道德发展确实是由智慧水平内在地制约着的。

个体的道德发展是由智慧水平制约的，这就决定了个体的道德判断与逻辑运算之间必然具有较高的相关。柯尔比和科尔伯格报告两者的相关系数为.60～.70，达蒙报告为.76～.88。这里的相关不能说明二者之间的因果关系，但能反映它们具有共同发展的趋向。

智慧发展是道德发展的必要条件，但不是充分条件。个体的智慧发展阶段可以高于该个体相应的道德阶段，但却不可能高于其相应的智慧阶段。个体的道德思维并非是其逻辑智力思维在道德方面的简单运用。这便是迄今没有发现道德阶段高于其相应的智慧阶段例证的原因，可以预言，将来也不会找到这种例证。科尔伯格曾说："我们的理论主张，道德阶段和逻辑阶段在结构上是类似的，但两者不同的是，道德阶段包含着运用可逆的公正结构、互惠和平等的结构形式去完成社会

---

① L. Kohlberg, *The Psychology of Moral Development*, P. 171.

角色承担和角色承担之间的平衡。公正的原则包含着与逻辑类似的互换运算;但公正原则并非逻辑关系在道德情境中的单纯运用。"[①]这就是说,尽管道德思维要以逻辑思维为基础,但同逻辑思维一样,道德思维本身也具有结构的特质,因为道德思维也是一种有组织的心理活动形式。所以科尔伯格说:"正常的道德发展本身就有一个基本的认知——结构的组成部分。"由此可见,我们不能把道德的发展看成是智慧水平在道德领域中的简单表现,而应当看到道德发展本身就存在着结构性质,它只是在这一点上同理智发展有着类似性而已。

儿童的道德发展除需要智慧发展这一必要条件外,还需要社会性质的刺激(来源于个体之间的相互作用等等)。只有在智慧发展条件和社会性刺激条件的共同作用下,个体的道德才能获得顺利发展。可见,智慧的发展与道德的发展并不是同一个过程,不过,二者具有平行发展的趋势。

二、社会性刺激条件与智慧发展条件一起促使儿童道德发展的具体实现

科尔伯格认为,儿童智慧的发展是道德发展的必要条件,但并非充分条件,智慧发展并不直接导致道德的发展;道德发展与智慧发展相互平行的现象并不意味着道德判断只是智慧水平在道德问题上的"应用"。道德发展不仅需要智慧发展,而且还需要社会性质的刺激。这种社会性质的刺激来源于个体之间的相互作用。他假定,一个儿童一直到青少年都被剥夺了所有社会的和道德的刺激,他仍会发展出形式运算的能力,但其道德发展便不可能与其智慧发展相互平行了,他的道德发展需要从零开始。当然,这一假定未免过于极端。对于具有社会性发展潜能的儿童来说,如果离开了社会交往,智慧也是无法顺利发

---

① L. Kohlberg, *Continuities and Discontinuities in Childhood and Adult Moral Development*. In L. Kohlberg, *Collected Papers on Moral Development and Moral Education*. 1973. PP. 13～14.

展的。

（一）儿童的角色承担及其发展

科尔伯格把接受社会性质刺激的机会称为“角色承担机会”。角色承担指个体在与他人的相互作用过程中意识到他人的思想、情感，设身处地地从他人角度看待问题。据说最早在社会认知的意义上使用“角色承担”一词的，是社会心理学家米德，最早在发展心理学领域提出儿童的角色承担问题并加以系统研究的是塞尔曼。塞尔曼认为个体的角色承担的发展是个体社会化成熟程度的标志，其发展经历了这样的过程：个体由没有意识到他人或社会的观点的存在，到领会他人的观点和社会的规则，进而意识到普遍的价值或权利的存在。

角色承担对于道德判断及其发展具有重要的意义。用最通俗的话来说，道德的便是合情合理的。所谓合情，便是心同此情，每个人对此事都会产生相同的情感体验，每个人在类似的情况下都愿意接受类似的行为。所谓合理，便是公平，符合逻辑规则。道德的本性便是“推己及人”或“己所不欲勿施于人”。从道德的本性中我们可以看出，道德判断是依赖于自己对他人的深切体会的。而角色承担实际上就是个体与他人的换位体验，是个体直接切入他人的精神世界并体验这个世界。

正如塞尔曼所指出的那样，儿童的角色承担是从没有意识到他人或社会的观点，到领会他人的观点和社会的规则发展的。这与皮亚杰的儿童研究是相呼应的。皮亚杰认为，幼小儿童在认知上正处于自我中心的状态；儿童面对物理的宇宙所表现的自我中心状态自然会延伸至儿童所面对的社会领域。当儿童企图向别人提供解释时，他们并不真能使自己处于别人的地位，而另一个人也不知道他们在谈些什么，他们讲话就似乎在对自己讲话。虽然每个儿童都认为他正在听别人讲话并且懂得他所讲的话，但是他只是在对他自己讲话。这种“集体独白”实际上是互相刺激对方的行为而不是真正在交流思想。儿童的集体游戏中也有同样的特征。例如，在打弹子的游戏中，年长一点的儿童遵守一定的规则，使他们自己的游戏适合别人的游戏，而幼童则是自己游戏而不管他们的玩伴有什么规则。这一切均表明，处于幼小儿童的自我（主体）与对象（客体）还没有分化开来——与物理客体没有分化开来，因而儿童持有泛灵论的世界观等；与社会客体也没有分化开来，因而他难以站在别人的立场上看待问题。

7岁以前的幼童只是处于前运算阶段，而尚未达到逻辑运算的水平，与此相对应，幼童之间的情感也未能达到与逻辑运算相对应的"情感运算"（皮亚杰曾用过这一术语）。也就是说，这一时期他也不可能具有实质性的"同情"能力。

由于幼童不可能意识到他人的观点和情感，所以他无法自觉地以别人的眼光来看待自己。一切善恶对错，幼童都是以母亲和父亲的影像为依据的。幼童特别留意的那些价值和规范都是他视为长辈的那些人（某些年长者和父母）所持有的价值和规范。这种价值和规范不是来自"同情"，而是来自尊敬（尊敬包括爱和怕，而怕是在这种感情关系中之所以有不平等的理由）。正如鲍德温所指出的，幼童从他的长辈那里产生了一个他想要达到的"理想的自我"；也如弗洛伊德所指出的那样，这时儿童会对父母产生一种"自居作用"，对父母的行为产生所谓的"延迟模仿"；也像博维所指出的，儿童对成人的尊敬使他接受成人的命令和指示，并使他把服从成人的命令与指示当作是他的义务。与此相呼应，幼童把长者的意志和行为规范看作是客观的不可更改的，所以这一时期他是他律的，是"道德实在论者"。

这里还应当说明的是，儿童把成人的要求和指示当作不可更改的道德规范，并不是说他真能理解成人的要求，实际上，"幼童经常把成人缩小到和自己一样的规模，正像某些朴素的信仰者对待神灵一样"。①

七八岁的儿童在认知上已从前运算阶段发展为具体运算阶段，获得了可逆性和运算守恒的能力，这使他具有了反省思考能力。反省思

① 让·皮亚杰著，傅统先译：《儿童的心理发展》，山东教育出版社1982年版，第41页。

考是一种内心的深思熟虑，就像和一个真正的交谈者进行讨论一样，这时，他们是自己与自己进行讨论。反省思考实际上是一种社会化了的社会性讨论，这种讨论是通过内化了的语言进行的。米德在1956年出版的《米德的社会心理学》一书中便主张：思维“仅仅是外部交谈的内化”，“是一种在自我内心的交谈，在这种谈话中，这个人既承担自己的角色，也承担别人的角色”。七八岁以后的儿童间的交谈不再是先前的“集体性独白”，而是具有了真正的对话性质，“自我中心的言语”几乎完全消逝了，原因之一便是他们的语言已从外显的转化为内隐的。他们已能够作一定程度的反省思考，这本身就表明他们已从理智的与社会的自我中心状态中解放出来，而开始具有了真正意义上的角色承担能力。

说儿童七八岁以后开始具有真正意义上的角色承担能力，并不是说角色承担能力在儿童七八岁时的某一时刻突然产生的。同智慧一样，角色承担能力在儿童那里也有一个发生发展的过程。据莱因格德等人1976年的文献报告，只要是18个月的幼儿就能给父母指示出他感兴趣的某个东西的位置，这表明幼儿已经知道自己所看到的物体，父母不一定也能看到。这是试图把自己同别人区分开来的去自我中心的表现，也是较为粗糙的角色承担的表现。虽然儿童角色承担能力萌芽出现得较早，但在初始阶段很不稳定，有时甚至在同一个儿童的同一个行为中包含着自我中心和非自我中心两种成分。例如，一个3岁男孩在看见母亲难过时，就立即拿来他的玩具小熊给他的母亲，并告诉妈妈，抱一会儿小熊就会感觉好一些。从男孩对母亲的同情和关心中可以断定，他能了解他人不同情绪状态的存在，这是非自我中心的表现，也表明他已具备一定的角色承担能力；但是，他试图用玩具安慰妈妈的做法，则把自己的体验和喜好投射到他人身上，这又是自我中心的表现，表明了他在某些方面还不能站到母亲的立场上来体验，真可谓“以小人之心度君子之腹”（如果去除这句成语中内含的道德涵义的话）了。这与皮亚杰上面的那句话又是不谋而合了。

(二)角色承担是儿童(主体)与外部道德主体(交往的对象)的相互构建

这里应当指出,角色承担实际上是儿童主体对其他的道德主体所表现的道德认识和道德情意的把握,因而角色承担实际上便是儿童(主体)与外部道德主体(交往的对象)的相互构建。如同儿童与物理客体相互构建过程中构建了这一物理客体的物理特性一样,儿童的角色承担则构建了外部道德主体所表现的道德规则及其对规则的态度。当然,作为外部道德主体的人可以被儿童当作物理客体,儿童认识他的头发、眼睛、嘴巴时,他就是作为客体而存在的,但当我们称他是外部道德主体时,他的物理特性便"隐蔽"了起来,而显现的只是其道德存在。

角色承担是儿童(主体)与外部道德主体(交往的对象)的相互构建,因而主体的发育水平必然影响角色承担的质量。当儿童处于主客体互渗的主体发育水平时,儿童在体会别人的立场和感情时自然会渗入自己的一些感受。这便是幼小儿童不可能具有完整意义上的角色承担的原因,也是他们之所以是"道德实在论者"的原因。

角色承担便是对外部道德主体的建构,这一外部道德主体既可以是日常生活中活生生的人,也可以是符号性的榜样。班图拉的"观察学习"实际上就是符号性的榜样为外部道德主体的。因此,"观察学习"也是产生角色承担的一种途径。

班图拉认为,儿童的学习不必事事经过直接反应以及亲身体验强化,而只需要通过观察他人在相同社会环境中的行为,从他人行为获得强化的观察中进行体验学习。这种学习不是直接强化的操作学习,而是替代强化的观察学习。这样,观察学习者处在相似于榜样的行为情境时会做出与榜样相似的行为反应。观察学习是儿童学习的主要形式,儿童的大部分道德行为都是通过观察学习获得和改变的。

观察学习理论与我们所谓"道德是主客体相互构建的结果"这一主张是可以会通的。实际上,替代性强化也是一种替代性体验。观察学习是个体通过观察他人在相同社会环境中的行为,从他人行为获得强化的观察中进行体验学习，因而必然具有角色承担的过程。可以看出，班图拉与皮亚杰、科尔伯格尽管其理论的立场不同，但他们的研究结论却是可以会通的，甚至是共同的。

角色承担便是对外部道德主体的建构，没有或缺乏建构的对象，个体道德是无以发展的；有交往对象，但交往对象缺乏良好的道德风貌，个体道德的发展方向和质量就会面临巨大的危险。因而建立良好的道德环境，树立良好的道德榜样，帮助儿童多与同伴及成人交往，多接触健康的书籍和大众传媒，这是儿童道德健康发展所必需的。

三、儿童道德发展的动力

在与外部道德主体的相互作用中，儿童对外部道德主体的情感或情绪反应决定了儿童是否将外部道德主体的行为方式或规则纳入自己的规则体系中。

皮亚杰在儿童的心理结构中发现了三种能够影响儿童道德生活的情绪或情感倾向。首先是爱的需要，它以各种形式从婴儿期到青少年期的发展中起着主要作用。其次是对那些比他自己大和强的人有一种畏惧感，这在他的服从和信奉行为中所起的作用是不可忽视的。第三种感情是混合的，同时由爱和恐惧组合而成，这是所有伦理学家着重强调的、在道德意识的培养训练上特别重要的尊重情感。“对有些人来说，尊敬构成了一种衍生的类型上独特的情感状态，就像爱和恨一样，它得有其他的人作为对象，但它直接依附这些人所体现出来的道德价值或规则，尊重一个人，转为尊重他本人表现的道德规则（康德），或者他所代表和使用的纪律（杜尔凯姆）。”[①]班图拉则认为，并不是每个人在观察之后都会学习榜样的行为模式；能否学到，还涉及榜样本身的特征，如威信等。看来，班图拉的社会学习理论也认为儿童对榜样（即我

---

① ［瑞士］让·皮亚杰著，卢睿译：《皮亚杰教育论著选》，人民教育出版社 1990 年版，第 103 页。

们所说的外部的道德主体)的情感情绪反映决定着观察学习的效果。

儿童在与外部道德主体相互作用过程中,如果儿童惧怕外部道德主体,或者是唯恐失去外部道德主体的保护,或者是尊重这一外部道德主体,那么这种情绪或情感状态就会使个体的道德认识结构失去平衡,儿童就会试图把外部道德主体的规则要求纳入到自己的规则体系里,道德认识结构于是重新获得平衡。

透过儿童与外部道德主体之间的情感张力层面,我们可以发现,在这种感情前后,实质上存在着儿童的道德认识与外部道德主体的道德要求的矛盾。这一矛盾的运动变化影响着儿童对外部道德主体的情感张力。因此,儿童的道德认识与外部道德主体的道德要求之间的矛盾是儿童的道德认识发展的动力。

第四节
如何对学前儿童进行道德教育

一、学前儿童道德教育应避免成人化倾向

学前儿童道德教育的内容的选择必须基于儿童的视野和活动所能及的范围,必须是儿童世界里的东西,以成人的眼光把成人的东西强加给儿童是危险的。这如同儿童认知领域中的某个逻辑结构尚未建立时,你非要求儿童用这种逻辑结构去解决问题一样,其结果只能是:(1)儿童无法完成任务。(2)儿童无法完成任务就会感到痛苦。(3)这种痛苦与学习联系在一起,会使儿童讨厌学习。

学前儿童德育不是道德催熟剂。贫瘠土壤里的小麦和肥沃土壤里经过细心照料的小麦是同一个时期成熟的,后者只不过禾苗更壮实、穗头更硕大、籽粒更饱满而已。未接受教育的儿童与接受过教育的儿童之间的关系也是如此。企图通过学前儿童德育,让学前儿童提前获取多么高水平的道德是不可能的。学前儿童就是学前儿童,他不是一个

成熟的大人，因而也不会有成熟的道德。共产主义道德是一种高度发展的道德，在学前期我们只能以科学的态度谨慎地为其打基础。不顾教育对象的特点，拔高德育目标，乱订德育任务，这对学前儿童的发展不利，对其道德品质的逐步形成也不利。

改革开放以来，我国幼教界大张旗鼓地宣传学前儿童不是小大人，而是具有自己那一个年龄阶段特点的人。这种宣传和认识促使教师选择教育内容和方法时充分考虑儿童的可接受性，学前儿童体、智、美各育的科学性也由此得到很大的提高。学前儿童德育虽然也有所进步，但学前儿童德育仍然具有成人化和说教式倾向。

究其原因，其一是人们对儿童品德发展的研究和认识还不够深入、全面，还存在着把学校德育的一些概念和模式照搬照抄给学前儿童德育；其二是学前教育界还存在着把成人世界复杂的社会政治生活不加选择、不加转化地照搬照抄给学前儿童的现象。如果我们没有科学的态度，生硬地把一些抽象的大概念灌输给那些仅会形象思维的学前儿童，这就免不了要出现一些笑话，甚至由此而形成悲剧。学前儿童搞不懂这些概念，而教师大讲特讲，学前儿童就会对此产生畏惧情绪，若果真出现了这种情况，那么，这种学前儿童德育所收到的效果正好与学前儿童德育的既定目标背道而驰。

早期经验对个体的一生都具有重大的甚至是决定性的影响。如果个体从学前儿童时期便对德育抱有了成见，那么以后再对他施以这方面的教育恐怕会愈见其难了。因此，笔者以为，学前儿童德育应尊重教育对象的特点，应根据教育对象的特点确定教育的目标、任务、内容和活动，应尊重教育的内在规律，只有这样才能达到目的并促进学前儿童的发展。

二、发展儿童的智慧，为提高儿童道德水平提供必要条件

（一）对于他律阶段的儿童而言，道德就是知识

他律阶段的儿童还不能进行主观道德判断，他们是以自身以外的

成人的规则为标准来评价行为的。虽然他们掌握了一些“不应该说谎”之类的规则,但是他们以为这些规则是客观的,不可更改的,而不知道这些规则是主观的、人为的。因此,皮亚杰将这一阶段的儿童称为道德实在论者。“不应该说谎”或“你要诚实”这样的规则,虽然是属于价值判断(句中一般有“应该”),但是在他律阶段的儿童那里,这些具有价值判断形式的规则实质上是实然判断,并不属于价值范畴。“不应该说谎”等道德规则在他律阶段的儿童那里是儿童从外部世界获得的知识。

儿童一旦认识到规则可以通过协调而产生,那么这时具有价值判断形式的规则才从原来的本质上的实然判断转变成表里如一的价值判断。

既然对于他律阶段的儿童来说道德即知识,那么在这一时期里,发展儿童的认知能力必然会影响儿童对外部规则的摄取、操作能力。

(二)智慧的发展是道德认知发展的必要条件

皮亚杰、科尔伯格和信息加工论者都认为,道德发展与智慧的发展有一种平行关系,智慧的发展是道德认知发展的必要条件。

“逻辑是思想的道德,正像道德是行动的逻辑。”[①]因此儿童能否掌握道德这门“行动逻辑”或者康德所讲的“实践理性”,其中一个前提必然是,儿童是否具备掌握这种逻辑或理性的概括、判断、推理等逻辑思维能力。因此,发展儿童的智力,尤其是发展逻辑推理能力,是提高儿童道德水平的一个必要条件。

三、道德知识的传授在儿童早期是必要的

托儿所和幼儿园前期的儿童由于整体认识水平还很低,他们对道德概念和规则了解不多,操作的能力也很低。为了使儿童正常地生活和健康成长,成人不可避免地要把一些必要的简单的规则传授给儿童,

---

① [瑞士]皮亚杰著,傅统先、陆有铨译:《儿童的道德判断》,山东教育出版社 1984 年版,第48页。

例如，虽然儿童还不能弄明白为什么要制订有关饮食、作息、清洁、待人接物等方面的一整套规则，但是成人仍要把这些规则传授给儿童，并引导他们养成遵守这些规则的习惯。

说到这里，我们不难发现，托儿所和幼儿园前期的道德教育还是可以借鉴赫尔巴特等人的传统德育理论的。但是，这种借鉴要以批判为前提，传统德育中的暴力和体罚必须完全根除。在进行道德传授时，教育者应注意以下几点。

（一）向儿童传授的规则必须经过严格的选择和检查

儿童还不能够判断规则的合理与否，他们往往出于对成人的敬畏，把成人传授的一切规则都一视同仁。虽然儿童对成人的出尔反尔有时是反抗的，但是在大多数情况下，他们在内心深处感到疑惑，儿童不能确定父母是否真正错了，他们只好自我怀疑、内疚或自责。因此，不考虑儿童的年龄特点，不加选择和不加控制地把成人世界烦琐的规则强加给儿童的做法是错误的；不考虑规则的道德价值，随心所欲地把规则传授给儿童是错误的；把相互矛盾的规则传授给儿童是错误的。

（二）道德传授要建立在教育者与儿童之间良好的感情关系上

波维和皮亚杰都强调，儿童接受规则要有两个条件。[①] 第一就是儿童接受别人的命令或禁则（不要单独上街，不说假话等）。为什么他接受这样的一些规则而不忽视它们呢？这种接受并不简单地是强硬意志的产物。仅对规则惧怕并不足以迫使他接受，只能引起一种外在的服从，并不能引起内部的接受。这就出现了第二个条件，一个命令只有来自一个受尊敬的人，一个同时具有爱和畏惧情感的对象，而不是仅具有其中一种情感的人时，儿童才会从内部接受。

由此可见，道德传授要建立在儿童对教育者敬畏情感的基础上才能成功。儿童对教育者的畏惧也许是天然的，因为成人在各方面比儿

① [瑞士]让·皮亚杰著，卢睿译：《皮亚杰教育论著选》，人民教育出版社 1990 年版，第 103 页。

童强大，儿童需要成人的爱与保护等等。而要唤起儿童对教育者的爱恋，教育者则必须爱护、尊重儿童，与儿童建立一种良好的感情关系。

（三）道德传授旨在使儿童掌握处理社会生活的方式，而不是为了使儿童盲目服从

道德是人的发展借以实现的形式。道德灌输的目的不是为了培养服从。除了服从真理以及为了真理而服从是一种美德之外，其他的一切服从都是丑恶的。

（四）进行道德传授时不要忘记发展儿童的道德认识能力

小年龄的儿童虽然还不能进行主观的价值判断，但是他们对待这些外部规则并不全是消极的，他们会对规则进行分类，合并成上位规则，他们会发现此一规则与彼一规则的矛盾，从而与成人对抗，不愿执行规则。年幼儿童对外部规则的内部操作活动是后来形成自律道德的必要准备。因此教师除了注意适当灌输规则之外，也应当鼓励和帮助儿童对各种规则进行内部操作的活动，借以发展幼小儿童的规则认知能力。

四、幼儿园后期的道德教育应注意发展自律道德

幼儿园前期的儿童还处于他律道德阶段，他们的是非标准取决于是否服从成人的命令或判断。在这一段时期里，儿童不可能以自己的价值标准来判断是非。既然儿童在这段时期的道德处于他律水平，又不可能迅速超越，那么这一时期的道德教育的主旋律也就是发展儿童的他律道德，即多让儿童掌握一些有利于身心成长的规则。

到了幼儿园后期，有些儿童开始出现了自律道德的萌芽。康德认为，道德的行为不是产生于强制，而是产生于自觉，因此自律道德才算真正具有了道德意义。皮亚杰、科尔伯格都同意这种看法。

教育应当走在发展的前面。既然幼儿园后期出现了自律道德的萌芽，那么从此以后，道德教育的主题也就转变为如何发展儿童的自律道德了。

如何发展自律道德？我们可充分借鉴皮亚杰、科尔伯格等人的德

育理论。

皮亚杰认为，发展自律道德的一个重要途径是让儿童与同伴发生相互作用。他认为他律道德的根源在于儿童对成人的单方面尊重。儿童只有在与同伴交往中，才会把自己的观点与别人的观点相互比较，从而认识到自己的观点与他人有别，对他人的观点提出疑问或修改意见。只有在与同伴的交往中，儿童才能摆脱权威的束缚，互相尊重，相互协作，发展自己的主观评判能力。

科尔伯格的道德教育理论则提倡认识冲突法，即教育课程的焦点集中在由教师和学生进行的道德两难问题的讨论上，以引起儿童认知上的冲突，接着组织相邻阶段的学生进行讨论。教师要支持和澄清超过这些学生中最低水平的一个阶段的观点；当这个观点为学生理解时，教师又提出新的情境向这个阶段的思维挑战，并澄清超越先前发展阶段的那种论点。如此引导学生一步步从矛盾冲突中找到思维方式中前后矛盾之处，并发现解决矛盾的方法。

皮亚杰和科尔伯格的德育方法都是行之有效、值得推广的方法。

在强调发挥儿童的道德主体性的同时，我们也不能忽视道德内容的传递。道德内容的传递不宜用强制灌输的方法，而要借助生动的教育活动，在传递社会规范时发展道德水平，在发展道德水平时又传递给儿童新鲜的道德内容。

五、对于不同年龄的儿童应当采用不同水平的道德教育形式

智慧发展是道德发展的必要条件，但不是充分条件；儿童的智慧发展可以高于道德发展阶段，但道德发展阶段则不可能高于相应的智慧阶段，不过它可以与相应的智慧发展阶段平行发展。儿童的智慧发展与道德发展的这种关系限定了儿童道德教育的主观随意性，同时也暗示了道德教育所应当采取的正确方式，即采用超出儿童智慧水平的道德教育内容或方式是错误的，因而也是徒劳的；道德教育应当以儿童已有的智慧水平为根据，以适当的方式进行。

不同年龄的儿童其智慧水平是不同的。因此，对于不同年龄的儿童应当采用不同水平的道德教育形式。

对处于感觉运动智慧阶段的托儿所儿童，道德教育也不宜采取高于此智慧水平的方式进行，否则儿童在智慧水平上无法接受。所以在这一阶段主要是教儿童去“做”道德的事，或模仿道德的行为；道德教育主要是在行为水平上进行。对于幼儿园小班、中班儿童，应当采用知识水平的道德教育——以道德规则的传授为主，但不忘记对儿童进行道德启蒙（即发展其自律性）。对于幼儿园大班以上的儿童应采用推理水平的道德教育——道德教育应日益强调培养儿童的道德自律性。

在这里我想提请注意以下几点内容：(1)在强调发挥儿童的道德自律性的同时，我们也不能忽视道德内容的传递。道德内容的传递不宜用强制灌输的方法，而要借助生动的教育活动，在传递社会规范时发展道德水平，在发展道德水平时又传递给儿童新鲜的道德内容。(2)正如道德内容的传递在道德教育中永远不会过时一样，行为水平上的道德教育方式也永远不会过时，成人的以身作则与人格感化是永不褪色的道德影响源。(3)较高水平的道德教育方式应随着儿童道德发展的新阶段而出现，但它不应取代或消灭过去的方式，而应当与它们联合起来。如果成人在使用推理水平的德育方式时并不排斥前面两者，而且前面两者又能恰当地站立在推理水平上，那么行为水平的德育方式会焕发出新的魅力，而知识水平的德育方式则会发挥出事半功倍的功效——“吾尝终日而思矣，不如须臾之所学也”——以推理水平为基础的道德传授不是被动地接受，而是通过了自己“良心”的思量。因此，较低级的教育形式是可以在较高的发展阶段上与较高级的教育形式和谐相处、相映生辉的。

六、提供交往机会，利用游戏、童话，促进儿童道德发展

（一）交往

道德是道德的主客体相互建构的结果。而这种建构过程，实际上

便是交往过程,而在交往中既可以是外显的,又可以是内隐的。对于幼小儿童来说,他们的道德发展离不开他们与周围成人和同伴的直接的、具体的交往。只有在交往中,幼小儿童才能了解社会对自己的具体要求,才能了解成人的一系列行为规则,尽管成人的规则一旦进入幼童的头脑,使可能与成人的真实意图有所差别。只有在交往中,儿童才可能逐步去除自我中心主义,产生对同伴情感的体验和认识上的共鸣,逐步学会协调自己与他人的关系。儿童游离于同伴群体之外,就常常会影响道德"成熟"的程度。有较多社会交往的儿童,其道德发展会显得较为"成熟"。当然,在这种交往中所遵循的道德价值观应当同社会规范是一致的。所以,儿童交往中同伴的"类型"对儿童道德发展来说远比交往同伴的数量更为重要。

(二)游戏

在游戏的情境中,儿童逐渐了解到"我的"和"你的"之间的区别。他们逐步学会发现自我和他人。他们在游戏中还积累了许多实际经验:了解到他们自己是什么样的,知道了自己的行动会带来什么样的后果,别人对自己会有什么样的反应以及自己对别人会有什么样的反应。

儿童在游戏中作为集体的成员,开始学会互相理解,这也许是游戏经验在社会性发展方面的最重要的价值。这种相互作用,有助于他们形成对待他人的态度和行为。正是通过游戏,他们对社会文化、自己的个性特点和情感才有所了解。共同游戏帮助他们学会遵守规则,接受集体的支配,这种兴趣使他们进入了新的社交环境,并学会去应付新的情境。借助于游戏,社会性协作可以达到最高水平。

儿童通过游戏了解到生活的基本形式。他们的想象力和对创造性表演游戏的喜爱,使他们能够接受各种各样的规则要求,各种情绪情感和态度。这种对能力的演习既获得了现时的乐趣,又为以后的生活提供了充分的准备。

游戏可以影响儿童发展的各个方面。在促进儿童的道德发展方面,角色游戏和规则游戏发挥着重要的作用。角色游戏可以使幼小儿童自然地装扮成社会生活中的各种角色：爸爸、妈妈、孩子、警察、老师、医生、大灰狼、小羊、电视人物等。处于这样的角色中，他会自动地按照角色的实际生活而行动，甚至纠正同伴的与其所扮角色不符的行为。因而角色游戏是为儿童提供大量角色承担机会的重要活动。

规则游戏对促进儿童规则意识的发展具有重要的作用。儿童在规则游戏中首先面临的一个问题就是，他必须与同伴一起把游戏过程展开，也就是说大家能在一起玩起来，因此儿童就必须学会认识同伴的兴趣、要求，并与同伴达成某种协调。所以规则游戏也是儿童充分获得角色承担机会、发展社会性认知的一种有效途径。

（三）童话

童话为儿童的思想和情感提供了无限扩张的时间和空间。

幼小儿童往往多次重复地听讲或讲述同一个童话，但这个童话对于他来说，每次又都是新鲜的，每次都使他激动不已。他也许知道大灰狼不会说话，也许知道老妖婆、白雪公主、小矮人等角色并不真的存在，但他沉浸在童话世界中，通过这些形象体验着什么是是非、善恶、勇敢、怯懦、勤劳、懒惰……童话对年幼的儿童来说，不只是幻想的故事，而且还是一个完整的世界，在这个世界里幼小的心灵吸收着阳光雨露，对抗着妖魔鬼怪所代表的一切邪恶。因此让儿童走进童话世界是道德教育的重要手段。

七、与儿童平等对话

成人以为自己的道德水平高于儿童，这种优越感常常使成人在儿童面前以一种独裁身份出现，好像真理全在成人那里。其实并非尽然。

儿童对道德现象的困惑，儿童在道德推理中运用的推理形式以及采用的新鲜信息，曾使哲学家为之惊讶、赞叹、沉思。

美国哲学家马修斯已注意到儿童的困惑和推理中所隐藏的价值。马修斯曾收集这样一则儿童轶事：

一个4岁的男孩同妈妈一道去看生命垂危的外公，发现外公极其痛苦(一个礼拜后外公就死了)。孩子在回家的路上问妈妈:“人病得快要死了,像我外公这样,为什么他们不用枪打死他?”妈妈倒抽了一口冷气,紧张地回答:“不,警察是不允许这样做的。”孩子静静地想了一会儿,然后说:“也许他们只能用药让他快点死掉。”[1]

马修斯猜想,这个4岁的孩子可能看到或听到过这种事情:人们为了不让一些患了重病或负了重伤的小狗、小猫或牲畜“活受罪”,便把它们弄死。为什么不能弄死外公呢?这个4岁孩子当然明白,用枪弄死与用药物或麻醉剂弄死这二者之间是有所区别的。就外公这例而论,人们根据他的情况和自己的道德观点,或许还能找到其他的不同。

马修斯极为赞赏儿童的这种困惑以及其中蕴含的道德推理。他说,在关于安乐死的讨论里,任何一种思维在原则上都是允许的。人们可以考虑功利主义的法案或原则,也可以讲出自己对康德的“绝对命令”的理解。但是马修斯说,在我们的文明社会里,我们构想并实施过一些安乐死,当时所提出的实际理由恰恰是这个4岁的孩子所领悟的理由。马修斯声言,他这样说并无意贬低伦理学或蔑视安乐死问题。他指出,这个4岁孩子想象解决的问题,向我们最聪明的医生和哲学家提出了挑战。我们成人几乎不由自主地说:“哼,他懂什么?”我们不仅小看了儿童,而且也使问题脱离了自然的人类背景。然而在这种自然的人类背景中,无论是4岁还是40岁的人,常常面临共同的道德两难问题。

马修斯搜集的另一则有关道德的轶事是这样的:

伊恩(男,6岁)正看自己喜爱的电视节目。这时家里来了客人。客人的三个孩子不与伊恩商量就转换到他们想看的节目。伊恩看不到自己喜欢的节目很不高兴。妈妈对他说:“不要哭丧着脸。让三个人快乐总比让一个人快乐好。”伊恩想了一会说:“为什么三个人自私比一个人

① Gareth Matthews, *Philosophy as Rational Reconstruction of Childhood*, In *Canadian Children* Fall/ Automne, Vol. 13, No. 2, 1988, P. 64.

自私好呢?”[①]

显然,伊恩的这一困惑也有伦理学的意蕴。伊恩似乎认为,当你得到了你想要的东西而使别人吃亏,那么你就是自私的。在这个例子里,那三个孩子看到了喜爱的节目,是以另一个人失去爱看的节目为代价的,因此这三个人是自私的。根据这种思路,“让三个人快乐总比让一个人快乐好”也就变成了让“三个人自私”总比让“一个人自私好”。想到这里,伊恩发现了妈妈的话与要自己接受的“自私是不好的”这样的道德规则发生了抵触,于是便产生了这样的困惑:“为什么三个人自私比一个人自私好呢?”

“让三个人快乐总比让一个人快乐好”,马修斯认为这句话是建立在功利主义的伦理原则基础上的。伊恩的困惑使这种原则面临了一种尴尬的局面。当然,这个例子并不能证明一个6岁的儿童就能有意识地用一种伦理学的观点去批驳功利主义的道德观。但是,这个6岁儿童的反驳母亲的理由,启示了一个对功利主义伦理学说非常有趣而且也很严肃的批评。

根据上面的论述,我们会看出,马修斯是从别人容易忽视的儿童的困惑和提问中发现了儿童生动的道德哲学思想。马修斯认为成人应该重新认识儿童,肯定儿童思想的价值并注意研究;成人应该虚心地倾听儿童的道德思考,以平等的态度与儿童进行交流和对话。

建立在权威和仅仅尊重一方基础上的教育,无论是发展智力还是发展道德,都是有缺陷的。没有平等的智力和道德方面的交流,试图让儿童充分自律是不可能实现的。皮亚杰的研究可以成为这一结论的佐证。

八、“培养一个儿童需要一个村庄”

西方民间有一句名言:“培养一个儿童需要一个村庄。”这与中国

① [美]加雷斯·皮·马修斯著,陈国荣译:《哲学与幼童》,三联书店1989年版,第33页。

“近黄则黄，近苍则苍”、“近朱者赤，近墨者黑”的古训是相映成趣的。中国著名的童蒙读物《三字经》也指出环境对人的影响：“人之初，性本善。性相近，习相远。”是的，要培养一个有道德的儿童，我们需要一个良好的道德环境。

人皆可以为尧舜。这是说每个人都有成为圣贤的潜能，但不是说有潜能就能成为圣贤。要成为圣贤，除了要有成为圣贤的潜能，还需要滋养圣贤的环境。像孟子这样的圣人，如果没有孟母的三次搬家，恐怕他终其一生也只能是集市上的一名屠夫，或者是终日为婚丧嫁娶而奔波的吹鼓手。对于幼小的儿童来说，他的环境是他成长的温床。他周围的人的道德状况是他交往、观察、模仿、建构的对象，因此，父母、邻居、社区、学校的道德面貌有力地影响着他的道德发展。

培养一个儿童不仅需要一个村庄，而且还需要良好的学校和社区环境。这还不够。在这样一个信息化的时代，广播、电视、电影、互联网正把大量道德冲突的形象、事件和观念摆在儿童面前。在信息社会中，培养一个儿童已经不再是农业社会中一个自然村落所能达到的，而是需要一个完整的“地球村”作出共同的努力。面对良莠掺杂的文化环境，成人——应当说是有的成人——或许可以有所鉴别，甚至可以出淤泥而不染，但对于孩子，他们将面临道德判断的困难。为了儿童，成人应当建设一个良好的道德生态环境。

第十一章 学前儿童审美教育

海德格尔非常喜欢荷尔德林的这一诗句:“人诗意地栖居于大地之上。”一方面,审美教育可以进一步地发展人的艺术天性。另一方面,审美同认识都是智慧的表现,二者的发展具有一定的平行关系,而且,二者在同一个主体那里肯定会相互影响的。伟大的科学家往往以审美方式去探索世界,去探求科学的真理。同样,“艺术家是思想丰富的人,他们的感受很深刻,并能把私人的思想、情感和印象转化成公共的形式”。[①] 不仅在成人那里如此,在儿童的艺术作品中,这种道理表现得也同样明显。审美确实是反映、确认、把握世界的一种重要方式。审美教育可以发展人的审美能力,从而为人更好地利用审美方式把握世界提供帮助。[②] 再者,“儿童都是艺术家”,儿童审美教育可以顺应儿童的天

① [美]艾略特·W.艾斯纳著,张丹等译:《儿童的知觉与视觉的发展》,湖南美术出版社1994年版,第108页。

② 刘晓东:《儿童教育新论》,江苏教育出版社1998年版,第237~238页。

性，并为儿童提供健康成长所必需的部分精神食粮。所以，学前儿童的审美教育是学前教育的重要组成部分。

第一节
学前儿童的审美

一、学前儿童审美及艺术的特征

美的各种表现形态，尤其是艺术美的创作所表现出来的各种特征与学前儿童的心理发展特征有某种相通之处。学前儿童所表现的知觉过程的整体性与直觉性，记忆的具体形象性，情感的易感染性和弥散性等都可以在成人艺术家的创作过程中找到。因而使得儿童具有一种潜在的审美能力。在他们的不经意中，这种天生的审美能力就流露出来了：纸上的涂涂画画，快乐地手舞足蹈，有韵律感的声音……虽然不能说它是对现实世界的确切反映，但却是他们的认识、想象、愿望和情感的真实流露。它使人感受到童心的清新、可爱、真实、活泼和自由，呈现出一种稚拙的美，给人带来的精神享受绝不逊色于成人艺术家创作的作品所带来的审美享受。

因此，我们认为，学前儿童的审美与艺术具有如下两个特征。

（一）学前儿童的审美与艺术是其内在生命力的表现，也是他们把握世界的一种方式

人类把握世界的方式有理性的和感性的两种。前者主要是一种逻辑思维的方法，它主要包括归纳和演绎、分析和综合、比较和分类、从抽象到具体、历史的和逻辑的统一等方法，其特点是逻辑的、有序的、有步骤的。后者是一种非逻辑思维的方法，它主要包括想象、幻想、直觉、灵感、猜测等方法，其特点是非逻辑的、无固定秩序和固定操作步骤的。

学前儿童在审美活动中所显示的就是一种感性的对世界的把握。学前儿童的这种把握世界的感性方式表现出思维的直觉性、具象符号

性和情感性的特点。我们用以下事例来说明这些特点。一位4岁儿童被要求照着父亲的范画画鱼，可孩子却在纸上画了许多弯弯曲曲的小线条，当别人问他为什么不照父亲的鱼画时，孩子认为父亲画的鱼是死的，而自己画的就是鱼缸里的那些活鱼，并且一边学着鱼游动的样子扭动身子，一边说鱼游动的时候，身子就是一扭一扭的，接着又用一个直挺挺的动作表示爸爸的死鱼。这位4岁儿童所表现出来的就是一种感性的把握世界的方式。在这个孩子的眼里，鱼是有生命的，是具体的、生动的，于是他所画的鱼就是"一扭一扭的"，充满了生命力。而父亲所画的鱼则是概念化的鱼，是无生命的。正是由于这种生动的、感性的特点，才使学前儿童的绘画充满了活力与魅力。

（二）学前儿童的审美与艺术是其整体发展的一部分，它侧重于情感的感受和表达

苏珊·朗格认为，艺术是一种情感符号。学前儿童在审美过程中充满了情感色彩。早在儿童使用笔、纸、颜料画画之前，他们的视觉就有明显的对色彩、形状等的审美偏爱，同样，在他们学会说话之前，就表现出一种对音乐的偏爱，表现出一种情绪倾向。到达幼儿时期，其心理发展的移情作用在审美欣赏中表现得更加明显，凡是有明显的形式美的，具有类主体结构又符合儿童自身的生活经验、愿望的艺术作品，其所表达的生命运动的力的模式非常容易与儿童的内心情感达到同构，满足他们审美情感的需要，使其产生审美愉悦，增强他们对美的敏感性。在日常生活中，学前儿童也常常不自觉地把自己的情感投射到客体上，使僵死的无机世界生命化。例如，他们把墙上的一段裂缝看成是一只面目狰狞的怪物；把飘零的落叶看成是离开了大树妈妈的可怜的孤儿；满天的繁星是万盏点亮的小灯；汽车前部应该有一双眼睛才看得见走路。在审美创造中，当儿童准备把自己的构思创作出来时，他们通常都是在情感激发的前提下进行的，他们似乎沉醉于自己的活动中，以积极的态度，借助于描述媒介表达自己的思想感情。一位5岁孩子在画愤怒的爸爸时，用绿色来描绘爸爸气得铁青的脸，冲冠的头发一根根

地直竖起来，镶嵌着火红色。孩子通过画面色彩等表达着他在爸爸愤怒时的体验。有时人们还会看到，一个儿童如果内心有件重要的事情要表达时，那么他在作画时往往非常激动，当然，画面上也就不可能很清晰地描绘所观察的物体。用这种方式作画有很大的价值，因为正是这种美术活动为紧张情绪的排除和大量能量的释放提供了一条途径。完成一幅美术作品本身既是成就的证据，也是表达情感的一种新形式。我们不难发现，几乎每个儿童在学会唱一首歌、画完一幅画或制作出一件手工作品时都流露出一种愉悦的、放松的，甚至恋恋不舍的情绪。因此，艺术活动过程与艺术作品加强了儿童的满足感，而这种满足感是个人成就感的重要源泉。学前儿童可以用艺术这种符号形式尽情地、自由地表达自己的观点、抒发内心的情感，感受到用艺术与别人交流的喜悦，从而获得一种精神上的满足，一种因自我肯定而产生的愉悦感。并由艺术这种符号化的人类情感形式泛化到生活的其他领域，丰富和发展学前儿童的情感世界，按照美的标准和美的规律，将他们感受世界的审美能力转变为内心需要和自我发展的内在动力，进而成为行为的一种内在自我调节，使其人格得到健全完善的发展。现代心理治疗中的艺术治疗正是利用艺术活动是情感表达和情感需要满足的这一特点，把艺术作为窥探儿童内心秘密的手段来寻找致病情结，并把艺术作为解开这种致病情结的钥匙而加以运用的。

二、学前儿童审美欣赏心理过程的描述

审美欣赏是指个体充分调动其感知、想象、理解、情感等各种心理能力对审美对象的形式及其意味进行充分体验和认识的活动。它是理性与感性相结合的活动。学前儿童由于其心理发展水平的限制，审美欣赏中的理性成分不如成人明显。学前儿童的审美欣赏心理大致经历以下几个阶段。

（一）准备阶段

在这一阶段中最初是审美态度。这是审美欣赏的前提。审美态度

的具体形式和关键环节是审美注意。所谓审美注意是指审美态度碰到具体对象的时候，把注意力集中和停留在对象的形式或结构上。审美注意与科学研究中对具体对象的注意不同，它并不直接联结也不很快过渡到逻辑思考、概念意义，而是更为长久地停留在对象的形式或结构本身，并从而发展其他心理功能如情感、想象等的渗入活动。所以，审美注意的特点就在于各种心理因素倾注在、集中在欣赏对象形式本身，从而充分感受形式。线条、形状、色彩、声音、节奏、韵律、变化、平衡、统一、和谐等等形式、结构方面，便得到了充分的“注意”。这样，审美态度经过审美注意就完成了欣赏的准备阶段，进入了欣赏的实现阶段。

在学前阶段，受其心理发展水平的限制，儿童还不能完全自发地把注意力集中在对象的形式和结构上面，他们常常有一种“求实”的心理，即注意欣赏对象的内容，而忽略其形式。但是，“他的态式—向式敏感性，他的强化了的情感，他全身心浸入到作品中去的倾向，这些都使他与较成熟的欣赏者较为相近。那种与对象保持距离的能力，在这一阶段不会得到充分的发展，但这一事实并不会严重地影响作为欣赏成员的幼儿，他已经懂得了，卡通片、故事或歌曲只不过是‘假的’而已，他已经有了某种解释普遍符号系统的潜力”。①

（二）实现阶段

审美欣赏过程的实现阶段就是审美感受阶段。审美感受不同于一般的生理快感，它是一种积极的心理活动过程，其中包括了感知、想象、理解、情感等多种因素的交错融合。这一阶段是审美心理的关键。

实现阶段的第一步是审美感知，它不是纯感性的、单一的感知，而是一种审美器官即“感受形式美的眼睛”和“有音乐感的耳朵”对审美对象的形状、色彩、光线、空间、声音、张力等要素组成的完整形象的整体性把握，是一种区别于日常感知的，能够揭示事物的审美属性（或表现性）的特殊的感知。它是审美主体的一种积极主动的心理活动。格式

① ［美］H. 加登纳著，兰金仁译：《艺术与人的发展》，光明日报出版社 1988 年版，第 212 页。

塔心理学认为这种感知是对整体形象的完形知觉或超完形知觉，是内在情感模式与外在形式结构的契合。它包含了想象、理解、情感等因素在内。

如果说审美感知是审美理解的第一步，那么，审美想象则帮助欣赏主体实现审美理解。因为，在审美欣赏中，审美理解不是靠概念、判断、推理来进行的，而是靠想象来进行的。这种想象被黑格尔称为最杰出的艺术本领。事实上，从审美感知开始，审美想象就已经渗透其中了。想象不仅使审美形象更加鲜明生动，而且能使感知的形象内容更加丰富深刻，从而使审美欣赏活动不只是停留在对审美对象的感性形式的直接感受上，而是能够更加深入地感受到感性形式中蕴含的更为丰富的内在意义。正因为审美想象包含了主观情感的心绪、意境、典型，自由而丰满，审美欣赏才有了不确定性、多义性。于是才有“一千个人看《哈姆雷特》，就有一千个哈姆雷特”的说法。

审美理解是在审美感知之后对欣赏对象所作的进一步的审视和欣赏。欣赏主体首先意识到自己处在非实用的状态中即既与审美对象融为一体又仍然保持静观，不作出实用的、伦理的现实反应，也即意识到自己是处于审美注意状态中。其次是对审美对象的象征意义、题材、典故、主题、情节、形象等内容因素和节奏、韵律、线条、色彩、构图以及技法、技巧等形式语言与表现手法方面的理解。这种理解是知性的理解。最高级的理解是渗透在感知、想象、情感诸因素中并与它们融为一体的，对融合在形式中的意味即“象外之旨”的领悟。

实现阶段中的审美情感是区别于科学活动与道德活动的一个最为显著的特点。它有两种含义：一种是指审美对象所具有的情感表现性，这种情感表现性并不是对象客体自身所具有的，而是当审美主体的某种内在的情感模式与外在的形式结构达到“同形同构”或“异质同构”时而产生的。例如，一条竖立的弓形曲线被认为表现了一个奴仆的卑躬屈膝。审美情感的另一种含义是指审美主体在审美过程中达到一种自由和谐状态时所产生的一种审美愉悦，也即美感。审美欣赏中的审美情感与感知、想象、理解是紧密结合在一起的，并起着彼此促进的作用，它们共同构成完整的审美心理的实现过程。

学前儿童的审美欣赏的实现阶段也经历了包括感知、想象、理解、情感在内的过程。首先，儿童要借助自己的审美感知器官等获得有关审美对象的形式和内容方面的事实性资料。这是学前儿童审美欣赏实现的第一步。其次，他们要将这些由审美器官获得的事实性资料赋予某种意义，并认识各形象之间的关系。也就是说，儿童要将他们获得的欣赏审美资料与他们个人以往的经验结合起来通过想象进行理解。这一时期最显著的表现就是儿童的移情现象。例如，学前儿童认为风吹落叶动就是落叶在跳舞。最后，儿童根据自己的想象、理解进行审美判断。受其心理发展水平的影响，学前儿童的审美实现阶段更突出了审美感知、想象和情感的作用，而审美理解则表现为较为浅显的理解。

（三）效应阶段

审美心理过程的最后阶段就是效应阶段，其结果是审美主体心理的变化，这些变化包括两个方面：一是直接的审美判断和审美欲望（爱好）的产生。二是间接的审美趣味和鉴赏力的提高。

审美判断是指审美主体在审美感受基础上，运用一定的审美标准，对美的事物或现象的一种意向性的认识、评价与判断。是审美主体对其审美活动的理性回顾和反省，常常从理论上论证和判断什么事物是美的、它究竟美在哪里等方式表现出来。审美判断既是沟通审美感受与审美享受的中介，又和审美感受与审美享受渗透交融，密不可分。

丰子恺先生认为，审美判断外化后即为美的批评。它有三种形式：(1)印象的批评：是凭借第一印象，直接依清新、强烈、活跃的感觉而下的判断。(2)分析的批评：是就作品的题材、主题、情节、形式、技巧、手法等一一加以判断。(3)综合的批评：是把已经分析的重新综合起来，估定其总平均，加以判断。[①] 可以看出，印象的批评是感性的批评，而分

① 丰陈宝等编：《丰子恺文集》，浙江文艺出版社1990年版，艺术卷四，第110页。

析的批评和综合的批评则较多地表现为理性的批评。学前儿童的审美判断或称美的批评主要是一种印象的批评。他们往往对欣赏对象不加过多的分析和综合，而凭带有强烈感情的感知来判断欣赏对象是美的还是丑的。这种判断大多是一种直觉反映。而被判断为美的对象就成了学前儿童审美欲望产生的源泉。

审美趣味和鉴赏力的提高是审美欣赏的间接效应，是多次有指导的审美欣赏的结果。因此，也可以说是审美欣赏教育的结果。学前儿童审美教育的终极目标就是提高儿童的审美趣味和鉴赏力。

三、学前儿童的审美创造心理过程的描述

审美创造是指创造者在一定的创造欲望的推动下，运用线条、色彩和形体、声音等艺术语言，加工、创造出可感的形象，以表达其审美感受的过程。我国清朝画家郑板桥曾描述过他在画竹子时的心理过程："江馆清秋，晨起看竹，烟光、日影、雾气，皆浮动于疏枝密叶之间。胸中勃勃，遂有画意。其实胸中之竹，并不是眼中之竹也。因而磨墨展纸，落笔倏作变相，手中之竹又不是胸中之竹也。"郑板桥的这段话中所揭示的"眼中之竹"—"胸中之竹"—"手中之竹"的创作过程实际上就是审美创作心理的三个阶段。

（一）审美知觉阶段

审美活动中的知觉与一般的知觉不同，它是指审美器官对对象的形状、色彩、光线、空间、张力等审美属性及其所组成的完整形象的整体性把握。它是一种积极的思维。美国格式塔艺术心理学家阿恩海姆认为，它"实际上就是一种通过创造一种与刺激材料的性质相对应的一般形式结构来感知眼前的原始材料的活动"。因此，在阿恩海姆看来，一片混乱的景物，"只有被看作是一种由清晰的方向、一定的大小及各种几何形状和色彩等要素组成的结构图式时，它才算是被真正地知觉到了"。①

① ［美］R. 阿恩海姆著，滕守尧译：《艺术与视知觉》，光明日报出版社 1986 年版，第 53～55 页。

学前儿童对创作原材料的获取是通过他们的感觉器官来进行的。加登纳认为，个体的视知觉经历了一个从定向知觉到偏向知觉到完形知觉再到超完形知觉和符号知觉的发展过程。其中，定向知觉和偏向知觉是动物和人类的新生儿所具有的知觉能力，而完形知觉、超完形知觉和符号知觉则是人类自幼儿时期开始所特有的。完形知觉是指那种能够把对象加以组织的能力，即一种在内在需要的驱动下极力将不完美形式改变为完美形式的能力。超完形知觉是一种能看到以某种方式所呈现的主导图像或完形之外的能力。这种对对象的完形和超完形知觉是通过创作者内心主观的简化原则来进行的。幼儿阶段，其心理发展的一大特点就是他的自我中心。因此，可以说，幼儿时期具有完形与超完形的知觉特点。儿童画中的透明式与展开式的画法就是这种特点的表现。

（二）审美反思阶段

创作者通过知觉得来的原材料还必须进入大脑进行加工、改造。这一加工、改造过程也就是审美反思的过程。审美反思过程包括了体验和对信息的形式分析两个方面。

自然界和社会生活是丰富多彩的，但并非人人都能体验到。格式塔心理学把视觉所经历的事物的状态分为物理镜和心理场两种。物理镜是指视觉对象的完全、纯粹的客观存在，这是每个人的视觉都能努力达到的对象；而心理场则是指人的心目中的事物状态。如果说，物理镜是一种既定的、客观的世界，那么，心理场则是充满了变异和主观化的天地，它把人的需要、兴趣、动机、能力、性格、心境等等心理成分，汇入一种创造的境界。所谓“感时花溅泪，恨别鸟惊心”、“蜡炬有心还惜别，替人垂泪到天明”、“夕阳无限好，只是近黄昏”都是一种主观的意象，带有浓郁的情感色彩。因此，我们说，只有当个体进入这种主观化体验中时，才会出现中国传统绘画中所谓的“仁者见山，智者见水”、“喜气写兰，怒气写竹”的境界，也才能有强烈的创作欲望。而处于明显的体验状态中的人面对特定的视觉对象，其表象活动也会显得较为活跃，而且，表象与表象相互辉映、烘染和浸润。当个体内心的情感体验到一定的程度，即到了既有兴奋性又有“压迫感”，如鲠在喉，不吐不快之时，“胸中勃勃，遂有画意”，他就会产生情感表现即借助某种物态化形式将情感传达给他人的冲动，“因而磨墨展纸，落笔倏作变相”，使“眼中之竹”和“胸中之竹”变成了“手中之竹”。

学前儿童心理发展的自我中心的特点及其思维发展的形象性决定了他们的生活的主观化色彩。皮亚杰认为学前儿童的知觉处于对自己和经验不加区分，认为一切事物都与自己一样具有相同的心理(4 岁以前)和认为只有活动着的对象才有生命和心理(4～6 岁)这样两个泛灵论的阶段中，他们对知觉获取的对象倾注了极大的情感。在他们看来，蓝天是白云的家，满天的繁星是万盏点亮的小灯，颠簸的汽车是在跳舞。这样的体验一方面加深了儿童对外界知觉对象的印象，使心理意象更加鲜明、更加生动，另一方面，也激发儿童的创作热情，促使他们从事审美创造活动。

审美反思阶段还包括将体验过的对象作审美形式上的分析。我们认为，新皮亚杰学派的代表人物罗比·凯斯有关问题解决的“执行控制结构”理论可以用来说明这一过程。罗比·凯斯认为，执行控制结构“是一种内部的心智蓝图，它既代表被试构思某一特定问题情境所惯用的方式，又代表他处置该问题的惯用步骤”。执行控制结构包括三个组成部分。

1. 对问题情境的表征，即对准备付诸计划的那部分条件的表征。

2. 对儿童在该情境中最通常的目标的表征，即对儿童向往的，他们计划要达到的那些状况的表征。

3. 对儿童采用的策略的表征，即对儿童在以尽可能有效的方式将问题情境转化为向往的情境时所表现出来的一系列心智步骤的表征。

罗比·凯斯认为，运用这种执行控制结构的不仅是问题解决，还有探索、模仿和相互调节。无论哪一种心智活动的形式，其过程基本上包含了以下四个相同的部分。

1. 图式的搜寻(或激活):是指搜寻那些可能有助于儿童填补当前问题情境与向往的目标情境之间的空隙的运算或运算顺序。

2. 图式的评价:是指对各个运算顺序作出评价,以确定它实际上是否能达到既定的目标。

3. 图式的再标记:是指对这些特定的运算顺序再做标记,以便使它在以后能以更有意识的方式再次获得。

4. 图式的巩固:巩固这种新的表征,以便使之能在今后以联合的方式流畅地发生作用。

这种心智活动表现在学前儿童的审美表象的形式分析阶段中,他们要先在脑中搜寻已有的那些形式语言,而这些形式语言中一部分可能已经用同当前所知觉到的问题情境相似的方式予以标识,同时,儿童也可能采用一种在他自己看来是有效的、非常规型的、独特的形式语言,所以,儿童把这些形式语言表征为达到目标情境的策略。一般来说,学前儿童审美创造中的反思阶段到此就结束了。但实际上,儿童脑中的思维活动并未结束,他们还对这些形式语言进行重新标识,以作为以后此类创造的一种流畅的策略的有机组成部分。

(三)审美表达阶段

审美创造的主体对外物的知觉和体验等,必须通过某种形式语言才能形成最终结果。离开了表达,再好的知觉与体验也得不到表现,也就无法让其他人欣赏,而只能留在创作者的头脑中。而能将自己的知觉和体验用物化的方式表达出来,这也是艺术家与普通人的区别所在。

相对于知觉活动和体验活动而言,表达活动是一种审美创造的实践活动。不同的审美实践活动所采用的物质媒介和形式语言各不相同。

学前儿童的审美表达是他们的知觉与情感的物化形态。他们将自己对外物的知觉与情感通过绘画、音乐、舞蹈等外在的符号形式传达给他人。首先,在学前儿童的表达过程中,由于受其自身肌肉动作发展的影响,他们的表达在技能技巧上表现得不如成人熟练与完美,表现出一种稚拙感。然而,也正因为这种纯真的童心、童趣,才使得儿童审美表现与创造充满了魅力。其二,学前儿童在表达过程中,有时并不按照预想和计划来进行,而是依据自己构思与表达过程中出现的问题不断地进行调整,以至于最后的结果与预先的设想不一致。

第二节
学前儿童的审美教育

一、审美教育与艺术教育

审美教育又称美育,是指通过自然美、社会美、艺术美进行的一种教育活动。其目的是培养受教育者对美的形态、结构等的感受、鉴赏、创造能力,培养其正确的审美观点、高尚的审美情操,使其得到精神上的满足与愉悦,最终达到人格的完善。它具有如下特性。

(一) 审美教育是一种以情感教育为主的教育,其目的在于通过种种审美活动的熏陶和影响提高个体的审美能力,健全其审美心理结构,最终达到人格的完善

审美教育是根据审美活动本身所具有的特性来进行的,亦即审美教育的过程往往伴随着主体强烈的情感活动。因而其特点就在于寓教育于美的享受之中,始终把对受教育者个性、情感的尊重放在首位,鼓励他们积极、主动地创造,强调自律性,强调在受教育者精神获得满足和愉悦的同时,培养其对美的形态、结构等的感受、鉴赏、创造能力与高尚的审美情操。它以形成完整和谐发展的人格为终极目标。同时,审美教育通过促进个体的发展来进一步地发展、传播人类的审美文化。

(二) 审美教育是个体全面发展教育不可缺少的组成部分

人的发展是完整的、全面的,任何教育都应该着眼于人的全面、平衡、健康的发展,着眼于人的潜能的自由、充分的发挥和提高,使之具备健康的体魄、丰富的知识和能力结构、良好的道德修养、高尚的审美修

养、充沛的活力，即在体、智、德、美、劳几方面都得到全面、和谐的发展，真正成为富有生机活力的生命个体。而审美教育正是以完整的人为对象的，把培养个体的审美修养作为领域目标，把个体的自由、全面、和谐的发展作为自己的终极目标。并且，审美教育还渗透于体、智、德、劳各育之中，使之更好地发挥育人效果。个体道德修养的提高，固然需要一定的外在的规范，但只有化外在的规范为个体内在主动、自觉的追求，融道德于情理之中，这样的道德才真正有效果，个体的道德水平才能得到切实的提高。智育中知识和能力结构的丰富与提高，同样以个体积极主动的探索为前提。体育所追求的健康的体魄，本身便是美的体现。而劳动教育也是为了增强个体的劳动观念，使之感受劳动过程和劳动成果的美。因而，可以说，个体特别是儿童各方面的培养和提高，都离不开美育的因素。审美教育是全面发展教育不可缺少的组成部分。

艺术教育是以音乐、美术、文学为手段和内容的教育。艺术教育的内容大致包括：(1)艺术知识，包括艺术理论、艺术批评和艺术史。(2)艺术欣赏，包括对艺术作品的感受和鉴赏能力。(3)艺术创作，包括创作作品的构思能力和表达技能。艺术教育可分为专业艺术教育和普通艺术教育两类。专业艺术教育包括高等专业艺术教育、中等专业艺术教育，美术、音乐、戏剧、电影、舞蹈、书法等专业艺术教育。普通艺术教育包括幼儿园、小学、中学、大学中的非艺术专业的艺术教育。普通艺术教育的目标主要是提高受教育者的艺术修养。著名学者余秋雨曾对“什么是艺术修养”有过精辟的论述。他认为：“艺术修养是一种在审美范畴里感悟生命的能力。历代艺术家汇聚着自己时代的人们的生命信息，通过一代又一代有艺术修养的接受，构成了生命的强力传递。屈原、李白、曹雪芹、歌德、肖邦、罗丹……靠着人们的艺术修养活到今天，而今天，人则又靠着艺术修养汲取着前代大师们的生命能力。”所以，“艺术修养是一种社会性的人格素质”。[①] 因而普通艺术教育的根本目

① 余秋雨：《文明的碎片》，春风文艺出版社 1994 年版，第 300～302 页。

的就是通过艺术审美的途径提高个体的人格素质。而专业艺术教育主要培养各种艺术的专业人才，它的最终目的是产生出更多的艺术作品，因而较之普通艺术教育，它们更多地强调艺术创作能力和制作技巧的培养。但从某种意义上说，专业艺术教育就是培养普通艺术教育的教育者，因而应该有更高的人格素质和艺术修养。

比较审美教育与艺术教育，我们认为二者关系如下：

1. 审美教育与艺术教育相互包含

从审美教育角度看，审美教育中除艺术教育还包括自然美育和社会美育。但由于艺术是所有美的形态中最精彩、最辉煌、最动人心魄的感性形式，所以艺术教育是审美教育的基本手段。苏联著名美学家斯托洛维奇指出："人的审美教育可以通过多种途径实现，但是不能不承认，艺术是对个人目的明确地施加审美影响的基本手段，因为正是在艺术中凝聚和物化了人对世界的审美关系。因此，艺术教育——对艺术需要的教育、对艺术感知和理解的发展、艺术创造能力的形成和完善——组成整个审美教育不可分割的一部分。"①从艺术教育角度看，无论是专业艺术教育还是普通艺术教育，其艺术修养的获得、人格素质的提高都是首要的目的。换句话说，艺术教育就是通过艺术美来进行的审美教育，即艺术教育的核心内容是审美教育，当然，艺术教育还必须使受教育者获得一定的艺术操作能力，并使其中一部分人成为能够实际地从事艺术生产的职业艺术家。但只强调艺术技能技巧学习的所谓艺术教育的可悲结果必然是使受教育者学得的知识技能越多，而创作与欣赏实践中所必须具有的真正"艺术"性却越少。这样的教育所培养的只是一批徒有熟练技巧的艺术工匠，而不是有艺术修养的艺术家。

2. 审美教育与艺术教育相互促进

审美教育与艺术教育的相互促进作用表现为两个方面：一方面，个

① [苏]斯托洛维奇著，凌继尧译：《审美价值的本质》，中国社会科学出版社 1984 年版，第 200 页。

体在艺术教育中所获得的艺术审美经验会迁移到自然美育和社会美育中，有助于他们对自然美和社会美的形态与结构、特征的感受和识别，提高其审美能力。例如，同一片风景，在一个艺术家眼里和在一个从未受过艺术教育的人眼里，其审美价值绝不可同日而语；同样，一个有过艺术实践的画家比一个从来也不曾画过画的人，更能感受到色彩、线条的审美意味。另一方面，个体在审美教育中获得的审美体验、审美意象，可帮助他们在艺术教育中获得艺术创作的灵感，并进行有意义的构思，使其所创作的作品更加生动、丰富而有个性。例如，画家们在“踏遍青山”的自我教育中所获得的“艺术养料”可直接激发他们的艺术创作热情。

总之，审美教育和艺术教育在人的精神素质的提高方面是相辅相成的，起着相互促进作用。它们是人的全面发展教育所不可缺少的组成部分。

二、学前儿童审美教育的目标与内容

学前儿童的审美教育是指教育者按照美的规律，通过各种审美教育媒介，有目的地提高他们对审美对象的鉴赏与创造能力，培养他们审美心理结构，最终达到个体人格的完善。它是素质教育不可缺少的组成部分。结合前面所讲的内容，我们认为，学前儿童审美教育的目标有两个层次。

第一个层次是较为具体的目标，那就是审美教育必须促进学前儿童对美的敏感性以及审美感受和审美表现与创造能力的发展。虽然儿童的审美与艺术是他们的天性，但是，若不加以保护和培育，这种天性仍然可能被现实社会的工具理性以及不恰当的教育所毁灭。因此，为保护并促进儿童的发展，教育者有必要通过审美欣赏和审美创造两条途径来对学前儿童实施符合其身心发展规律的审美教育。其中，艺术活动是学前儿童审美教育的主要领域。

第二层次是为学前儿童将来成为一个人格健全完善的人打下良好

的基础。这是学前儿童审美教育的终极目标。人的心理发展包括知、情、意三个方面的发展。审美教育的功能就在于“怡情养性”，使人具有高尚的情操和崇高的理想。所以，从小对儿童进行审美教育，通过对其审美心理结构的培育，可以和认知教育、道德教育共同推进儿童整体的、健全完善的人格的发展。

学前儿童审美教育的内容是其目标实现的载体，失去这一点，目标将成为空中楼阁。学前儿童的审美教育的内容主要包括艺术美、自然美与社会美。艺术美包括幼儿能理解和接受的各种文学、音乐、美术等成人艺术作品以及儿童艺术作品；自然美包括幼儿身边的自然景物和周围环境的美；社会美包括幼儿生活中有着生动的感性形式的社会事物与现象的美。学前儿童审美教育内容可通过幼儿的专题性的欣赏或创作活动来实施，也可以通过日常游戏来实施。例如，角色游戏究其实质是一种戏剧表演，积木搭建则是一种造型艺术。

第三节
学前儿童审美教育的实施

如前所述，在现实层面上，学前儿童审美教育的目标就是培养他们审美感受和审美表现与创造能力。审美感受是审美表现与创造的基础，审美感受可以开阔儿童的审美视野，增加其内在图式，积累审美情感，提高审美能力，为审美表现与创造积累内在功力。审美表现与创造可以使儿童在自身具体的操作过程中更深刻地体验各种审美感受，进一步地提高其审美能力。所以审美感受和审美表现与创造相辅相成，相互促进。学前儿童审美教育可以从这两个方面进行。

一、审美感受力的培养

（一）用美包围儿童

卢梭在《爱弥儿》中曾用浪漫的笔触描绘道，如果一个人从未在干燥的原野上跑过，而他的脚也没有被灼热的沙砾烫过，如果他从未领受过太阳从岩石上反射出的闷热气氛，那么他怎能感受到美丽清晨的所有愉悦呢？在这里，卢梭实际上提出了培养儿童审美感受能力的方法之一——让儿童投入大自然的怀抱，去感受自然事物的生命运动模式。

皮亚杰曾把儿童对生命运动的理解划分为三个阶段：(1)对自己和经验不加区分，认为一切事物都与自己一样是活动的(4岁以前)。(2)认为只有活动着的对象是有生命的(4～6、7岁)。(3)能将依靠自己的力量使物体活动的对象和因为其他力量使物体活动的对象加以区分，认为只有前者才有生命(8～10岁)。学前儿童大约处于前两个阶段，对于他们来说，自然界的事物大多是有生命的。为此，教师应注意为儿童选择不同风格的自然美的形态让他们去体验、感受。例如，阳光下的沙漠，波涛翻滚的大海，茫茫的草原，高耸入云的山峰的宏伟、壮阔、粗犷；江南风光，漓江秀色，青城幽谷的秀雅、幽静；动植物中的蝶飞蜂鸣、桃红柳绿均有其不同的形式美。教师应引导儿童去看、去听、去体验、去思考。经过对大自然中无数崇高、细腻、曲折、变化的运动模式和秩序的陶冶和熏陶，通过外物与内心之间的无数次的相互作用，种种生命的运动模式与种种复杂的人类内在情感体验之间的一一对应便会在感知中变得稳定、持久和巩固。在这种情况下，一旦特定的外在形式落在视野之内，便会通过知觉自然地选择和筛选，与特定的人类情感模式联系起来，引起某种特定的感受，对美的敏感性也由此产生。

艺术作品是学前儿童审美的另一个来源。教师应注意为儿童选择那些具有典型而明显的审美属性的、有情趣的、学前儿童易理解的优秀艺术作品。就美术领域而言，应注意美术作品的线条、色彩、肌理、空间等审美属性以及不同的情感基调。例如，我国油画家董希文的《开国大典》用暖色表现了新中国开国盛典时的欢乐、热烈、庄严、宏伟的气势，而法国风景画大师柯罗的《孟特芳丹的回忆》则用浅蓝色表现了孟特芳丹花园晨景的清幽意境。另外，为学前儿童选择的艺术作品还应注意其系统性，如作品的种类、作品的流派和作品的风格等方面，以让他们能接触到不同大师的作品。

（二）创设宽松的心理环境

在审美活动中，主体特定的心境和情绪等直接决定其审美感受的发生发展。因而审美活动需要在轻松、自由、活跃的气氛中进行，儿童在其中能具有自信心并专注于体验与想象。因此，教师应注意：(1)接受每位儿童，以和蔼的态度面对他们，使他们能体验到温馨的气氛。(2)允许儿童自由地表达自己的观点和看法，并有充分的耐心倾听他们的描绘和表达，为他们提供一段不受评价的时期，使其审美活动中的自由想象不受阻碍。(3)尊重儿童不同寻常的提问和想法，肯定其价值。(4)给予儿童选择材料表达的自由和创造时间的自由，促进探索。(5)理解和尊重儿童表现感受的作品，使儿童产生成就感，进而增强其自信心，产生对审美活动的兴趣。但是，教师应明白，宽松的心理环境不等于放任自流、不闻不问。教师要观察儿童，及时地发现儿童的心理需要，帮助他们实现其审美愿望，让儿童充分地表达自己的情感和想象。

（三）帮助儿童进行审美情感的积累

学前期儿童的心理发展特点之一是自我中心主义。他们常常将自己的情感投射到外界事物上，产生移情作用。同时，此时的儿童对周围世界具有强烈的好奇心和探究欲望。这为学前儿童审美情感的发展提供了可能性。而美是情感表现的形式，这种形式与学前儿童的情感极易产生碰撞，使他们产生“物我交融”的审美情感。为此，教师应帮助学前儿童进行审美情感的积累：(1)引导儿童在日常生活中积累多种情绪、情感的体验，学会分辨不同的情感表现及其不同的表现方式。同时学会表达自己的积极情感，控制自己的消极情感。(2)选择具有类主体性结构的审美对象。“只有那些由主体的整个心灵选择出来的与自己类似的和相通的事物才能使主体获得审美愉悦”。[①] 审美对象所具有的

① 滕守尧：《审美心理描述》，中国社会科学出版社1985年版，第316页。

节奏、韵律、变化、统一与拟人、夸张、象征等形式特征以及审美对象的不同情感基调是教师应考虑的。(3)教师自己要把全部情感投入进去，让儿童分享其审美愉悦，同时也引导他们全身心地投入审美过程中去。只有知、情、意整体心理因素的投入，儿童才能得到身心的愉悦。(4)注意用艺术化的语言来描述审美对象，以生动的形象吸引儿童。

(四) 引导儿童利用多种形式感知审美对象的审美属性

审美属性通常包括美的基本要素和形式美的基本规律两大类。前者主要是指线条、色彩、肌理、声音、运动等要素，后者主要包括对称与均衡、重复与变化、节奏与韵律、多样与统一等方面。学前儿童对这些基本概念的掌握有助于他们审美感受力和审美创造力的提高。教师切忌空洞地灌输，而应该结合具体的审美实践来进行。例如，学习对称概念，教师可为儿童展示大量的具有对称特征的事物与艺术品。如人体、装饰服装、各种工艺品、建筑物以及音乐、文学作品，还可以结合儿童自己的操作，如剪花边等活动，帮助他们感受对称美。教师在引导过程中应注意，对审美属性的感知不同于科学活动中对物体的感知，后者强调的是客观事实，而审美感知强调的是对事物的情感表现性的把握，例如，对松树和柳树的审美感知就不是要求儿童知道松树是常绿树，柳树是落叶树，而是要求儿童感知两种树的形状、颜色、肌理等的变化，从整体上感受松树的伟岸挺拔和柳树的婀娜多姿。

(五) 启发儿童表达自己的审美感受

把自己在审美欣赏中的内心体验表达出来可以进一步加深儿童对审美对象的理解。教师应引导儿童用多种方式来表达他们的体验。这些方式可以是语言讲述、动作表演、歌唱、游戏活动、绘画与手工造型等，它们实际上也是一种审美经验的迁移过程。为此，教师应帮助儿童理解各种表达方式中最富有表现力的因素以及哪些因素能恰当地表达自己的感受。例如，用排列的点表现轻快的节奏，用大弧度的曲线表现缓慢的节奏。

二、审美表现与艺术创造力的培养

(一) 丰富儿童的内在图式

审美表现与艺术创造是一个儿童将自己的感受表达出来的过程。这一过程要求儿童头脑中首先要有内在图式的积累，这些内在图式是审美表现与艺术创造的原材料，它们经由审美情感的激发，即可成为现实的审美作品的内容。教师可以通过欣赏、谈论、游戏等多种活动形式来帮助儿童获得内在图式：(1)通过对表象的概括、分化、分解、综合来进行内在图式的积累。表象的概括是指在相似的表象中概括出其共同特点的对象；表象的分化是指在保持表象的基本形态和主要特征的同时构想种种类似新表象。前者是从个别到一般的过程，后者是从一般到个别的过程。表象的分解是指将已有的表象分为部分，表象的综合是指将这些分解的表象重新组合成一个新的表象。表象的分解与综合不是机械的割裂和拼凑，而是一种精细的分化与浑然天成。经过这样的过程，审美表现与创造所需的内在图式就是一些既具有普遍性的，又具有典型性的全新形象。(2)通过语言的引导作用来积累内在图式。一般来说，有启发性语言和艺术性语言两类。前者主要是帮助儿童开阔思路，启发思考；后者主要帮助儿童进行审美意象的加工，同时兼有调动儿童审美情感的作用。(3)引导儿童感知对象的审美属性。

(二) 激发儿童审美表现与艺术创造的动机

学前儿童的审美表现与艺术创造是在其创作动机的推动下产生的。这种创作动机是在推动其从事表现和创造活动的内在动力。是无意识和意识相互作用的结果。“只有当意识最大限度地完成了自身的任务时，无意识才能起到十分令人满意的作用。”[①]也就是说，意识的内容与形式必须契合无意识的各个方面，无意识才能被激活。为此，教师应注意：(1)为儿童创设充满情感色彩的、与其生活经验贴近的审美环

① 滕守尧：《审美心理描述》，中国社会科学出版社 1985 年版，第 378 页。

境，引起儿童的好奇心和探究欲望，从而发现美的特征，形成创作上的冲动。研究表明，让儿童置身于充满情感色彩的审美环境中，不但有助于他们审美感受的提高，也有助于他们的审美表现与艺术创造力的发挥。(2)审美表现与艺术创造的内容应符合儿童身心发展的年龄特征，是儿童通过自身的努力能达到的。这样的内容易使儿童产生跃跃欲试的心理。(3)教学方法应注意游戏性。游戏是学前儿童的基本活动，任何活动的游戏形式都容易调动儿童的积极情绪，引起他们的兴趣。

（三）启发儿童的审美思维

审美表现与艺术创造实质上是儿童通过自身的审美实践进行主动的自我建构的过程，相对其审美表现与艺术创造的结果而言，儿童在这一过程中所做的探索对其心理的发展的促进作用要大得多。因此，教师应注意培养学前儿童的审美思维能力。这种审美思维不同于科学逻辑思维，它具有直觉性、形象性、情感性、整体性等特征。(1)教师运用提问题、暗示、创设情境、隐喻等方式给儿童提供线索，启发他们回忆以前所感知的审美对象的整体形象及细节特征，对表象进行概括、分析、分解与综合，并进行与主题相关形象的联想与想象，激发儿童喜爱想象的潜在优势。在这一引导过程中，解决问题的途径是未知的、非直接的，而且是不易识别的，必须靠幼儿自己思考、寻求解决问题的方式，这就给儿童自身的探索留下了足够的思维空间。(2)如果说逻辑思维较为强调集中思维的话，那么，审美思维更多地要求儿童进行发散性思维。为此，教师在指导过程中，不要以自己的审美趣味来束缚儿童的审美表现与艺术创造，而要持一种开放的态度，允许儿童的内在情感、想象等呈现个性化的表现。只有这样，才符合现代哲学与艺术的潮流。开放的态度也同时表现在对儿童的审美表现与艺术创造的结果的评价上，也即教师要打破教育要求的划一性，看到儿童的个体差异，在目标和达到目标的程度上、艺术创造内容和形式的表达方式上都灵活对待，以使儿童对审美活动产生并保持兴趣。

(四) 教给儿童表现的技能

必要的操作技能和工具、材料的基本使用方法是学前儿童进行审美表现和艺术创造的技术基础,缺乏这一基础,会影响他们创造的热情和创造的水平。教师在教给儿童表现的技能时应注意:(1)思考哪些技能是必须由教师教给儿童的,哪些技能是可以通过儿童自己的探索获得的。(2)教给儿童的基本技能不能阻碍他们的创造性的发挥。要通过儿童自身的审美表现与艺术创造实践活动来学习技能,真正做到,在教师的引导下,通过儿童的思考、探索来掌握技能,为进一步的表现与创造打下基础,而不是简单地模仿教师的示范动作。(3)让儿童通过多次的练习来巩固所学技能。这种练习应与游戏活动相结合,否则极易成为一种枯燥的技术训练,使儿童对技能学习失去兴趣,从而影响创造性的发挥。

第十二章 学前儿童的游戏

游戏是每个人都非常熟悉的一种娱乐活动，然而游戏却是一个高度抽象的、难以捉摸的概念。对于什么是游戏、儿童为什么游戏等问题，从柏拉图到皮亚杰，一直到现在，都始终是人们关注的问题，给游戏下一个精确的定义显得非常困难，而对这些问题的回答，则有助于我们对游戏的本质及其意义的理解。

第一节 游戏的发展性概念

为了搞清楚游戏的本质和意义，明确游戏在儿童生活中的地位，研究者从不同的角度，依据不同的方法，对动物、儿童及成人的游戏进行观察、描述和解释。

一、游戏的概念

早期的研究者以人的起源为核心，从生物学的角度来尝试性地描述游戏的起源和原因。

柏拉图认为游戏是由于年轻的生物——动物和人类——跳跃的需要。德国思想家席勒认为活动是人和动物的普遍现象。低等动物把精力和时间全部用于生存活动上面，无多余的力量来从事游戏，而高等动物除了维持基本的生存外，还有多余的精力和时间来从事游戏活动。鉴于游戏的创造性、想象性的特点，他把游戏界定为一种艺术的形式。英国心理学家斯宾塞发展了席勒的思想，从神经生理学的角度来探讨游戏活动的生理基础。他认为游戏是剩余精力发泄的产物，是过剩的生命能量的转换；游戏是与生俱来的本能，是无意识的产物，但他却不能解释儿童即使精疲力竭，仍不停地游戏的原因。因此，与他们的观点相反，德国的拉察鲁斯和裴茄克则不同意游戏是发泄剩余的精力的说法，而是在工作疲劳后，恢复精力的一种方式；游戏是儿童重新获得能量的必需途径，是放松的一种需要。随着儿童的成长和发展，他们的游戏活动远远超越了动物。

德国的格鲁斯把游戏看作是一种本能的训练，是为今后生活所需要的严肃的工作而设立的。儿童天生的本能不足以适应将来复杂多变的生活，需要有一个准备生活的练习阶段，游戏就是准备生活阶段练习本能的一种手段。童年的目的就是游戏，因为要游戏，才赋予他们童年。他不相信游戏本身有一个建设性目的，也不承认儿童的身体、认知、情感和社会性能力水平会影响他所参加的游戏类型，否定了游戏对儿童发展的重要价值。而荷兰生物学家、心理学家博伊千介克则与格鲁斯持相反观点，他认为游戏是儿童操作某些物品而进行的活动，是幼稚动物的一般特点的表现，而不是一种单纯的机能练习，他认为人的心理发展只依靠人的潜在的内部力量来进行，不需要练习也能发展，也不需要游戏作准备，游戏不是本能，只是一般欲望的表现，因为有了童年，才有了游戏。

美国心理学家霍尔对游戏的看法则是从遗传的角度提出的。他把人类游戏看作是远祖灵长类动物活动的复演。然而现在看来儿童的游戏却大大超过了动物。霍尔指出游戏是儿童对祖先生活的回忆，是早期种族活动的遗迹。他把儿童的发展过程分为五个阶段，即动物阶段、原始阶段、游戏阶段、农业家庭制作阶段和部落阶段。在儿童身上可以找到与每一个阶段相应的游戏行为表现，儿童的游戏实际上是复演着祖先的生活；游戏让儿童逐步摆脱原始的不必需的本能动作，为当代复杂的活动作准备。

上述关于游戏的解释，都有一个共同之处，即认为游戏必定是某种生物学的意向，在论述游戏的来源与起因时，所得出的结论大都相互重复或相互矛盾，它们只是从生物学的角度解决了部分问题，而对于“究竟什么是游戏”及“游戏对游戏者意味着什么”的问题则未能彻底解决，没有真正揭示游戏的本质。游戏并非只以纯机械的练习和运动的形式来转移过多的能量，或是在紧张之余放松放松，或是锻炼一下以适应生活的要求，或补偿不能满足的愿望而已。游戏中的愉悦、欢笑、专注、生气勃勃等等，是生物学所不能解释的。因此，心理学逐渐在游戏研究中占重要地位。

研究者开始用精神分析的观点来分析生物学所不能解决的问题。以弗洛伊德为代表的精神分析理论在解释、研究游戏的领域占了主要地位。

弗洛伊德认为游戏是敌意或报复冲动的宣泄，儿童就是为了追求快乐、宣泄不满而游戏。他在论述游戏时，是以人格理论为起点的，他认为人格由“本我”、“自我”、“超我”三部分组成。“本我”是由一切与生俱来的原始本能所组成，它不受道德、逻辑的支配，只是盲目地追求满足。“超我”是人格中最文明的部分，儿童生活在社会中，就要受社会道德要求和行为标准的制约，使他远离动物界；“本我”与“超我”对儿童的要求是相互矛盾的、对立的，只有“自我”能成为二者之间的平衡机制，使儿童既能追求满足，又可以避免痛苦，而游戏是部分与现实分离的产物。“自我”在游戏中得到发展，儿童在游戏中寻求现实中不能实现的愿望的满足。儿童期的主要愿望就是快快长大，做成人所做的事，这在现实中是不可能实现的，儿童就在游戏中寻求成为大人的愿望的满足。

埃里克森从积极的方面发展了弗洛伊德的观点。他认为游戏是自我的一种机能，是一种身体的过程与社会性的过程同步的企图，游戏可以降低焦虑，使愿望得到补偿性的满足。

而精神分析学派的另一位研究者蒙妮格则极端地发展了弗洛伊德关于游戏是宣泄的思想。她认为游戏就是发泄，游戏为发泄人身上存在的一种本能的攻击性驱力提供了合法的、为社会所允许的途径和机会。把人的本性看作是反社会的，把攻击行为看作是人本能的行为，为暴力行为的合理性提供了依据。

精神分析学派强调游戏对于人格的发展以及心理健康的价值，使人们开始重视游戏对儿童早期的发展，重视游戏对儿童情感、社会性等方面的发展价值，对后来研究游戏的人起着一定的影响。

皮亚杰也反对游戏是一种本能活动，他从认知发展的角度来考察儿童的游戏，认为游戏是智力活动的一个附属方面，是儿童早期思维发展不平衡的表现，游戏的实质就是同化超过了顺应，是个体把外界信息纳入原有认知图式中的一种活动。这为儿童游戏的研究开辟了新的途径和视角。

维果茨基认为游戏的实质就是满足愿望。当儿童在发展的过程中出现了大量的、超出他实际能力的、不能立即实现的愿望时，游戏就产生了。他指出儿童心理发展的最主要变化首先产生于游戏活动中。因此，游戏是儿童生活中占主导地位的活动形式，是儿童社会性的实践活动。他从儿童心理发展的角度，提出儿童游戏的社会性，加深了对儿童游戏本质的理解，使儿童游戏与动物的本能活动有了质的区别。

另外还有不少研究者从人类学、逻辑学等多种角度对游戏进行探讨，丰富了人们关于游戏的认识。贝特森认为游戏是一种学习，是信息的交流和操作过程。伯莱因提出游戏是机体主动影响环境的倾向,游戏是由机体控制的行为。加维认为游戏是由内驱力所策动的,是一种快乐的活动。凯瑟琳·嘉卫指出游戏是一种娱乐。

二、游戏的特征

不同研究者对游戏有不同的看法,给游戏下一个明确而清晰的定义是困难的。不过尽管如此,研究者们都倾向于将游戏定义为一种追求快乐的行为,是儿童自愿参加的、以娱乐为主要目的的活动。它具有以下特征。

(一)游戏是一种自愿的行为,它具有主动性

游戏是非强制性的,被迫参加的游戏就不再是游戏了。儿童之所以游戏,是因为出于自发的、自愿的需要,是因为他们喜欢游戏,游戏能给他们带来欢乐。儿童可以自由选择游戏,他们是游戏的主人,游戏的内容、玩法及同伴等都是由他们自己来决定的。游戏是由内部动机引起的,当游戏创造的快乐成为一种必需时,对游戏的需要就变得急切起来。

(二)游戏是一种假装的行为,它具有虚构性

游戏不是平常的、真实的生活,每个儿童在玩游戏时,都清楚地知道"只是玩玩"、"是假装的",游戏只是一种愿望和要求的满足,是一种获得愉快体验的手段。儿童在游戏中自娱自乐,不注重游戏的结果,游戏不带功利的性质及生产性。儿童在游戏中利用模仿、想象来创造性地整合和表现周围生活,可以不受日常生活的约束,也可以把日常生活暂时抛弃,这种不真实的、虚构的情境,给游戏带上了一种神秘的色彩,而正是这种神秘而充满幻想的、虚构的色彩深深地吸引着儿童。

(三)游戏是一种有规则的行为,它具有有序性

儿童在游戏中并非毫无约束和限制。观察儿童的游戏可以发现,尽管他们的游戏有时显得乱七八糟、非常忙乱,但每个游戏中都隐含着一种秩序性,每个个体都有一定的自我约束,也正是这种秩序的约束,

把儿童的游戏带入一种和谐、有序。任何游戏都是有一定规则的，不管是行为方面的规则还是游戏本身的规则，一旦规则被违背或破坏，就会影响游戏的有序开展。此外，游戏的发生地点和时间也有别于“平常”生活，一旦游戏发生，儿童就生活在游戏的世界里，而当游戏一结束，他们就会立即回到现实，等到下次游戏开始时，他们可以将上次的游戏重复进行。

由游戏的特征可以得出：游戏是在某一固定时空中进行的自愿的活动，它有别于日常生活，并伴有愉悦的情绪，是遵从一定游戏规则的有序活动。我们通过儿童的表情、动作、角色扮演、言语及材料等可以判断儿童的行为是游戏还是非游戏。[①]

第二节
游戏对学前儿童发展的价值

游戏不仅是童年期一种特有的快乐的活动，它对儿童的成长和发展也有着不可替代的价值。

一、游戏可以促进儿童身体的生长发育

游戏是儿童身体生长发育的保障。身体健康的儿童比身体不健康的、营养不良的儿童更喜欢游戏。游戏使儿童身体各器官得到活动和锻炼，大到追、跑、跳、跃的游戏，小到拼图、绘画、玩沙等游戏，都可以促进儿童大、小肌肉的运动，促进骨骼、关节的灵活与协调。儿童在不同的游戏中变得结实、健康；在与外界环境多方面刺激的相互作用中，变得反应迅速而敏捷；在欢快的游戏中，形成各种技能，增强了对外界环境的适应能力。游戏为儿童身体的正常发展提供了许多必要的动作练习和运动的机会，锻炼了儿童的身体，增强了儿童的体质。

① 刘焱：《幼儿园游戏教学论》，和平出版社 1996 年版。

二、游戏可以促进儿童智力的发展

游戏是儿童智力发展的动力，它保证儿童智力的发展。儿童通过游戏及玩具材料，可获得日常生活环境中各种事物的知识，促进儿童观察力、注意力、记忆力的发展。史普德克认为游戏是一种方法，通过这种方法，儿童可以接收外部世界的信息，并对它们进行加工处理，使之适应自己内部的编码图式。也正如皮亚杰提出的游戏是同化超过顺应的产物，游戏中的假扮和象征有助于发展儿童的创造力，提高其解决问题的技能；积木游戏是培养儿童三维空间思维能力的最佳方法；游戏中对物品的假想促进了儿童想象力和创造力的发展；儿童在游戏中相互接触、积极交流，语言能力能得到较好的发展。游戏为儿童提供了重复练习的机会，儿童通过游戏来获得技能，在游戏中学会了推理，发现了有关数的知识及事物之间的简单关系，学会了解决问题的方法，锻炼了处理问题的能力，为今后进入学校学习作了知识、经验和能力上的准备。

三、游戏可以促进儿童良好情绪、情感的发展

愉快地游戏，是儿童心理健康的标志。戈德斯·沃思认为游戏是正在成长中的儿童最大的心理需求。游戏对于儿童情感的满足和稳定具有重要意义。游戏伴随着愉悦的情绪，儿童没有来自外界的强制目标，不需要承担任何责任，当儿童积极投身于游戏中，游戏能给儿童带来极大的快乐和满足，体验着成功带来的成就感和自豪感。游戏中儿童有时也有消极情绪的表现，游戏为儿童提供了表达各种情绪的场所。当冲动的行为或实现愿望受阻而产生挫折时，游戏中儿童可以学会如何控制这种挫折，保障儿童心理健康发展。儿童通过模仿各种成人的言行，体验到成人的情感，这是儿童同情和移情发展的基础，在游戏中形成良好的情感。游戏也以其自身的娱乐性、趣味性，以及色彩艳丽、造型优美的玩具材料和内容丰富的主题，深深地感染和吸引着儿童，极大地满足了儿童的愿望。

四、游戏可以促进儿童社会性的发展

儿童在游戏中，由于需要且必然要与其他伙伴发生联系，在与别人的交往中逐渐地发现和了解自我与他人，在集体的游戏中，实践着如何使自己的行为能被同伴接受，如何与别人相互适应，逐步学会理解别人，掌握和学习轮流、协商、合作等社交技能。特别是在角色游戏中，儿童通过扮演角色，按角色的身份及情感体验来行动，并与伙伴一起共同发展游戏的情节。有研究表明，角色游戏的数量与复杂程度可以预示儿童的社会性技能、声誉及积极的社会活动。游戏使儿童从自我中心里解脱出来，逐渐认识自我，认识别人，学会与人合作、与人交往，理解角色的关系，掌握社交的态度和礼貌，获得人际交流技巧和社交规则，加深伙伴间的友谊。

第三节
游戏与工作、学习的关系

一、游戏与工作的关系

为了正确认识游戏及其在学前教育机构中的地位，我们必须认真探讨游戏和工作的关系。许多人都把游戏和工作看成是对立的。杜威认为游戏的基本属性是：活动即目的，探索自然的趋势及意外性；而工作的属性是：目的是主要的，结果是可预见的。他认为对于儿童来说学习如何做事情时，游戏和工作都需要。皮亚杰也认为游戏带有自发性、娱乐性、自由的组织结构，而工作具有强制性、功利性和有序性。关于游戏与工作的关系，详见表 13－1。[①]

① 摘译自 JOEL FORST，《Play and Playscope》，Delmar Publishers Inc. New York，1992，第 64 页。

表 13－1　游戏一工作的关系

代表人	游戏的基本属性	工作的属性
杜威	活动即目的 探索自然的趋势 意外性	目的是主要的 结果是可预见的 计划性
皮亚杰	同化 活动本身即目的 自发性 娱乐性 自由的组织结构 自由地发生冲突	顺应 外加的目的 强制性 功利性 有序性 竞争
赫伊津哈	自愿的活动 假想的 自由的、闲暇的	计划性的任务 真实的生活 身体需要而强加的
维果茨基	充满想象和虚构的 游戏是变化而有种类的	强调真实性 发展趋势从游戏到工作
瑟克韧特米哈尔依	固有的动机 大量的经验 流动的经验 精神的游戏	适宜的工作 工作中却很少完成任务

对于游戏和工作的区别，一般都认为游戏是自愿的活动，是假想的、自由的、愉快的，而工作是计划性的任务，是真实的生活，是因身体需要而强加的严肃的活动。因为在大家看来，人类之所以要进行工作，是因为要谋取生存资料，因此，工作的本质即是物质生产劳动，它直接或间接地创造着物质财富。工作是生活于社会中每一个成年人应尽的义务，不管你是否愿意，是否感到愉快，都必须工作，工作具有强制性、功利性，其目的是外加的。每一个工作者所从事的工作与他的需要、兴趣和能力可能是一致的，也可能是不一致的。当它们一致时，工作者就会对他所从事的工作产生极大的热情，会坚持不懈地、专注地投入工作，从中获得成功感、成就感，获得的不仅仅是物质的满足，更主要的是一种心理的满足；而当工作者所从事的工作与他本人的兴趣、能力等不一致时，他就只会把工作作为一种谋生的手段，为了生活，为了满足生存需要而工作。成人只有当基本的生存需要满足以后，才有可能去

游戏。

对于个体来说，同一项活动可以既是工作，也是游戏；一个人的游戏可以是另一个人的工作。哈洛推断，因为游戏既需要思考又消耗精力，所以游戏包括工作。萨顿-史密斯认为，当目的比方法手段更重要时，活动趋向于工作，但当方法手段比目的更重要时，活动便应归属于游戏。皮亚杰则认为，对于游戏中的儿童来说，游戏本身就是一个最终的产物。因为同一项活动在一个人生命中的一个阶段可以是工作，在另一个阶段则可以是游戏。

工作对于儿童来说意味着什么呢？当儿童满足了基本的生理需要后，随着心理的发展变化，会不断萌发模仿周围成人生活的愿望，学着大人那样生活、做事。于是成人世界中的那些他们熟悉的、能够理解的人和事物，就成了他们模仿的对象，成了他们的“工作”，他们通过“工作”了解这个世界。这里“工作”是非强制性的、非生产性的。儿童并不为获取某种结果而“工作”，而只是为了寻求一种满足、得到一种快乐而已。“工作”是一种学习活动，是儿童获取经验的一种手段。它可以随儿童的兴趣而随时改变。从这个意义上说，成人的工作和儿童的工作有着本质的区别，儿童的工作就是学习。

下面再来看看成人的游戏与儿童的游戏。成年人的游戏，往往只能是在工作之余、闲暇的时间里进行，游戏具有空间的限制。成人的游戏虽以娱乐为目的，但群体性和竞争性更为明显，而假想、虚构的成分却很少，往往以真实的自我参加游戏，游戏的规则意识强，获胜的目的性强。游戏在成人的生活里是第二位的，工作是第一位的。

儿童的游戏与成年人的游戏相比，存在着差别。儿童游戏更注重游戏的假想和虚构，儿童的游戏不受时间、地点的限制，儿童自己决定游戏的进程。儿童除了睡眠和饮食之外，几乎所有的活动都是游戏。游戏是儿童的生命，是童年期的主要活动。

由此可知，儿童的工作与成人的工作是两个不同的概念，儿童的游戏与成人的游戏也是不一样的。因此，在探讨游戏与工作的关系时，我们不能把儿童的工作与成人的工作相提并论，也不能用成人的游戏与儿童的游戏相比，用成人的眼光来看待儿童的游戏。只能将儿童的游戏与工作放在一起，将成人的工作与游戏放在一起，才能寻找出其区别与联系，才能从相同的视角来看待具有可比性的问题。

从成人的工作和游戏来看，二者确是对立的。而就儿童的游戏和工作来说，二者是有联系的、并不矛盾的活动。约翰·赫伊津哈认为游戏和工作相比较既无定论也无固定不变的结论。米哈里则明确提出"游戏和工作没有必要对立"的观点，他认为习惯地把游戏和工作一分为二的做法是人为的。儿童的工作和游戏一样，具有可游戏的属性，儿童从事的活动既有游戏的属性，又有工作的属性。对于儿童来说，可游玩的属性也渗透到了其工作中，儿童通过游戏和工作来学习。工作和游戏是儿童生活的组成部分，游戏包含着工作，二者是可以相互转化的。同一项活动对某个个体可能是游戏，而对另一个个体则可能是工作。正如维果茨基所提出的观点——游戏是随着儿童的发展而变得更加严肃，并真实地描述着发展的重要性，即从游戏到工作。而皮亚杰则常根据儿童的面部表情来识别工作在何时转换成了游戏；工作时，儿童沉浸在顺应活动中，紧皱双眉，躯体保持紧张；而当儿童面露微笑，有轻松的表情和伸展自如的躯体时，游戏就开始了。陈鹤琴则明确指出儿童游戏与工作的关系是：游戏就是工作，工作就是游戏。

二、游戏与学习的关系

现代心理学的研究表明，学习是一个范围较广的概念，是获得经验的活动，学习可以是个体主动的发展式活动，也可以是被动的灌输式的学习，学龄前儿童的学习不是一种社会义务，也不具有强制性，主要是在他们与周围的人和事物的相互作用中，在各种实践活动中获得并积累经验，即使是正规的课堂学习，也只能以游戏的形式，让儿童主动地去发现学习，这是他们的身心发展的特殊性决定的。游戏是儿童的学习，是学龄前期主要的学习方式。学习是游戏的基础，游戏是儿童的学习，儿童只有通过游戏化的学习获得经验，才能把外部的要求内化为他们自己内部的需要，变成自觉的行为。因为只有考虑了学习者的兴趣、能力和需要，才能充分发挥他们的主体性和积极性。研究表明，儿童各种经验的获得主要来源于各种游戏活动的过程中，而经验的获得已是学龄前期儿童的一种最主要的学习。因此，学龄前儿童的游戏和学习不是对立的、不同的活动，二者是相互联系的、可以相互转化的，游戏中包含着学习，学习中也包含着游戏。只有当学习变成了学习者的负担，变成了学习者不得不完成的任务时，学习就会变成游戏的对立面。因此，我们应该正确认识游戏与学习的关系，让儿童在游戏化的学习中获得发展。

从游戏与学习、工作的关系中，我们不难发现，游戏在儿童的发展中起着主要作用，儿童的主要活动就是游戏。1996 年颁布的《幼儿园工作规程》明确指出，幼儿园应当“以游戏为基本活动”，规定了游戏在我国幼儿园教育工作中的地位。

第四节
儿童游戏的发展

儿童游戏的发展，和儿童身心发展一样，经历着一系列的发展历程。由于不同年龄的儿童在生理、心理和生活经验方面存在着差异，游戏的内容和方式也有所不同。根据儿童在游戏中的表现，我们可以从儿童年龄发展的纵向和游戏内容的横向方面，来看待儿童游戏的发展。

一、儿童游戏的年龄发展阶段

随着儿童年龄的增长，他们使用游戏材料的方式也有所不同，游戏的类型也不同。

（一）认知发展

1. 练习性游戏阶段

0～2 岁的儿童主要是通过感知和动作来认识环境、与人交往的。

他们的游戏最初是用自己的身体来作为游戏的中心，后来，逐渐地会摆弄与操作具体的物体，并不断反复练习已有动作。从简单的、重复的练习中，他们尝试发现、探索新的动作，从而使自身获得发展。在反复的成功的摆弄和练习中，获得愉快的体验。游戏的驱动力就是获得“机能性的快乐”、“动”即快乐。从社会性发展的角度来看，这个阶段儿童游戏的形式主要表现为：偶然行为、游戏的旁观者及独自游戏。

2. 象征性游戏阶段

2～7岁的儿童，随着语言和表象的发展，通过练习性游戏来掌握的新东西越来越少，象征性游戏成为此期儿童游戏的典型形式。儿童的游戏不再是身体动作的简单重复，而是有思维的参与，出现了象征物或替代物，游戏中有特殊的嬉戏性表征结构。游戏中的主要特征就是模仿和想象。儿童通过模仿和想象来反映现实生活，从中获得快乐的体验，满足游戏的愿望。随着游戏的发展，儿童抽象思维能力的发展，儿童对象征活动的需求逐渐降低，象征性游戏逐渐出现了被规则游戏取代的趋势。因此，在儿童游戏中，我们常常会看到象征性游戏与结构游戏并存的现象。结构游戏是儿童从象征性游戏转向非游戏活动的一种过渡，它最初带有象征的成分，以后慢慢地发展成为一种智力活动。这个时期儿童游戏的主要形式遵循着独自游戏、平行游戏、联合游戏到合作游戏的发展顺序。

3. 规则游戏阶段

7～11岁的儿童，随着智力的进一步发展，思维的发展越来越接近现实，象征性的成分逐渐消失，规则在游戏中成为中心，儿童按规则进行游戏，按既定的规则控制自己的行动，随着年龄的增长，规则游戏逐渐复杂，竞赛性的特征越来越明显，逐渐演变为体育运动和棋类游戏。

有研究报告表明，规则游戏的发生频率在6～10岁之间呈稳步上升趋势，但是在10岁以后就下降了，14岁是最低点（艾菲曼，1971）。[①]

① 转引自高月梅：《幼儿心理学》，浙江教育出版社1993年版，第52页。

还有人研究 3～7 岁儿童竞赛性规则游戏的发展，认为可划分为五个阶段：将对手视为合作伙伴；模式化地遵守规则，“取胜”的意愿不强烈；严格遵守规则，出现竞争的态度；企图获胜，应用外显的规则；竞争性地游戏（德弗里斯，1970）。[①]

（二）社会性发展

美国心理学家帕顿根据儿童在自由游戏中的社会交往关系和协同程度将儿童社会性发展分为六种水平。

1. 偶然的行为

儿童注视着身边突然发生的使他感兴趣的事情，或摆弄自己的身体，或从椅子上爬上爬下，到处乱转等。

2. 旁观行为

大部分时间在看别人玩，听别人的谈话或向别人提问题，不参加其他儿童的游戏，但对所发生的一切心中有数。

3. 独自游戏阶段

儿童独自一个人玩玩具，所使用的玩具与周围其他儿童的不同，只专注于自己的活动，不管别人在做什么，也没有做出与其他儿童接近的行为表现。

4. 平行游戏阶段

儿童仍独自玩，但他所玩的玩具同周围儿童的玩具类似，在同伴的旁边玩，而不是和同伴一起玩。

5. 联合游戏阶段

儿童个人的兴趣不属于集体，仍以自己的兴趣为中心，但愿意与其他儿童一起玩，做自己愿意做的事情。

6. 合作游戏阶段

儿童以集体共同目标为中心，在游戏中相互合作并努力达到目的，有明确的分工、合作及规则意识。

---

① 转引自高月梅：《幼儿心理学》，浙江教育出版社 1993 年版，第 52 页。

根据帕顿的研究，2 岁儿童一般只从事独自游戏或平行游戏，或站在一旁观看。4 岁儿童一般从事互相平行的游戏，但与 2 岁儿童相比，在相互作用和从事合作游戏的方面表现得更加多一点(见表 13 - 2①、图 13 - 1②)。

表 13 - 2　幼儿自由游戏中社会行为的出现率(%)(帕顿，1943)

社会行为 \ 年龄(岁)	1	2	3	4
无所用心的行为	3.7	2.1	—	—
旁观行为	4.6	11.6	5.7	8.8
独自游戏	20.3	23.0	3.5	9.5
平行游戏	54.5	35.7	29.5	30.1
结伴游戏	13.5	21.3	28.6	32.1
合作游戏	3.6	7.0	23.5	19.6

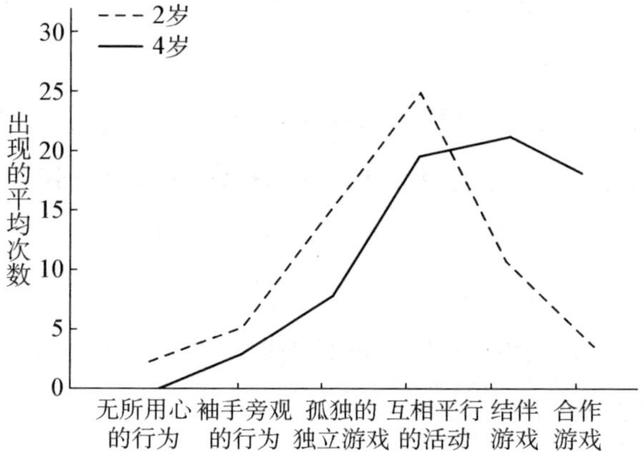

图 13 - 1　2 岁儿童与 4 岁儿童游戏类型的差异(帕顿，1932)

美国的研究者基于实验研究、非正规观察和被试自我报告等的结果，曾提出了一个游戏发展的理论模式图。③ 这一模式图可使我们对前述各类游戏的发展趋势，有一个综合的、直观的印象(图 13 - 2)。

① 转引自高月梅：《幼儿心理学》，浙江教育出版社 1993 年版，第 54 页。

② 王振宇：《儿童心理学》，江苏教育出版社 1987 年版，第 235 页。

③ 转引自高月梅：《幼儿心理学》，浙江教育出版社 1993 年版，第 59～60 页。

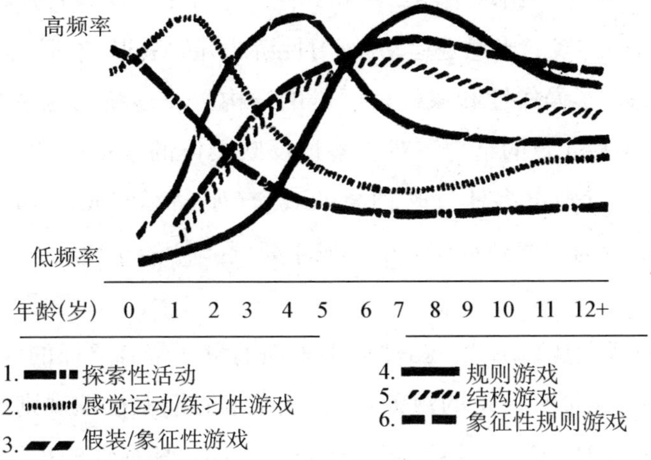

图 13－2　各类游戏发展的理论模式图

1. 探索性活动。开始于婴儿早期并持续终身，当个体面临新的物理环境和社会环境时出现。虽然探索活动的模式会有所改变，花费的时间会因经验的积累而下降，但这一活动贯穿一生。

2. 感觉运动/练习性游戏。开始于出生后的 4～6 个月，是延续至婴儿、托儿期的最初的游戏形式。以后继续发展，每当需要掌握新的技能(如打球等)时，就会有这种练习。

3. 假装/象征性游戏。在将近 1 岁时出现，于幼儿期达到明显的高峰。虽然小学阶段的儿童仍有明显的象征性游戏(特别在非公众场合——家中或校外户外活动场中)，但游戏变得"小型化"——用纸偶、玩具等小物件来替代游戏者本人；变得"抽象化"——用观念和语言来替代身体的行动；变得更"社会化"——游戏有了新的定义和喻义(例如表演滑稽短剧)。

4. 规则游戏。开始于婴儿参与成人发起的嬉戏活动，以后在幼儿自发的社会性游戏中出现了规则游戏的雏形。幼儿期有一些通常由成人发起的简单的规则游戏。学龄初期规则游戏的数量和复杂性不断发展，至小学中期达到高峰，然后发生类似象征性游戏的演化：变得"小型化"——进入桌面游戏；变得"抽象化"——出现纸笔游戏或猜谜游戏；

变得“社会化”——出现运动竞赛和其他一些有正规规则的游戏。

5. 结构游戏。当感觉运动/练习性游戏开始衰退、象征性游戏开始减少时，综合了操作性和象征性因素的结构游戏逐渐成为主要的游戏形式。低年龄儿童的结构游戏较多地反映具体的事物(如“房子”等)，年长些的儿童则更多地反映抽象的概念(如“战争”或“和平”的情景等)。这些行为持续到青少年期和成年期，逐渐演化成艺术、手工艺、建筑创作等。

6. 象征性规则游戏。虽然许多早期的游戏带有象征的因素，许多象征性游戏又带有一定的规则，但直至小学时期象征性规则游戏才成为主要的游戏形式。这类游戏将规则的结构与象征性的内容相结合。这类游戏盛于青少年期和成年期，基本的规则结构相对稳定，而象征性内容可因年龄、性别或文化背景的不同而不同。

二、学前儿童游戏的分类

从游戏横向的角度来看，游戏的内容和方式有各种形式，因而对游戏分类的方法也各有不同。

有的以理论假设为指导，也有的以自然观察的指导对游戏进行分类。

有的学者则认为儿童的发展主要是沿着认知和社会性这两个维度展开，因此，儿童的游戏也可以按此两个方面来分类。游戏的认知分类主要包括感觉运动游戏、象征性游戏、结构游戏、规则游戏；游戏的社会性分类则主要根据参与游戏的儿童之间的相互关系来划分，包括独自游戏、平行游戏、联合游戏和合作游戏。

也有根据儿童在参与游戏时，是扮演积极参与者的角色还是扮演“观众”的角色，将游戏分为主动性游戏和被动性游戏。在主动性游戏中，儿童除了需要进行思考、想象外，还需要运用肢体肌肉的活动去进行游戏，儿童可以按自己的意见来决定游戏的形式，游戏中十分自由和活跃，包括操作性游戏、建造性游戏、创作性游戏和想象性游戏。而被动性游戏，则是较静态的活动，儿童主要是在接收信息，他们不需要做体力方面的活动，只是在观看、聆听和欣赏。

我国一直习惯于将游戏按其教育作用来分类，即将游戏分成创造性游戏和有规则游戏，创造性游戏包括角色游戏、结构游戏和表演游戏，有规则游戏包括智力游戏、音乐游戏和体育游戏。随着游戏研究的发展，为了便于幼儿园教师对游戏的运用和指导，现在一般以游戏的实用性来分类，将游戏分为自发性游戏和教学性游戏。自发性游戏是儿童按自己的意愿自发产生的，能充分反映其独立性、自主性和创造性的游戏。教学性游戏是教师为了一定的教育目的而编制的游戏，一般由教师组织儿童进行。

前面介绍的关于游戏发展的观点，虽然他们看问题的角度不同，但他们都有一个共同之处，那就是：儿童游戏的发展经历了不同阶段，从一个阶段向另一个阶段逐渐演化，前一阶段的游戏孕育了后一阶段游戏的发展，而后一阶段的游戏仍包含前一阶段的发展痕迹，它们是相辅相成的一个渐进的发展过程。

第五节
幼儿园游戏活动的开展

一、幼儿园游戏活动现状及存在的问题

《幼儿园工作规程》的颁布重申了游戏在幼儿园中的地位。广大幼教工作者开始认识到游戏的重要性，并试图在实践中努力摆正游戏的地位。然而幼儿园开展游戏的状况却不能令人满意，主要存在以下问题。

（一）注重游戏的教育作用，忽略游戏的发展价值

有研究表明，目前有相当一部分幼儿教师强调游戏对幼儿的教育作用，特别是智力发展的作用，而对于游戏的发展价值认识不足。有

64.4%的教师认为游戏的主要目的是让幼儿获得经验的乐趣。[①] 因此，教师在提供游戏类型时，主要是从游戏的教育作用来考虑的。首先较多地提供智力游戏、音乐游戏、体育游戏等完成一定任务的教学游戏，其次则是提供类型单一的积塑、建构、拼图等结构游戏，安排最少的要数幼儿最喜欢的角色游戏。游戏活动的内容、形式均由教师统一安排，什么时候玩什么游戏，用什么玩具材料都不是由儿童决定的；在游戏开展的过程中，教师大多把指导的重心放在对儿童智力、品德常规等方面。如教育他们不争抢玩具，不乱扔玩具，不大声吵闹，学会谦让、合作、分享等。教师把认为好的、该做的教给儿童，不好的立即加以制止。教师总是急于教给儿童一个现成的正确的答案，而忽略了游戏中儿童自己的探索；忽略了从儿童的角度去考虑游戏对他们的价值；把儿童主动积极的活动，变成消极被动地适应教师教育要求的活动，忽略了游戏的功能，有76%的幼儿教师面对幼儿在游戏中搭的高架桥歪歪扭扭时，采取的都是“耐心地和他讲道理，鼓励其改正”的做法。这足以证明幼儿在游戏中处于一个消极被动的地位。也由此可见游戏在幼儿园中的地位。调查表明：93.3%的幼儿教师认为幼儿园已经做到或基本做到以游戏为基本活动；而在幼儿园总计100分钟的活动时间里，真正的游戏时间却只有34分钟。这何以说明游戏在幼儿园中已成为基本活动了？为什么会有如此的偏差呢？这可能是由于人们对游戏的认识和态度上的偏差所致。

（二）注重追求游戏的外在形式，忽略了儿童游戏的特点和需要

游戏的开展并非依据儿童自身的兴趣去自由地在游戏中满足愿望、获得发展。为了能让儿童逼真地反映现实生活或再现文艺作品中的情节，不少教师把大量的时间和精力花在为儿童提供现成的玩具材料上。如角色游戏中为儿童提供酷似真实物品的自制玩具：用海绵和布缝制的饺子、包子、馄饨等，用发泡材料制成的“麦当劳汉堡”，用空的

① 参见毛曙阳硕士学位论文《幼儿教师游戏观研究》打印稿，南京师范大学，1997年2月。

原装食品袋塞满并封口而成的方便面、饼干等等。这些现成而美观的“食品”，儿童只能被动地摆弄，游戏的主动性、自主性、独立性及创造性被剥夺了。教师为儿童准备的玩具材料、环境布置等，不能体现小、中、大三个年龄班各自的特点。在游戏的具体指导过程中，对儿童已有的生活经验了解不够，教师只能人为地去引导、帮助或教儿童游戏，认为只有这样才能提高儿童游戏的水平，结果教师往往感觉太累、太麻烦，而儿童却没有兴趣，严重违背了儿童游戏的特点。儿童需要的是对游戏过程的体验，而教师追求的是游戏的结果。调查研究显示：提高幼儿教师指导游戏的水平，成为改进游戏的首选做法。52.8％的教师认为幼儿的游戏如果缺少教师的指导就玩不出水平。

（三）注重主观的随意性指导，忽略了系统的观察指导

教师在指导游戏的过程中，缺乏对儿童游戏行为的系统观察。因此，游戏的计划性不够，缺乏指导游戏的目的意识，不了解儿童游戏的意图，不能对儿童游戏的行为给予有针对性的具体指导。教师对儿童观察的时间少，参与游戏的时间也少，而直接指导的行为则较多。教师对游戏的干预意识很强，过于关注游戏的结果，而缺乏足够的耐心让儿童在游戏中去自己尝试、探索、发现。特别是组织儿童的自发性游戏，除了提供多种材料、场地及时间外，教师在游戏中作为旁观者串来串去，而不能对游戏环境中的多种因素加以合理组织，这正表明，教师没有观察儿童的游戏，不能对儿童游戏的状况作出正确的判断。

（四）注重以成人的既定模式来讲评游戏，忽略儿童的经验获得和能力的发展

游戏的讲评，成为教师对儿童游戏进行总结的时机，教师引导儿童一起讲评游戏，以既定模式进行，教师讲得多，而不给或很少给儿童提供发表自己意见的机会，使儿童缺乏表达自己在游戏中的体验及就存在的问题展开争执和讨论的机会，失去了内化经验的过程。教师从游戏开始到结束的讲评，占据了大量的时间，总希望每次游戏都能达到一定的教育目的和要求。儿童游戏变成了游戏儿童。由于游戏讲评中，

教师很少考虑儿童的知识经验和接受能力，不能发挥儿童的主动性、积极性，使其流于形式、失去了应有的价值。

二、幼儿园游戏活动的开展

儿童是游戏的主人，在游戏中儿童以自己的生活经验，以自己的方式来反映着他们对社会的认识。充分体现其自主性、独立性和创造性，使他们的认知、情感、社会性等各方面获得发展。确保幼儿园游戏开展实施的条件，为儿童提供均等的游戏机会、充足的游戏材料、自主的游戏体验、分享的游戏经验和丰富的生活经验，是游戏开展的必要前提，只有让儿童有自由选择的权利和可能、由儿童自己决定游戏活动开展的方式方法，让儿童在享受游戏的过程体验中做与自己能力相符合的活动，才能保证幼儿园游戏活动的顺利进行。因此，为了使游戏活动顺利开展，给教师提出以下几点建议。

（一）儿童是游戏的主人，教师是儿童游戏的伙伴和支持者

儿童是游戏的主人，玩什么游戏、和谁一起玩、怎样玩、在哪里玩等问题应该放手让儿童自己来决定，这样才能满足儿童自愿游戏的需要。真正做到尊重儿童游戏的愿望和保护儿童游戏的权利，才是科学的儿童观在游戏中的具体体现。教师在游戏中成为儿童游戏的伙伴与儿童一起游戏，当儿童需要帮助时，给儿童以支持和帮助。教师的主要任务是观察儿童的游戏，对每个儿童游戏水平的发展做到心中有数，这样才能有的放矢，有针对性地指导儿童的游戏。

（二）根据儿童游戏的需要，与儿童一起准备游戏所需的物品、材料

游戏的主体是儿童，在游戏中需要什么物品和材料，只有儿童最清楚，因此，教师应按儿童的需要，与他们一起准备物品和材料，可以调动儿童的积极性，让他们从自己家中带来，也可共同收集废旧物品，让儿童根据自己的需要自制，这样不仅能满足儿童动手操作的愿望，而且也可以弥补现成玩具无法满足儿童游戏要求的不足。总之，要以儿童的需要为前提，让儿童自己讨论游戏中缺什么，可以用什么东西来替代等

等问题和解决办法。

（三）观察儿童游戏，与儿童一起来讲讲玩过的游戏

儿童是游戏的主人，是游戏的主宰者和操纵者，对游戏玩得好与不好，儿童最有发言权。因此，教师在游戏过程中要认真观察儿童的游戏，及时捕捉儿童在游戏中的一些无意识、无目的的闪光点，通过游戏讲评，将儿童游戏中的点滴进步或创造加以肯定、升华，以促进儿童游戏的发展。同时，教师应调动儿童的积极性，让他们自己来讲讲当天游戏的情况，自己玩得是否开心，遇到什么问题等。儿童游戏就好比一个小社会，是儿童实践与人交往的场所，它不会永远使儿童感到开心，总会有不如意、不顺利的时候，这对于儿童的成长发展来说并非坏事，让他们在游戏这个小社会里学会什么是挫折，什么是失败，才能适应和面对将来的人生。遇到这类问题后，让他们自己尝试动脑筋、想办法去解决，去协调与同伴之间的关系。这些都是培养儿童良好性格的好时机，教师应尽可能给大多数儿童提供这样的机会，让他们来讲讲自己及同伴的游戏情况，表达自己的情绪、情感体验并从中获得满足，这是一个分享经验和快乐体验的过程，也是一个锻炼在集体中大胆表达自己意见和想法的时机，培养良好的口语表达能力和耐心倾听同伴谈话的良好习惯，学会尊重别人、尊重自己。

第六节
儿童游戏权利的保护

儿童是具有独立人格的社会的人，是不同于成人的正在成长发展中的人。就像成年人需要工作一样，儿童需要游戏，哪里有儿童，哪里就有游戏，游戏是儿童的生命。游戏对于儿童来说，不仅是他们实践社会生活的桥梁，也是他们全面发展的需要，儿童除了满足生理需要外，也需要逐步通过游戏来满足精神的需要，游戏是儿童的权利，儿童由于自身的弱小和不成熟，在行使游戏权利时，为防止和排除来自外界的损

害和来自他人的侵害，在安全和权益方面需要成人加以保护。

儿童游戏权利的保护，涉及国家、社会和家庭，不仅需要政府的保护，还需要社会的保护，需要全社会的支持和配合。保护儿童游戏的权利是每一个公民应尽的责任和义务。

一、儿童游戏权利保护的意义

首先，对儿童游戏权利的保护，是尊重儿童的具体体现。尊重儿童即把儿童看成积极主动的与成人平等的主体，对儿童独立人格的尊重，对儿童主体性、自主性、参与性和创造性的尊重，是一种全新的儿童观的体现。

其次，保护儿童游戏的权利，就能真正把儿童当作游戏的主人，尊重儿童游戏的愿望，让儿童在游戏中自己玩要，充分享受游戏的快乐。

再次，儿童游戏权利的保护，是我国履行对联合国大会通过的《儿童权利公约》所承担的义务的具体行动表现；有利于儿童权益保护法规的建立、健全，这是对儿童游戏权利保护的前提。

二、儿童游戏权利保护的有关规定

在1989年第44届联合国大会通过的《儿童权利公约》，1990年9月联合国世界儿童问题首脑会议通过的两个文件——《儿童生存、保护和发展世界宣言》、《执行九十年代儿童生存、保护和发展世界宣言行动计划》以及我国政府先后颁布的《未成年人保护法》、《九十年代中国儿童发展规划纲要》、《幼儿园工作规程》等一系列文件法规中，就儿童权利、儿童游戏权利的保护问题作了明确规定，具体归纳为以下四个方面。

（一）游戏是儿童的权利

《儿童权利公约》强调：儿童有权享有休息和闲暇，从事与儿童年龄相宜的游戏和娱乐活动；应充分尊重并促进儿童充分参加活动的权利；儿童有权受到保护，以免受到对身心健康有害的影响。并对儿童游戏的权利作了明文规定，儿童有游戏的权利，有权自由发表自己的意见，表达游戏的愿望；可以自由选择同伴等等，充分体现了儿童游戏的自主权，儿童是游戏的主人。同时，还对特殊儿童游戏的权利提出了明确具体的保护措施。

（二）社会有保护儿童游戏权利的义务

《儿童权利公约》规定：父母及法定监护人主要关心的问题是儿童的最大权益得到保障。社会有义务保护儿童的权利，以符合儿童不同阶段接受能力的方式指导儿童行使其权利，以最充分地发展儿童的个性、才智和身心能力。儿童阶段最适合儿童接受能力的方式就是游戏。在对儿童游戏权利的保护实施上，《儿童生存、保护和发展世界宣言》庄严承诺：儿童幸福需要最高一级的政治行动。我们决心采取这样的行动……对儿童的权利，对他们的生存以及对他们的保护和发展给予高度优先。这表明了政府对儿童权利保护的态度和决心。

（三）社会应为儿童开展游戏创造机会和条件

《儿童权利公约》规定每个儿童均有权享有足以促进其生理、心理、精神、道德和社会发展的生活水平，因地制宜地为儿童游戏的开展提供物质条件，鼓励提供从事游戏活动的适当的均等的机会。《九十年代中国儿童发展规划纲要》则提出通过政策性倾斜促进儿童玩具等用品的科研、生产和销售，确保儿童游戏的开展。《幼儿园工作规程》规定应因地制宜地为儿童创设游戏的时间、空间和材料等条件，以促进幼儿全面发展。

（四）社会要加强对儿童服务机构的管理

《儿童权利公约》等文件规定，社会应确保发展育儿机构、设施和服务，确保儿童享有其幸福所必需的保护和照料。加强儿童校外教育、娱乐等活动场所的建设，采取多种方法，改善、增设和扩建儿童活动设施，城市规划要考虑儿童活动场所与设施的配套建设。社会应采取有效程序，建立社会方案，向儿童和负责照管儿童的人与机构提供必要的支持、帮助，确保儿童游戏权利得到有效保障。

三、儿童游戏权利的社会保护

我国政府在《儿童权利公约》及《儿童生存、保护和发展世界宣言》等国际文件上庄严签字，向全世界表明了我国保护儿童权利的基本立场，接着又颁布了一系列关于儿童权利保护的文件法规，为我国保护儿童游戏的权利提供了法律和政策的保障；全社会对儿童工作也表示了极大的关注。然而在儿童游戏权利社会保护的诸多环节和方面还存在一些问题。

（一）社会物质生活的发展水平相对落后，使一部分儿童失去了充分游戏的权利

我国是发展中国家，经济文化发展不平衡，儿童的教育、保健等与实际需要存在较大差距，不管是居住在城市还是农村的儿童，游戏权利的保护都有形式主义的倾向。

1. 活动场地不足

随着现代化城市的发展需要，高楼大厦纷纷拔地而起，居民区里儿童活动的场地越来越少。尽管有儿童公园等儿童娱乐场所的建立，为儿童游戏提供了场所和机会，然而在时间的限制和昂贵的价格面前，广大工薪阶层的父母不得不限制儿童游玩的次数和种类，儿童不能尽情地游戏，游戏愿望不能得到充分的满足。

2. 游戏设施不普及

由于经济发展水平的不平衡，城市儿童在儿童公园里能享受到现代先进的游乐设施，对广大农村的儿童来说，几乎是见不到的，更不要说游玩了，农村缺乏现代化的玩具、设备，而城市的儿童又几乎将优秀的民间传统游戏淡忘了。正常儿童拥有的游戏设施、玩具设备，不能满足特殊（残疾）儿童的特殊需要，特殊儿童缺乏正常游戏的玩具设施。游戏设施不普及、不全面，不能满足全体儿童游戏的需要。

3. 玩具设计不合理，价格昂贵

面对琳琅满目的玩具市场，我们在赞美玩具的新奇、惊叹玩具价格

昂贵的同时，也为玩具设计和生产的不合理而担忧。玩具是儿童游戏的支柱，一个好的玩具其形状是能引发儿童丰富的想象和创造的，其功能是多变的，儿童要能把它想象成许多他所需要的东西。一个好的玩具是能满足儿童不断萌生的愿望的。而目前玩具市场里的玩具，洋溢着浓厚的现代科技发展的气息，不仅外形美观、精细且功能固定、用途单一，一眼便能说出其名称和用途，不能很好地促进儿童思维、想象力的发展。靠给儿童买这些价格昂贵、形状固定的玩具来满足儿童不断萌发的游戏愿望，无疑是徒劳的，那些凝聚了我们传统文化精华的民间儿童玩具，不仅结构简单，变化多样，且价廉实惠，对儿童智力、体力的发展有良好的促进作用，这类玩具在玩具市场上却很难看到。由于玩具生产品种的不健全，影响了儿童游戏的质和量，使儿童缺乏开展丰富多彩的游戏活动的物质条件。

（二）社会成员对儿童游戏的重要性缺乏正确的认识，存在“重学轻玩”的思想

我们的传统文化倡导的是“头悬梁、锥刺股”、“业精于勤荒于嬉”等苦学精神，这种思想至今还根深蒂固地普遍存在于人们的头脑之中，社会判断儿童成功的标准是学业而不是游戏，认为游戏是不学无术、浪费时间。

1. 学习活动侵占游戏活动

面对竞争激烈的现代社会，在应试教育的影响下，家长过早地为儿童设计并安排好了未来的一切，不顾儿童的兴趣、愿望和能力，让儿童从小就学习各种知识、技能，儿童每天应有的游戏时间被学习活动侵占了，游戏的权利被侵犯、剥夺了。就连在幼儿园，我们也常常听到家长对儿童最关心的话是：“老师今天上课教了什么新知识？”

2. 教育工作者认识上的偏差

我们教育的目的是要培养全面发展的人，而长期以来，由于传统思想及高考指挥棒的影响，以发展智力为主要目的的教育已渗透到了幼儿园，教育工作者在来自外界的层层压力下，加之自己认识的模糊，以

教师、书本、教室作为教学的中心，让儿童在堆积如山的家庭作业中消耗时间，把儿童游戏的时间挤掉了。

3. 教育行政部门干预不当

各级教育行政部门的领导，对儿童权利、儿童游戏的本质认识不清，要求幼儿园订出游戏指标，迫使教师过多干预儿童的游戏活动。教师在教育活动中的支配作用仍占主导地位。许多法规政策，在具体执行时存在形式主义的倾向。对儿童游戏权利保护的宣传不够，没能引起全社会真正的重视。

（三）保护儿童权利的各项政策法规有待进一步完善

关于儿童游戏权利的保护问题，虽然制定了很多法规政策，但对如何具体实施还需进一步完善，缺乏一种全社会都来关心儿童、保护儿童以促进儿童全面发展的社会保障机制，对儿童游戏权利的保护，很多地方还没有真正执行和实施，儿童游戏权利的保护流于形式或成为一句空洞的口号。因此，要针对各地情况，制定明确的实施意见和办法。

为了使儿童游戏的权利得到真正的保护，全社会要真正为儿童权利的保护做出努力。

首先，加大宣传力度，努力改变全民意识。

保护儿童游戏权利是提高整个中华民族素质、促进儿童身心健康发展、培养合格的下一代的大事。对儿童游戏权利的保护，是把儿童看作有能力的、积极主动的权利主体，儿童拥有游戏的权利并可以行使游戏的权利。这是一种全新的儿童观的体现。是对传统的对儿童看法的挑战，要把这种全新的儿童观转化为全社会的民众意识，需要一个漫长的过程。任何一种新事物的出现，都需要有广泛的民众意识的支持，或转变为一种普遍的民众意识，这样才能真正成为一种社会力量而有效地指导和制约民众的意识，不断提高社会成员的素质和关于儿童权利保护的意识，使人们从内心深处认识到儿童游戏权利保护的必要性。因此，要利用各种大众传播媒介和人们喜闻乐见的形式，开展全国性的教育宣传及咨询服务工作，依靠高校教育工作者、新闻出版工作者、社会工作者用科学的、教育的方法，诱导、启发社会成员，使广大社会成员真正把儿童看成积极主动的权利主体，为尊重、保护儿童游戏的权利创造条件，处理好成人与儿童之间平等的保护者与被保护者的关系，正确理解儿童权利的性质、范围和意义，自觉地为儿童游戏权利的保护事业而工作。

其次，提供物质保障，完善游戏设施。

由于经济文化发展的不平衡，我国不少地区不同程度地存在着经费不足的困难，这可采取政府投入和多渠道筹措资金的办法，保证必要的财力支持，改善、增设和扩建儿童游戏活动设施。儿童娱乐设施及玩具的设计、生产要把儿童能快乐健康地游戏作为首要目的，尽可能给儿童创造发挥主动性、独立性的条件，扩大儿童的自由度和选择权，通过管理逐步培养儿童正确行使游戏权利的能力。

游戏设施的建立，既要考虑城市儿童游戏的要求，还要从国情出发，根据各地实际情况，为广大农村儿童提供游戏的机会和条件，保证农村儿童享有游戏的权利；对于有特殊需要的残疾儿童，有权享有儿童拥有的权利，对他们游戏权利的保护，政府需给予适当的援助。

最后，对儿童游戏权利实施保护时还应注意以下几点。

1. 把儿童游戏权利的保护作为儿童权利保护的重要组成部分

儿童游戏权利是儿童权利的重要组成部分，对儿童游戏权利的保护是儿童权利保护的具体体现，是尊重儿童权利的表现。只有尊重儿童的权利，才会保护儿童游戏的权利，也只有对儿童游戏权利的保护，才能真正体现对儿童权利的尊重，把儿童看成一个独立的、平等的权利主体。

2. 把儿童游戏权利的社会保护与儿童发展紧密联系起来

儿童游戏权利的保护，是对儿童权利认识更为深刻的、民主的新观念。儿童是祖国的未来，民族的希望，对儿童的保护是提高全民的素质的基础，儿童享有主动发展的机会。游戏权利的保护为儿童心理、生理、精神、道德和社会性等方面的发展提供了保证，保护是为了更好地发展，而发展的好坏又与保护有着直接关系，保护和发展是相辅相成的，因此，游戏权利的保护是为了促进儿童身心更好地发展。

3. 把儿童看作积极主动的权利主体

对儿童权利的保护，就是保护儿童权利主体的地位，是对儿童独立人格的尊重。权利是儿童的，因此行使权利的主体自然是儿童，儿童虽然弱小、不成熟，容易被当成一个被动的被保护对象而得不到尊重，但要成为独立的积极主动的权利主体，必须在被尊重权利的环境中成长，他们才懂得尊重自己与尊重别人的权利。

第十三章 学前课程

学前课程是实现学前教育目标的手段。一方面，它是课程设计者的价值取向和教育观念的反映，因而和观念形态的教育有着依存关系，并促使观念形态的教育转换为实际形态的教育；另一方面，它又是一个面向实际的可操作的框架，直接对学前教育实践产生影响。可以说，课程是联系教育理论与实践的桥梁或中介。因此，课程问题成为当前学前教育理论和实践都非常关注的热点问题。但是，无论是在课程研究领域还是在课程实践领域，人们对于课程的基本概念并没有一个统一的认识。本章的讨论就从分析学前课程的基本概念入手。这里需要指出的是，学前课程从广义上说，应该包括各种学前教育机构的课程，如托儿所课程、幼儿园课程等。而在目前，幼儿园是学前教育机构最主要的代表，对学前课程的研究也多局限于幼儿园课程，因此我们对学前课程的讨论也主要针对幼儿园课程。

第一节
学前课程的基本问题

一、学前课程的定义

现在“课程”已经成为幼教界使用最多的概念之一，但是对它的定义却众说纷纭，莫衷一是。正如美国学者理查德·斯考德所说：“课程是一个用得最普遍的教育术语，同时又是一个定义最差的术语。”有人作了统计，发现课程的定义竟多达200多种。这里我们不妨列举一二，以便分析。

一种认为课程就是教育内容的科目，这是对课程的最狭义理解。如陈侠在其《课程论》中提出：“课程可以理解为为了实现各级学校的教育目标而规定的教学科目及其目的、内容、范围、分量和进程的总和。”

一种认为课程是一种计划或方案，如“课程是指教育者为了达到一定的教育目的，而为学生设计的学习内容、学习经验、学习活动的计划或方案”。这种定义强调教育者的意图和计划性。

一种认为课程就是学习经验，如“课程是学习者在学校里获得的一切有目的、有计划、有组织的经验”，“课程是学习者在学校里获得的全部经验”。这两个定义稍有不同，前者更强调教师的计划性，后者则包括不在教师设计之内的所谓“隐蔽课程”。但是，它们的共同之处在于，不仅把课程看成是一种预先的计划，也强调学生实际获得的经验，也就是课程的“可实现性”。

一种认为课程就是学习活动。如美国《新教育百科辞典》将课程定义为“在学校教师指导之下出现的学习者学习活动的总体”。这种定义实际上已涵盖了教育活动的全部。

至于幼儿园课程的定义，也有如上种种不同之说。从当前学者的观点看，更多的人倾向于认为幼儿园课程是一种经验或活动。如美国当代幼教专家斯波戴克提出早期儿童课程是“教师为在园儿童提供的有组织的经验形式。包括正规的(各种作业)和非正规的(游戏和日常生活)两种经验”。我国也有学者提出:“幼儿园课程是为幼儿精心选择和组织的学习经验。”①另一种有代表性的观点则认为幼儿园课程是“帮助幼儿获得有益的学习经验,促进其身心全面和谐发展的各种活动的总和”。②

我们认为,应该在教育实践活动的过程中把握课程概念的内涵。教育实践活动的过程,指的是教育目标的对象化过程,即从教育目标向实现儿童发展的转化过程。幼儿园课程,既不是指一系列的教育目标,也不单指促进儿童发展的那些经验或活动,而应指联系教育目标和实现儿童发展的具有一定结构和功能的中介,它反映了教师的有目的计划及其展开过程。课程作为教育实践的一个侧面,有其特殊的结构和中介性功能。它包括“为什么教”(即课程目标)及其和教育目标的联系,“教什么”(即课程内容)及其和教育内容的联系,“怎样教”(即课程实施)及其和教育过程的联系。课程的这些内涵,是在课程实践的过程中逐渐丰富和发展起来的。在古代,虽然也有人提出“教什么”,如《礼记·内则》中就提出:儿童长到6岁,就要教他们数数、认识方位,7岁教他们男女不能同席,8岁教他们礼让长者等等。但是当时并没有意识到“为什么教”(课程目标),更不会考虑如何编排这些内容以更好地实现课程目标。直到近代以后,知识门类的增多,迫使教育者根据一定的目标和价值观来选择课程内容,并加以合理的编排,以便于儿童掌握。到了今天,人们意识到不仅要考虑课程在内容上的合理性,还要关注它在实施上的有效性,即课程如何落实到具体、现实的教育行动中。因此,把课程看成不仅是内容的计划,而且包括这个计划的具体实施,也就是一件很自然的事情了。

① 唐淑主编:《幼儿园课程实施指导·总论》,南京师范大学出版社1997年版,第3页。
② 李季湄、肖湘宁:《幼儿园教育》,北京师范大学出版社1997年版,第134页。

这里我们无意得出自己的课程定义。事实上，正如奥恩斯坦所指出的，对课程的不同定义，实际上反映了不同的课程观点。比如行为主义的观点就倾向于把课程看成是一个严格的计划，而人本主义的观点则强调个体的学习者所实际获得的经验。但是，无论如何定义课程，我们都无法否认课程系统运动的过程。也就是说，课程是一个处在不断运动和发展过程中的系统。从课程的设计和实施来看，存在一个从课程目标到课程内容再到学习经验，最后落实为儿童发展的逐渐展开过程；从课程自身的发展来看，以上过程是一种周期性的运动，而正是通过这种周期性的运动，课程的目标、内容、经验等等不断地优化，课程也得以完善和发展。

下面，我们就对学前课程系统的构成要素作一简单分析。

二、学前课程系统的构成要素

课程的系统观把课程看成是一个由多个要素构成的相互联系、循环往复的动态过程，即从课程设计到课程的具体实施和评价，再根据课程评价的反馈结果进行新一轮的课程设计。不同的学者对于课程系统的构成要素提法不一，如叶什认为课程由五个要素组成：有关学习者及社会的假说，课程的宗旨与目标，内容或教材的选择与组织，执行，评量。而著名的课程研究者泰勒在其《课程与教学的基本原理》中提出了四个有关课程的基本问题：

1. 学校应该追求哪些目标？
2. 要提供哪些经验才可达成目标？
3. 如何有效地组织这些经验？
4. 如何确知这些目标正被实现？

这四个问题正涉及课程系统的四个基本要素：课程目标，课程内容，课程实施，课程评价。下面我们就逐一地分析这些要素及其相互联系。

（一）课程目标

课程目标在课程系统中起着统帅的作用。一方面它反映了教育的总目标，是一定理论和价值观念的体现；另一方面它又是教育目标在实践中的具体化，是一种可操作的目标。它在课程系统中发挥着以下的功能：(1)指导课程内容和经验的选择。(2)协助各部分内容之间的平衡。(3)规范课程的实施和学习活动的开展。(4)提供课程评价的标准。(5)构成进一步改变课程的基础。由此可见目标的重要性。

课程目标本身也具有不同的层次。一个课程的总目标是这个课程的最高层次的目标。在此之下，可能还存在着各种次级目标。如从时间的跨度来看，就有分年龄段(大、中、小班)的教育目标、月教育计划、周教育计划等等。从教育内容的跨度来看，就有各领域教育内容的目标、主题教育活动目标乃至教学活动目标等等。而每一层次的目标又包括儿童的各个发展领域，如认知、情感、动作技能等。可以说，课程目标呈金字塔形，在塔的底端就是众多最具体、最具操作性的教学活动目标，它们构成了一个密密麻麻的网，而越往上，目标的层次越高，也就越概括和抽象。

我们承认目标在课程系统中的统帅和灵魂地位，但它不一定就是课程设计的起点。现在有人过于强调目标，认为目标的设计应该明确、具体、可操作，课程的设计、实施和评价都要严格地从目标出发，这实际上是一种"惟目标论"。这种观点建立在行为主义的基础之上，强调具体化的目标和外显的、可观察的评价标准。它强调目标的中心地位，把教育过程看成是生产工业产品的过程，而目标则是产品的质量标准。这种观点实际上是西方工业社会追求逻辑和理性的思维方式在教育中的体现。它强调课程设计的标准化与科学性，对于克服教育中存在的无目的性具有现实的意义，但同时它也忽视了人的独特性和创造性，具有很大的局限：第一，它割裂了目标和过程之间的联系。实际上，在课程设计中，并不能把目的和手段完全分开，目的往往包含一定的手段。同样，目的和内容、内容和学习经验也不能全然分开。目标和内容、手段的关系并不是"上下级"的关系，而应该是"在一起"的关系。第二，它对目标采取一种机械的和绝对的理解态度。我们不应把目标看成是

“已知”的、不变的预设，而要在实施进程中随机加以处理，甚至还可能要重新考虑既定目标的合理性。而且，不同的人对目标的理解也是不同的。我们不仅不能忽略这种对目标的个人理解，还应认识到，这是教师创造性的表现。第三，它过于强调目标反映的一致性和具体性，这在实践上是不现实的。比如儿童对于情感目标的反映具有偶然性、个人性，而预先确定目标实际上违背了美学的准绳。况且，低级的目标（如知识目标）容易具体化，而一些高级的目标就不易具体化（如培养儿童创造性的目标）。教师能够预见儿童通过一个活动要得到哪些知识，却很难预见儿童在这个活动中要有哪些创造性的表现，以及如何表现。这样做容易造成教师只关注知识目标，而忽略高级的目标。

因此，我们在坚持课程目标的中心地位的同时，也应该认识到，目标并不是一个简单的、固定不变的框架，它具有很大的不确定性。这就需要我们同样地关注过程，在开放的教育过程中寻找新的目标生长点和落实点，而不是在限制性的目标框架中展开教育过程。

（二）课程内容

学前课程内容是教师根据课程目标的要求而为儿童选择和设计的学习内容。它涉及一些相关学科的知识，但又不同于学科知识。这是因为，学前课程所选择的教育内容，不是出于学科知识传递的需要，而是出于促进儿童全面发展的需要，因此并不十分注重学科知识自身的逻辑性、系统性。从目前幼教界普遍认可的幼儿园课程领域来看，大致包括以下内容：

1. 健康领域：身体保健和身体锻炼。

2. 语言领域：听说、前阅读和前识字。

3. 科学领域：科学和数学。

4. 艺术领域：美术、音乐和文学（也有的将文学归入语言领域）。

5. 社会领域：社会环境、社会文化、社会行为规范和社会交往技能。

从以上可以看出，幼儿园课程内容的选择应该具有全面性和广泛性。它既要考虑到儿童身体的和心理的全面发展，又要包容幼儿生活的全部范围，使其接触了解人类文化的全部精华——科学的、艺术的和社会的文化遗产。但是，由于幼儿认识能力的局限，他们所能学习的知识深度是有限的，学习的方式也有其特殊性。这就需要教师打破学科知识原有的逻辑系统，而将所需学习的知识内容和材料，以适合儿童学习的“心理顺序”而不是学科固有的“逻辑顺序”重新加以组织，并以符合学习者心理发展的原则加以编订，才能发挥教学效果，达到教育目标。这就是课程内容的组织。

简单地说，课程内容的组织就是指对所学知识的排列和组合。从已有的课程实践来看，课程内容可以有各种不同的组织方式，而这些正是产生各种“课程模式”的原因之一。比如，有的课程以科目为中心，则形成所谓“学科课程”；有的课程以学习者为中心，如“经验课程”；还有的课程则是以问题为中心，如“核心课程”。但是无论采取何种形式，在组织课程内容时，都要遵循一定的原则。国外有学者提出了以下五条原则：

1. 顺序性。即内容的难度、广度、深度应遵循由易到难、由旧到新、由浅到深的先后顺序。

2. 连续性。即前后的内容应保持连续，后续的学习内容应该建立在前面学习的内容的基础上。

3. 整合性。即要帮助儿童把不同领域学到的知识经验加以融会贯通，以形成一个整体。

4. 关联性。即要把不同科目之间有关联的部分内容作横向的联系和综合。

5. 均衡性。即要考虑到各部分内容之间的平衡及儿童各方面的平衡发展。

以科学教育的内容为例，我们在组织编排该领域的课程内容时，无论采取何种整体课程模式，都要从横向和纵向加以考虑。横向应考虑：

1. 科学教育内容和其他领域内容之间的联系和综合。

2. 科学教育各个方面内容之间的关联和均衡性。

3．各内容单元之间的关系。

4．内容单元中各个教学活动之间的统整性。

纵向应考虑：

1．各个方面内容的深度、广度、难度在不同年龄阶段的扩展。

2．各内容单元的先后顺序及季节适合性。

3．内容单元中各教学活动的先后顺序及经验的连续性。

（三）课程实施

课程实施也是一种组织过程，但它不是对教育内容的组织，而是对教育过程的组织。它包括方法、途径和组织形式。

从当前幼儿园课程实施的现状来看，教师的教育方法可分为两种类型：直接指导和间接指导。在教师的直接指导下，儿童依所学内容的不同分为教学发现式的学习或接受式的学习。间接的指导就是由教师提供有结构的学习材料和环境，儿童通过自己和环境的相互作用学习。

幼儿园教育的途径有三个方面：教学、游戏和生活。尽管游戏已被确定为幼儿园的“基本教育活动”，但目前教学活动仍是传授知识的最主要途径。此外，幼儿园的教育目标和内容有很多是在一日生活中完成的，因此一日生活也是幼儿园课程实施的重要途径，这是区别于中小学课程的重要特点。

幼儿园教育的组织形式从参加活动的人数多少可以分为：集体教育活动、分组教育活动和个别教育活动。集体教育活动即班级教学，往往是集体参与共同的活动，是一种传统的教育组织形式，它效率高，但很难顾及儿童的个体差异，儿童的自主性也受限制。而后两种组织形式往往和儿童自选的活动联系在一起，同时也便于教师进行个别指导，已逐渐受到人们的重视。

在整个课程系统的运动中，课程实施担负着将课程的计划付诸实践的职责，是达到预期的课程目标的基本途径。可以说，没有课程实施这一环节，课程就不可能真正成为联系教育理论和实践的中介。那么，在课程系统的运动中，课程实施和课程计划的关系如何？影响课程实施的因素又有哪些呢？

有人用两个不同的比喻表示课程实施的两种不同取向：精确实施的取向和改编的取向。第一种取向把课程计划看成是图纸，课程实施就是按照图纸施工，施工的过程中必须严格按照图纸的规定，不得随意加以改变；而第二种取向把课程实施看成是一场球赛，尽管在这场球赛前已经制定了详细的方案，但球场上瞬息万变，球赛的真正进程绝不会和预先的计划一样。这就需要临场发挥了。

我们认为，课程实施是对课程计划的执行，但不是机械的执行。课程目标能否实现，并不在于它能否得到“精确”的实施，因为课程实施不仅是一种技术，更是一种艺术。在课程实施的过程中，既存在着一些技术性的因素，也存在人的因素，而最终要取决于人的因素。这是因为，一个课程计划通常蕴含着对原有课程的一种变革，而它的实施就是力图在实践中实现这种变革，或者说，是将变革引入实践。所以有人说课程的实施就是一种变革。而变革的实现，不仅要通过一定的方法、途径和组织形式，还依赖于教师的因素。不同的教师对同样的课程可能会有不同的理解，而且教师在教学活动中采取的不同方式会创造出一种特定的氛围，西方学者称之为“课程文化”。

比如，在科学教育活动中，教师的教学方式有两个方面对于课程文化是关键性的。一是教学维度，即教师关心自然科学本身还是自然科学的教学。巴恩斯把教师分为两种类型：传递型的和解释型的。前者强调知识的客观尺度和传递客观的知识，后者则认为客观的知识要通过儿童的思考、认识才能获得，因而强调对知识的解释。二是师生关系维度，如教师与学生之间是亲密还是疏远，是合作还是对立等等。除此之外，课程文化还可能有更多的维度。这些都会影响到课程的实施。

（四）课程评价

课程评价有两方面的目的。一是了解课程的目标是否实现。在这个意义上，课程评价是课程系统运动的最终环节。二是了解课程本身是否合适，是否需要改进以使它更加完善。在这个意义上，课程评价是使得课程进一步持续发展的基础，是新一轮课程系统运动的开始。

但是无论如何，我们应该明确的是，课程评价的对象不是儿童，而是课程本身。即使有的时候，我们需要对儿童进行测量，了解儿童的发展状况，但这也是为了间接地了解课程本身的计划和实施是否合适。然后再根据课程评价反馈的结果，对原有课程进行一定的修改，以便新的一轮课程设计和实施能取得更好的效果。

在课程评价的技术方面，我们不打算作具体的介绍。不过值得一提的是，过去的课程评价侧重于测量的方法，即通过测量来评估课程目标实现的程度。然而近年来出现了变化。人们开始强调价值观在评价中的中心地位，即不再将目标作为最终的评价标准。因为价值观虽然不是课程系统的组成部分，但它是构成课程的最重要的理论基础。它渗透到课程目标的确立、手段的选择，也渗透到对测量过程的解释中。因此，当今课程评价的一个重要方面就是考虑课程和价值观之间是否"相合"，即要考虑教育观念中所含有的价值观在多大程度上被体现在课程中。这个过程主要是一个反思过程而不是测量的过程。

第二节
学前课程的理论基础和改革实践

上面简要叙述了有关学前课程的一些基本问题，其目的是使大家对"学前课程"这一概念及其运动过程有一基本的了解。这一节拟从理论和实践两个方面对学前课程作进一步分析：首先介绍学前课程的理论基础，也就是揭示学前课程的影响因素，然后对当前我国幼儿园课程改革的实践作一概述，并提出一些意见。

一、学前课程的理论基础

课程改革本质上是教育价值观更新的产物，是新的教育目的观、知识观、儿童观、学习观等等在课程上的反映。事实上，一个课程，不论它的设计者有没有意识到，都是一定的思想观念的产物，都反映了课程设计者的某些想法。而一个目标明确的课程，更应该建立在坚实的理论基础和理论思考之上。我们认为，学前课程的理论基础，可以从以下几个方面来思考。

（一）发展理论与课程

学前课程的实施对象是发展中的人，他们正处于人生中变化最大也最快的时期。因此，毫无疑问，儿童发展理论是制约学前课程的一个重要因素。杜威在其《儿童与课程》中对心理学在课程中的重要性有过生动的描述："心理的考虑也许会遭到忽视或被推在一边，但它们不可能被排除出去。把它们从门里赶出去，它们又从窗子里爬进来。"[①]在儿童心理学一百年的历史中，发展理论也在争论中产生了很大的变化。各种不同的发展理论，都对课程产生了很大的影响。

在发展理论的发展过程中，最早的（也是持续最久的）争论就是遗传决定论和环境决定论之争。早期的儿童研究者把儿童的发展看成是一个自然的成熟过程，是大自然所赋予的本能。成人不能干扰、破坏这个自然进程，否则就是违背自然的规律。格塞尔的成熟理论就是其中的代表。他坚信儿童是带着一个固定的"日程表"来到这个世界的，并用"双生子爬梯"的实验证明了后天的训练是多余的。他认为儿童研究的任务就是揭示儿童发展的内在的"日程表"，而课程的内容也应该取决于这个"日程表"。但由于这种对于儿童发展事实的描述是从对若干样本的平均中来的，它忽视了个体发展的差异性，同时也由于它过于强调内部的成熟的力量而贬低了教育的作用，因此遭到了行为主义的反对。

行为主义是作为对成熟论的批判而出现的，但由于它走到了另一个极端，从而遭到了新的批判。它片面强调后天训练的结果，只承认"刺激—反应"的公式，而否认这其中还要经过人的内部心理加工过程。

① 杜威：《学校与社会·明日之学校》，人民教育出版社 1994 年版，第 130 页。

它拒绝了先天的预定，强调后天的可塑性，这是有意义的，但它只是把人看成是机器，是对外部环境刺激或强化的应答机制，而忽视了人的内在方面。表现在课程上，就是赋予教师至高的权力，而不尊重学生的主动性，把学生看成是被动的知识接收器。行为主义的最终目标就是做到能预测和控制行为，培养儿童的一些良好习惯。正如桑代克所说，人的生活就是一组组的习惯，幼儿园教育应该把形成有价值的习惯（如服从、自助、欢乐、谦虚、勇气等）作为它的主要责任。这些观点不无见地，但如果将其看成是儿童生活的全部，就不免偏颇了。

20 世纪 60 年代以后，面对一阵批评，行为主义也开始发生转变，而兴起所谓认知心理学。其特点就是关注儿童的内在心理过程，而不局限于外部的行为。在发展的观点上，绝对的遗传决定论或环境决定论也为相互作用的观点所取代。皮亚杰的认知发展理论可以说是相互作用论的代表。他从生物学的观点出发，认为儿童有其最合乎自然的发展规律和发展步骤，这就是主体主动地适应环境、主动地同化和顺应外部世界的过程。儿童的认知结构是在与环境的相互作用中逐渐建构起来的。体现在课程上，皮亚杰主张教师的任务是提供儿童能够同化的环境（包括自然环境和社会环境），让儿童通过和环境的相互作用（自我指导和自我调节）主动地获得发展。

皮亚杰的发展理论对学前课程影响很大。在皮亚杰之后，又有许多学者针对他的理论的不足之处提出了修正。比如，皮亚杰对认知的发展较为重视，而忽略了情感在儿童发展中的重要作用，认为情感从属于认知的发展；对儿童发展的自发方面较为关注，而忽视了环境（尤其是社会环境）对儿童的巨大影响。谢皮若和拜芭赋予相互作用新的解释："相互作用指的是，首先强调儿童和环境——成人、同伴及物质世界的相互作用，其次是发展的认知和情感两个方面的相互作用。"[①]皮亚杰之后的心理学家大多强调情感在儿童心理整体中的重要作用，甚至有

① Weber, *Ideas In fluencing Early Childhood Education*, 1984, P. 185.

人(如加登纳)提出应该把情感作为人的智力的一个部分。至于社会环境对儿童发展的影响,也日益受到心理学家的重视。比如,道伊斯在皮亚杰理论的基础上提出:儿童的认知发展不仅是通过和物质环境的相互作用,更重要的是通过社会性的相互作用获得的。布朗芬布伦那则从系统论的角度,提出了人类发展的生态学理论。他把儿童生活其中的环境(主要是社会环境)划分为若干个层次,儿童与环境之间构成了一个生态系统。在这个生态系统中,儿童和环境之间的关系是双向的,儿童正是通过和不同层次的环境之间的相互作用获得发展。以上所述的有关儿童发展的新观点,表现在课程上就是:重视儿童情感的培育,重视社会环境对儿童的影响,重视向儿童提供充分的与环境相互作用的机会。

在儿童发展理论的这一百年发展中,从来没有形成过什么统一的理论。在现有的发展理论中,每一种理论(包括最不受欢迎的行为主义)都含有部分的合理性,也都对很多课程产生了影响。我们认为,以下一些对儿童发展的基本理解应成为现代课程的基础:

1. 儿童的发展受到生物因素和社会因素的双重影响。

2. 儿童是通过和环境之间主动的相互作用获得发展的。

3. 儿童各方面的发展不是孤立的,而是一个整体。

4. 每个儿童都是年龄特征和个体特征的结合体,在发展的水平、速度上存在着差异性。

(二) 哲学观点与课程

发展理论的不统一,固然是因为我们目前对儿童发展的资料掌握得还不够,不过还有更深的原因,那就是人类心理本身的复杂性和我们对于人的本质的认识上的巨大差异。而且,事实上没有一个发展理论是不带有价值倾向的,它或明显或隐含地表现出理论家的哲学和价值观点。比如说,儿童观就是一个人的哲学观点的集中体现。任何一个人都不可能回避这样的问题:儿童是教育的产物还是自然的产物?儿童的天性是主动的还是被动的?儿童的各种行为是孤立的还是有联系的？等等。对这些问题的争论，几乎一直在进行着。

由此可见，教育并不像园艺师种花，只要了解花的生长规律就可以了。实际上，儿童的发展并不像花的生长规律那样简单，它不是一种单向的生长，而是蕴含了多方面的发展可能性。教育也不是简单地依照儿童发展的“规律”行事，而是要打下教育者意志的烙印。事实上，任何一个课程，都体现了课程设计者的某些哲学观点，反过来，任何课程设计者都会遇到哲学价值观方面的抉择，包括：“我怎样看待儿童？”“我想教育出什么样的儿童？”等。不同哲学观点指导下的课程是迥异的。

不同发展理论之间的争论，根本上都可归结为哲学价值观的争论，如儿童观、教育观的争论，乃至对人的本质的争论。在课程中，就具体表现为儿童的地位不同，课程的目标和内容不同。行为主义的儿童观是把儿童看成被动的、反应性的，它强调对儿童行为的精确预测和控制，把教育看成是一种通过刺激、强化过程塑造儿童行为的手段。在课程方面，不太注意儿童的内在需要，而注重通过外界环境对儿童施加影响，灌输其知识或训练其行为。和它相反的哲学价值观则相信儿童是主动的、创造性的，强调教育者要了解儿童的内在需要，不主张外界环境过多地干预儿童的自然成长。课程的目的常常和儿童人格的健全、自主性、独立性、创造性等发展相联系。

除了课程目标，价值观的影响还渗透到课程的各个方面。有西方学者对“过程中心”和“内容中心”这两种不同的课程作了价值观上的比较。过程中心的课程假设人的本质是寻求生长的，其学习动机来自儿童内部；相反，内容中心的课程假设人是环境塑造的，学习动机来自外部的奖赏。表现在课程上，前者多是没有严格计划的、建立在学习者需要和兴趣基础上的课程，后者多是严格计划的、由教师预先决定的课程。①

实际上，在幼儿园课程的各个领域，都无法回避哲学价值观的问

① Feeney etal, *Who Am I in the Lives of Children*, 1984, P. 43.

题。比如在美术教育中，我们就要面对这样一个问题："儿童"和"美术"都是我们教的对象，但在这两者间，我们更强调哪一个？如果强调教儿童"美术"，则必然要把学科内容作为重点，诸如绘画的技能、运用色彩的技能等等。如果我们强调教"儿童"美术，则必然会更为重视美术作为发展儿童的一种工具的价值，重视让儿童在美术活动中获得有益的情感体验和审美经验，相对来说就不太注重技能技巧的培养。

总之，哲学价值观对于课程的影响是多方面的。日本学者森昭从五个侧面分析了各种教育思潮的对立：

第一，从教育目的说，有个人目标与国家（社会）目标的对立。

第二，从教育内容说，有主张教授适应儿童发展的内容的心理主义与主张教授注重文化遗产的体系的科学主义的对立。

第三，从教学方法说，有侧重儿童的主动性与侧重教师的文化传授的对立。

第四，从儿童的发展观说，有尊重儿童自发发展的自然主义与强调形成有价值的人格的理想主义的对立。

第五，从学校论说，有视学校为传授知识的场所与视学校为儿童生活、作业场所的对立。①

我们认为，在哲学价值观的问题上，任何极端的观点都是不可取的；但我们也要意识到不同价值观之间的冲突，并加以协调，从而形成自己的明确的课程价值观。

（三）社会要求与课程

学前课程要不要考虑社会的要求，这实际上又是一个价值观的问题。自从卢梭提出浪漫主义的教育以来，一直有人在实践着这种超脱于社会之上的纯粹"自然"的教育，却从未有人成功过。与之相对的观点，则强调教育要适应社会要求，传递社会文化，促进社会延续和发展。体现在课程之中，前者强调以儿童为中心，强调教育的发展价值，后者

① 参见钟启泉：《现代课程论》，上海教育出版社 1989 年版，第 276 页。

强调以教师为中心,强调教育的社会价值。这两种观点在教育史上长期以来都是对立的。对此,杜威在他的著作《经验与教育》中,曾经批评人们总是用"非此即彼"的观点看问题:"要么放任儿童按照他自己的无指导的自发性去发展,要么从外面把命令强加给他。"他提出要以儿童的经验为中心组织课程,"抛弃把教材当作某些固定的和现成的东西,当作在儿童的经验之外的东西的见解;不再把儿童的经验当作是一成不变的东西;而把它当作某些变化的、在形成中的、有生命力的东西。"①虽然杜威的经验课程被认为是一种"儿童中心"的课程,但从本质上看,它已摆脱了儿童中心和教师中心的争论,预示着课程双中心论的出现。也就是说,课程的中心不在任何一方,而在于两者的统一。

事实上,教育本质上是一种社会现象,它也必然要反映社会的要求。从长远来说,课程对于个体发展的价值和对于社会的价值不仅不是对立的,而且应该是一致的。因为,社会是由个体组成的,社会的发展必须依赖于个体素质的提高。相反,个体的发展也是在特定的社会环境和社会背景中进行的,并将汇入社会发展的大潮。幼儿园的课程,由于其实施对象的特殊性,不仅要反映当代社会的要求,而且要适应未来社会发展的趋势。

我们所处的时代是一个变化和变革的时代,而在各种变革中最突出的就是科技变革。当代社会发展的一个重要趋势就是科技化、信息化,并且这一趋势将会越来越明显。它的最突出的表现就是"知识爆炸"即知识量的激增,信息传递迅速,导致人们的生活方式、思维方式都产生很大变化,这些变化用"日新月异"来形容是不为过分的。而幼儿园的课程在这样的趋势下,也面临着很大的挑战。

首先,从目标上,过去的知识本位的课程目标已不能适应社会要求,对于儿童来说,重要的不是在学校里获得了多少知识,而是在新的环境下自己是否具备获得知识的能力,是否形成对于知识的积极态度

① 《杜威教育论著选》,华东师范大学出版社 1981 年版,第 95 页。

（求知欲）。其次，从内容上，知识的迅速更新和膨胀使得课程内容的变革成为必然，但课程的内容容量有限，教师必须从日益增长的知识总量中精选最符合现实社会要求的知识内容，同时还要不断地更新，以适应变化。再次，从方法上，由于知识传播方式的大众化，儿童获得知识的渠道也更广，过去教师垄断知识来源的状况已不复存在，教师单向地向儿童传授知识的方法已不能适应儿童的知识面和求知欲，而必须寻找一种新的能够让儿童直接参与和探究的方法。此外，科技的进步还直接为教学方法的现代化提供了可能性。

因此，课程的现代化是社会发展的必然要求，也是社会发展的必然结果。课程必然要反映社会的变化和社会发展的要求。课程设计者的任务就是从社会发展对人才培养的要求出发，设计符合社会发展需要的课程。

（四）文化选择与课程

按照人类发展生态学的观点，任何人都生活在一定的环境中，而“文化”就是一个宏观的社会环境。尽管我们看不见它，文化却无时不在支配着我们的生活方式、价值观念。我们的一举一动都体现了文化的影响。人类文化的一个重要特征就是它的多样性，不同的文化之间，既有一些共同的地方（如不同的文化几乎都拥有共同的伦理道德观念、善恶标准），也可能存在巨大的差异（比如东方文化和西方文化在饮食习惯、语言乃至价值观念上都有很大差别）。即使在同一个文化群落中，由于其地域、历史、经济、科技、教育发展的不平衡，也还会存在一些（有时是不小的）差别，这就构成了所谓的“亚文化”。

所谓文化选择，指的是任何一个课程，都要适合它所处的社会文化背景，或者说，都要经过文化的筛选、选择和适应性改造。文化选择对于课程的影响表现在：首先，文化价值观影响着课程的目标。比如，我国的传统文化重视人伦、道德，这样的价值观决定了课程目标也必然重视道德品性的培养。其次，文化内容的差异影响了课程内容的选择。传统文化中的很多经典内容（从京剧、木偶戏到茶叶、筷子），以及不同地区的特色文化(名胜古迹、地方特产等),都是儿童生活中所熟悉的,也是有特色的课程内容。再次,文化也影响着教师教学方法的选择。比如,教师比较喜欢集体的教学形式,而不太注意儿童的个别需要,这正是传统文化中重集体观念、抑个性张扬的价值观影响下的表现。

那么,对于课程设计者来说,我们应该如何考虑文化的因素呢?陈鹤琴先生在20世纪20年代就已提出:中国的幼稚园课程要走中国化的道路。他毕其生所为之努力的也是建立具有中国特色的幼儿园课程模式。这是因为他认识到,西方的东西拿到中国来未必合用,西方的价值观念和我们不同,他们追求的教育目标也和我们不相同。对于西方的东西,必须有一个"中国化"的过程。不仅如此,陈鹤琴先生还提出,幼稚园的教育除了教儿童"做人、做中国人、做现代中国人",还要学习"做世界人"。[①] 这又反映了陈先生吸收世界先进文化的博大胸怀。

陈先生的理论和实践能给我们很多启示。在当代中国,尽管有不少西方思想的传入,但真正根植于中国文化的课程理论仍然缺乏。而且,祖国的幅员辽阔,各地之间的地理、历史、民族、习俗等等差异很大。这就要求课程设计者必须考虑当地的文化背景。创造一个新的课程模式如此,借鉴已有的课程模式更应如此:或结合本地实际,设计相应的课程,或对已有课程作一定的适应性改造。中国化、本土化的课程并不意味着狭隘或保守,同时还应该积极了解和吸收世界其他民族的先进文化,并形成自己的特色。总之,我们需要的不是一个单一、僵化的课程模式,而是在吸取各种理论观点和各种文化精华的基础上形成的形式多样的课程。

二、我国幼儿园课程改革之路

我国幼儿园课程已经历了三次较大的改革。最早的课程改革可追溯到20世纪二三十年代以陈鹤琴等人为代表的,为构建中国化、科学

① 参见唐淑等:《中国学前教育史》,人民教育出版社1993年版,第285页。

化的幼儿园课程而进行的一系列实验研究。新中国成立以后，在苏联的影响下，全国一律实施以学科课程为基础的分科教学，这是第二次课程改革。第三次课程改革开始于 80 年代初，直至今天仍方兴未艾，是延续时间最长，规模和影响最大的一次。①

这次课程改革是针对在我国长期占据主导地位的分科教学模式的弊病而提出的。由于分科教学的课程模式过于强调学科知识的系统性，结果导致了各科之间的分离和缺乏联系。在很多幼儿园中都出现了重知识轻能力、重认识轻情感、重上课轻游戏、重教轻学等不良现象，儿童发展的主动性、积极性不能充分发挥。为扭转这一局面，各地的幼教工作者积极投身幼儿园的课程改革。他们从全面发展的教育总目标出发，总结过去教育实践中的经验教训，以课程改革为突破口，从而涌现了各种形式的幼儿园课程。

比如，针对过去幼儿园课程中重知识轻能力的倾向，有人提出了“发展能力课程”，以发展幼儿的基本能力（包括认识能力和社会行为能力）为课程的主要目标。针对重认识轻情感的倾向，有人提出了“情感教育课程”，将发展儿童的积极情感和情感能力作为课程的主要目标，通过各种形式的情感经验活动和游戏、信息活动，对儿童进行有目的的教育。还有人针对重上课轻游戏的倾向，提出了“游戏课程”，把教儿童“会玩”作为课程的一个重要目标，使游戏成为幼儿在幼儿园的基本活动，游戏是教师主要的教育手段。这些都是对过去幼儿园课程目标的反思的结果，具有切中时弊的意义。

在课程实施方面，经过十几年的探索，也逐渐改变过去分科教学一统天下的局面，出现了多种课程模式并存的形势。

20 世纪 80 年代以赵寄石教授为代表的学前教育专家首创了综合教育课程。这是针对已往分科教学中各学科的知识相互割裂的弊病提出的。它打破了学科的界限，重点研究学科知识之间的联系，通过三个

① 参见唐淑主编：《幼儿园课程实施指导・总论》，南京师范大学出版社 1997 年版，第 6 页。

方面(内容、手段、过程)和三个层次(主题活动、一日活动、个别活动)的综合,把各科教育组成一个有机整体,同时也力图保持各科内容自身的系统性。综合教育课程实际上并不反对学科在课程中的地位,而是对学科与学科之间联系的一种探索。它主张以一条线索(如社会生活和自然季节的变化)为主线,把各个科目的内容综合到一个主题活动中,学科的界限仍然存在,但相互之间的联系增加了,同时也避免了一些不必要的重复。综合教育课程在全国的影响很大,也出现了一些不同的形式,如"综合主题教育"、"单元主题活动"等等。

也有的课程完全打破了学科界限,如所谓"活动课程"。这是一种以儿童的经验为中心的课程,它强调从儿童的兴趣、需要和能力出发,通过儿童自主的活动获取学习经验,教师只是进行一些个别指导。这种课程在我国的幼儿园中多采取活动区的组织形式。它能充分发挥儿童的主动性和积极性,并能照顾到儿童的个体差异,但是儿童得到的知识不够系统,教育效率不高,而且教育的效果受教师指导水平的限制,因而采用的幼儿园不多。

还有很多幼儿园在保持分科课程模式的基础上,对原有的分科教学进行改革。通过探索各个学科教育教学的规律,优化学科知识的系统和教学方法,使之更加符合儿童学习的心理过程,同时注意各学科之间的有机联系,以达到扬长避短的目的。

在当前幼儿园的课程实践中,除了上述的综合课程、活动课程和分科课程三种模式外,有相当数量的幼儿园不是采用某种单一的课程模式,而是采用一种混合的课程模式。有的以分科课程为主,辅之以若干主题活动;有的以综合课程为主,但一些很难综合的学科(如数学)则保持其独立的学科体系;有的除了采用分科和综合的课程外,也吸取活动课程的长处,设置一些活动区,给儿童以自选活动的机会。

上面介绍的是当今我国幼儿园存在的主要课程模式。综观当前我国幼儿园的课程改革,尽管出现了很多种课程,并且还在不断地有新课程产生,但是课程模式并不多。很多标以某某名称的课程实际上都属于同一种课程模式，只是目标的提法稍有不同，内容的选择、活动主题的编排略加改变。究其原因，是因为这些课程的设计过程，并没有建立在明确的价值观和理论基础之上，也没有形成对于课程目标、内容、实施和评价及其运作过程的一系列观点体系，也就是说，是盲目实践的结果。显然这些课程实践的学术价值以及课程本身的目的性、计划性都有问题。

现在有很多幼儿园都以形成“自己”的课程模式为发展目标。但是它们对于课程的理解却停留于课程的计划而不是在整个课程系统的运动中发展自己的课程，还有的甚至将课程的设计等同于教材的选择，企图一劳永逸。这些理解都是片面的。我们认为，幼儿园课程的发展应该是一个长期的系统工程。幼儿园课程改革之路在于：第一，寻求课程的理论根基，形成明确的课程观点，在课程理论的指导下，有目的有意识地设计和实施课程。第二，在课程系统运动的过程中形成和发展有自己特色的课程，同时总结课程系统运动的规律，使课程的结构不断臻于完善，从而建立可持续发展的机制。

第十四章 学前教育研究方法

第一节 学前教育研究及其研究方法的意义

一、学前教育研究的功能与特点

学术研究是一种科学活动，它具有一般科学活动所能发挥的解释、预测和控制功能。一般而言，所有的教育研究的目的都着眼于知识的拓展和问题的解决两个方面。[①] 这两个目的是相互独立的，又是互相联系的。对于具有较强应用性的学前教育研究来说，绝大多数研究者都

① [美]威廉·维尔斯曼著，袁振国主译:《教育研究方法导论》，北京教育科学出版社 1997 年 7 月版，第29 页。

希望自己的研究能在学科发展与教育实践中发挥出以下三方面的功能。

首先是解释功能。人类了解自然与社会现象，探求知识，大致可分为两个层次。第一个层次是了解现状，知道所探讨的对象的状况，解决“是什么”或“怎么样”的问题；第二个层次是寻求解释，了解所探讨的对象与其他事物的关联或因果关系，解决“为什么”的问题；学前教育研究也是通过研究活动揭示真相、解释事实，不仅描述学前教育现象的现状，而且能说明与剖析现象间的关联和因果关系，以便帮助人们了解现状，解释所关心的现象。

其次是预测功能。在了解学前教育问题的现状、剖析了问题之间的相关或因果关系的基础上，也就是通常所说的在掌握了规律性知识之后，就可以从研究结果中归纳普遍通则和或然规则，对未来发展趋势、未来现象等做出预测。

第三是控制功能。当研究工作充分了解学前教育中某一现象，并能预测未来发生的可能性以及发展的方向时，就可采取适当对策，促成理想状况发生，或阻止不理想状况出现，这就是控制。也就是研究工作要解决的价值定向和规范设计问题，即“怎么办”问题。对未来的事物状况进行控制，是许多研究所欲达到的最终目标状态，但并非所有研究都直接设计对策。学前研究工作要发挥控制的功能，还需要许多中间环节的配合。

在上述各种功能的实现过程中，学前教育科学因为其研究对象、研究旨趣的独特性，而表现出许多与其他教育分支学科不同的性质与特点，总括起来，有如下几个方面特点。

1. 人文性。学前教育研究是以弱小的人类个体为对象的研究，整个研究的基本考虑是人性。研究者在研究过程中需始终秉持对人性的了解与关怀，尊重婴幼儿的权利，并依此原则来选择研究课题，决定研究目标，安排研究设计，选择研究工具。

2. 规范性。学前教育研究是带有明显价值定向的活动，学前教育研究的根本目的是促进儿童的健康成长,其研究过程与结果应对儿童的身心发展起正面的作用,使研究对象从中受益。学前教育研究很难像自然科学以及一部分其他社会科学那样提倡价值中立,而常常必须考虑到主流社会中的价值规范。

3. 科学性。研究者应本着实事求是的原则,客观地探求学前教育现象,其研究方法的选择要适当,材料的处理、结论的呈现应明确无误。在整个研究过程中应尽量避免主观臆断,力争提高研究的科学性。

4. 实用性。学前教育乃至整个教育学科都是强调应用性的学科,学前教育研究一方面要致力于教育现象的解释与教育理论的建构,而更为关键的是立足于学前教育现状的改进和发展。

二、学前教育研究方法的意义

研究方法与具体学科理论知识具有同等重要的意义,没有研究方法的进步,就没有学科的发展。如果我们以学前教育实践活动为主干,那么我们可以把学前教育理论、学前教育方法看作是助其腾飞的双翼。而其中研究方法的学习、累积和传播是极为重要的基础之一。

当然,每一种方法都有其局限性,某种研究方法的局限性会影响人们对世界的客观认识。方法的固化也会妨碍创造性的发挥。另外,突破已有的方法,往往又是研究工作进入一个新境界的前提条件。因而,关注研究方法的规范性与拓展渠道,是诸多学科的研究者所特别推崇的做法。

但是,也有轻视研究方法的情况,学前研究领域也是如此。曾经有不少人相信这样的一种见解:思辨性研究与实证性研究不同,思辨性的无定规,不需要学研究方法。导致这种误解的原因有多个方面,其中主要在于:一方面把研究方法的外延缩小至等同于实证研究方法甚至实证研究中定量研究方法,另一方面却将思辨性研究泛化,把不能归之于实证性的研究全归入思辨性研究,思辨性研究成了一个大杂烩,甚至将经验总结、个人体会感想、散论杂谈之类皆包容其中。由于繁杂而难以归结其间的统一的规范。但是,“没有定规”的观点是可质疑的。思辨性研究与实证性研究各有自己的历史渊源、哲学或世界观基础以及不同的逻辑程序偏好,在最低程度上可以说,它们在研究方法体系中方法论层次上形成分野。换句话说,思辨性研究也有套路可寻,也有成规可学。

哈德罗·布鲁姆曾经描述过在诗歌创作领域中的后来者由于惧怕受前辈影响而引发的焦虑,他称之为“影响的焦虑”。[①] 与文学领域类似,在教育研究中,多数研究者都有或曾经有过不做“匠人”而要做开拓一方新领地的“宗师”的宏图大略,因而也就经常会体验到“影响的焦虑”。但在学前教育领域,由于学科本身在我国尚处于发展中阶段,袭用已有的方法基本上很少能让继承者产生“影响的焦虑”,甚至在某些时候,能否熟练掌握和运用已有的方法甚至成为是否入门以及研究能力高低的指示器。

有人把与科学研究有关的人分为两类:研究生产者和研究消费者。[②] 无论是研究生产者还是研究消费者,都需要具备一定研究能力,才能满足生产与消费的需要,而研究能力的获取也是学习累积的结果。学习传统或者说已有的研究方法,了解其前设或后设,掌握其基本原理、概念工具、操作程序,分析其长处与短处,对于我们消费他人研究成果,自己动手做研究工作,或是改进方法与创造新的研究方法,都是十分必要的。

在各门社会科学的分化发展历程中,研究方法扮演着非常重要的角色,学科的成立常常需要从研究对象独立性和研究方法的独特性两个方面加以论证。因此研究方法的差异往往就成为学科间的壁垒。当然,随着当代不同学科之间合作交流的发展,不同学科在方法上相互借用、取长补短已逐渐成为学科间融合的一大景观。但这种趋势丝毫也不能削弱研究方法的重要性,反而使研究方法更加合理、更加丰富,并

① [美]哈德罗·市鲁姆著,徐文博译:《影响的焦虑》,三联书店 1989 年版,第 26～28 页。
② 吴明清:《教育研究基本观念与方法之分析》,五南图书出版公司 1992 年版,第 5 页。

更进一步使研究方法在学科组件中占有更大的分量。

陈桂生这样概括我国教育研究方法发展状况:“最近若干年来,我国对教育研究方法的研究确有进步,但一般来说,比较偏重于实证—实验科学研究的介绍(且不说名副其实的实证—实验教育研究成果能有几何)。由于教育研究方法视野尚较狭窄,既对实证—实验教育研究的局限性估计不足,也对非实证—实验科学的教育研究方法的研究甚少,以致关于教育研究方法的研究,尚未达到系统化的程度。”①陈桂生在此所指的是长期以来我国教育学研究方法意识的整体缺陷,学前教育研究也不例外。这种状况表明了学习和掌握各种科研方法的紧迫性。

第二节 学前教育研究的一般方法论

每一项学前教育研究不仅会考虑到具体研究方法的选择,而且会自觉或不自觉地涉及一般方法论问题。而一般方法论问题又集中体现在研究范式的选择和运用上。研究范式是一个多维的立体结构,限于篇幅,这里只能从科学与人文、质化研究与量化研究、价值中立和价值关联三个侧面对这一问题作一概略性探讨。

一、研究范式

范式概念的始作俑者是托马斯·库恩,它的基本含义可以从两个方面来理解:一方面是指科学研究者进行科学研究时所具有的包括价值观、信仰与符号等一切共识;另一方面是科学研究者共同认可或仿效的范例。②

美国斯坦福大学教育学院教授盖滋针对库恩的观点,阐释了范式

---

① 陈桂生:《教育学的建构》,湖南教育出版社 1998 年 9 月版,第 22 页。

② T. Kuhn(1970): The Structure of Scientific Revolutions. Chicago: Chicago University Press. pp. 181～190.

概念在教育研究领域中的意义与功能。他认为范式是模式、形态或基本模型。范式不是理论，而是思考的方式或研究模式。盖滋与库恩对范式的基本解释是一致的，都把范式看作思考与研究的基本架构。

但库恩从宏观的角度看范式的演进及其对科学进步的影响，强调科学范式的支配性与强迫性，即在某一特定时期，只有一种科学范式主导科学研究，当科学范式被科学社群接受认同后，就影响社群中每一个科学家的活动，直到大多数科学家不再接受旧有的范式，新的范式才可能形成。库恩并未揭示科学范式的具体内容，故其观点启发性似乎大于实用性。盖滋则从微观的立场出发强调教学研究可以在各种范式中进行选择，由此暗示了研究范式的多样性与竞争性。①

二、科学范式与人文范式

库恩曾提出这样一种观点：拥有一种处于支配地位的研究范式，是一个科学领域发展成熟的标志。社会科学发展至今，领域内部研究范式林立，互相竞争的局面与往日相比是有过之而无不及，如果以库恩的标准来衡量，社会科学研究似乎离成熟尚远。当然这样说难免招致争论，社会科学研究中的范式之争与社会现象高度复杂性有关，不能简单地以自然科学领域的状况来对照。此外，如何理解“范式”概念也会影响到对研究范式实际竞争状况的评判。

有学者将社会科学领域内各种所谓的范式之争归结为科学范式与人文范式之间的对阵。自然科学和人文学科是社会科学的两大源泉。长期以来，社会科学极力模仿自然科学的研究方法，把自然科学的方法移植到社会科学领域，形成了强调实证、客观的、期待发现社会规律的一种主流研究方法。当然，源自于人文学科的重视理解、主观的、期待了解社会现象的意义的传统，也一直是薪火相传。但是，从近现代以来社会科学发展整体状况来看，科学范式在竞争中占有较大优势。

---

① 吴明清：《教育研究基本观念与方法之分析》，五南图书出版公司 1992 年版，第 62 页。

在学科归属上，把学前教育归于社会科学，这可能也有便利于学科建制方面的原因。实际上，就其在社会科学群的位置而言，非常接近于社会科学与人文学科的交界地带，因而对科学范式与人文范式之间的竞争自然十分敏感。前现代的传统教育学基本上更接近于人文学科，科学范式在教育学领域逐渐取得领导地位，可以追溯到20世纪初，以法国的杜尔凯姆、德国的顾立克等为代表，他们认为当时的教育学说的目标不是描述或者解释已经有的事实，而在确定应该是什么；教育学说并不打算如实地反映一定的现实，而是想规定行动的准则。针对传统的个人主义教育学这种过于思辨化、观念化状况，他们提出了在方法上更具实证及科学性的教育理论，并将其理论命名为“教育科学”。教育学发展至今，随着当代思维方式的变革、理论视野拓展和知识基础转移，一部分研究者也开始由科学的认识论方法转向人文学科的理解论方法。

学前教育的研究者应了解两者之间的差异，以增进研究工作的自主性和自觉性。科学范式推崇的是客位观察、描述和实证分析的认识论方法，而人文范式为捕捉意义而采取的是体验、评价和审美的理解论方法。认识是主体对客体的认识、反映和概括，而理解则是主体与主体的沟通、体验、评价和共识。科学认识论方法的基础框架是观念论和本质论，而理解论方法的概念框架则是语言学和生存论的。

简单地说，科学范式与人文范式之间的区别主要体现在以下三个方面：首先，在本体论问题上，科学范式认为社会现实是独立于个体主观意识之外的客观实体；人文范式则倾向于主张没有超越个人的实体，社会必须由个人的行为予以说明，某种程度上它是主观认知的结果。其次，在认识论层次上，科学范式认为，既然主体和客体是不能二元分离的，研究者可以应用观察与测量等方法程序揭示客体的真相；人文范式认为主客体之间是相互渗透的，强调研究者的研究结果受其本人的主观因素的影响。第三，在研究方法方面，科学范式师承自然科学的研究方法，强调经由调查、实验等方法获得的经验证据来验证假设，展开理论的陈述；人文范式的特征体现在以现象学、民俗学、建构论等为代表的方法论流派之上，偏好参与的、对话的、阐释的、辩证的方法。

三、量化与质化研究

量化研究（或称定量研究）与质化研究（或称定性研究）最直观的区别是资料呈现的形式，定量研究主要是通过数据的展现说明统计结果，而定性研究主要是叙述性的说明。除此之外，两者之间还有许多深层次的差异。质化研究从属于自然主义者的范例，认为研究应在自然的情境中进行，研究所获得的意义也只适应于特定的情境和条件，这种方法就是整体解释策略。质化研究中，研究者的角色成为研究情境的一部分，相信社会环境与人类行为有很大关系。而量化研究根源于实证主义，与质化研究相比更接近于自然科学的方法。它们宁愿更多注意个别的变量和因素，而不强调整体的作用。量化研究者更多的是追求研究者与研究情境的独立性，将事实和价值分离。

在研究目的方面，量化研究追求概括性的通则、规律、共识；质化研究寻求解释性理解，旨在获得独特性、地域性的知识。在研究设计与研究程序方面，量化研究往往事先确定结构性程序与分析框架、追求可重复性的，便于验证；质化研究喜欢依研究情境而灵活变化，在研究过程中逐步形成分析框架。量化研究惯于运用量表、问卷等工具进行统计分析；而质化研究喜欢用开放式访谈、参与观察、实物分析等研究手段，以语言或图像进行描述分析。

由于在指导思想和操作手段上存在差异，质化研究和量化研究所关注的焦点各有不同，从不同的角度对事物的不同侧面进行探究。总的来说，量化研究依靠对事物可以量化的部分及其相关关系进行测量、计算和分析，以达到对事物“本质”的一定把握；而质化研究是通过研究者和被研究者之间的互动对事物进行深入、细致、长期的体验，然后对事物的“质”得到一个比较全面的解释性理解。量化研究和质化研究各有其优势和弱点。一般来说，量化方法比较适合在宏观层面对事物进行大规模的调查和预测；而质化研究比较适合在微观层面对个别事物进行细致、动态的描述和分析。量化研究证实的是有关社会现象的平均情况，因而要求抽样总体具有代表性；而质化研究擅长于对特殊现象进行探讨，以求发现问题或提出新的看问题的视角。量化研究将事物在某一时刻凝固起来，然后进行数量上的计算；而质化研究使用语言和图像作为表述的手段，在时间的流动中追踪事件的变化过程。量化研究从研究者自己事先设定的假设出发，收集数据对其进行验证；而质化研究强调从当事人的角度了解他们的看法，注意他们的心理状态和意义建构。①

四、价值中立与价值关联

在西方，价值中立作为一种方法论影响较大，近几年对我国教育科学研究方法也产生了一定的影响，了解这一问题，对于学前教育研究有着重要意义。社会科学研究中的价值问题是一个核心问题，价值中立论认为主体的主观干预不应当发生在客体自身显示的过程和倾向中，要求研究主体在选择了所要研究的问题之后，应客观地描述全面资料和对这些资料进行分析所得出的结论，不论这些资料和结论是否与研究主体、社会或者他人的价值观念相冲突、相对立。

价值关联论则认为，社会科学研究者具有双重身份，既是研究者，又是参与者；既是主体，又是客体，因此，研究者必然会把自己的知识结构、情感、意志、价值观念等带进认识过程，并最终影响到研究的结果。价值中立在自然科学中比较容易做到，自然科学要描述事实，寻求一般规律，它不属于价值领域，与价值无涉；而社会科学则属于价值领域，研究任何社会现象都与构成这一现象的人的行为有关，人的行动是在一定的价值观指引下和在一定的动机驱使下做出的，为此，必须借助价值判断或价值关系来理解和解释社会现象背后隐藏的“意义”，即以参照价值对人的行为意义作出理解，并最终认识社会现象。

“价值中立”要求研究者在科学研究中严格确定经验事实与价值评

① 详见陈向明：《质的研究方法与社会科学研究》，教育科学出版社2000年版，第10～11页。

价判断的界限。研究者应该遵从他所发现的资料的指引，而停止使用任何主观的价值观念，严格以客观的、中立的态度进行观察和分析，从而保证研究的客观性和科学性，“调查研究者和教师应当无条件地将经验事实的确定同自己的实际评价即他对这些事实的评价是满意还是不满意区别开来。这两件事情在逻辑上是完全不同的，把它们看作是同一的东西实际上是把异质的问题混淆起来”。[①]

价值中立与价值关联是相伴而生的一对矛盾，在社会科学研究中，两者不可分离。社会科学研究既要进行因果性分析，又要对驱使人们行动的动机和意义进行理解。价值中立并不意味着彻底排斥价值因素，社会科学研究在把握意义时必须借助价值关系进行主观的理解，遵循一定的价值观念去解释社会现象，这就难免产生“价值关联”。但是，在分析社会现象时要撇开价值关系，进行客观的科学考察，保证社会科学的客观性。社会科学研究作为人类追求真理的理性活动，必须排除研究者个人情感好恶，避免以自己的价值、好恶去解释客观对象，因此社会科学研究又必须坚持价值中立。解决这一矛盾的办法之一，也许正如马克思·韦伯指出的，我们可以一方面把“价值中立”视为社会科学的规范性原则，另一方面又把“价值关联”作为社会科学的构成性原则。

第三节
学前教育的研究类型与研究过程

一、学前教育研究的类型

在讨论研究方法的分类之前，先来了解一下教育研究的类型，这有助于我们在从事教育研究工作时或者参阅他人研究结果时，把握重点

① ［德］马克思·韦伯著，朱红文译：《社会科学方法论》，中国人民大学出版社 1992 年版，第 20 页。

和加深认识。依据不同的标准，教育研究有许多分类方式。

一般说来，依研究目的分类，学前教育研究可区分为基本研究、应用研究、评价研究。从研究者内在动机来说，基本研究是出于学术的兴趣与求知欲望，以建立学术理论为目的。应用研究是以基本研究所建立的理论为基础，寻求解决实际问题的方法，其目的在解决学前教育中的实际问题。动机可能是内隐的，而且和结果可能不一致，因此，在阅读研究报告时，一般可以依据该研究是以描述和解释教育现象为主，还是以为实际问题之解决而提出价值定向和规范设计为主，来区分基本研究和应用研究。有些学者提出"结论导向研究"与"决定导向研究"的分类方法。[①] 这与基本研究和应用研究的分类相似。

评价研究是为评价某种课程、机构或计划等的价值而开展的研究。它通过收集并分析资料，来检查并评定某些政策、计划、方案或课程等实施的结果与成效，以供决策之参考。

按研究现象所属领域分类就是我们通常所说的按研究内容进行的分类方式，相对来说，这种分类方式的随意性较大，但在一定时期，学术界在这方面也会形成一些共识或惯例。常见的有儿童社会性发展研究、儿童认知研究、学前教育课程研究、儿童语言研究、儿童动作研究、学前教学法研究等。

依据研究结果分类也是比较常见的。有的研究只描述或说明现状，并不解释形成现状的原因的，可称为描述性研究；有的研究说明某种现象或问题形成的原因，在教育上具有诊断的作用的，可称为诊断性研究；而有的研究说明各种具体因素之间的相关或因果关系，进而可以发挥预测的作用，这就是预测性研究。

另外，根据一项研究与已有研究的关系，也可以进行分类。如果一项研究所涉及的问题是没有人研究过的，那么我们称之为开拓性研究；

① Lee J. Cronbach & P. Suppes (eds.) Research for Tomorrow's School: Disciplined Inquiry for Education. New York: Macmillan. 1969, P. 281.

如果一项研究主要以验证已有研究结论为目的，那么称为验证性研究；如果一项研究继续他人的研究问题，而在他人的研究基础上进一步深入探索，那么则可称为发展性研究。

二、学前教育研究方法的类型

此处所说的"研究方法"，不包括方法论层次的问题，而是指学前教育研究的具体方法和技术。学前教育可以运用的研究方法类型众多，按任何一种单一的标准来分类，恐怕都难以囊括所有的研究方法。

朱敬先在《幼儿教育》一书中将幼儿教育研究法分为：实验法、历史研究法、行动研究法、实地记录法、观察法、访谈法、问卷法与量表和讨论法。尽管有八大类之多，仍然无法尽含，而且其中有些是重叠的。但他显然意不在穷尽研究方法类型，而是介绍各种方法的要领。

为了尽量符合分类的尽含和互斥原则，折中的办法是按研究工作的进程分解成几个部分，然后再对其中所用的方法依次分类。例如，依据研究工作所涉及的收集资料手段、分析资料的方式、研究场所等，可以对学前教育研究方法进行更具体的分类(详见下表 14－1)。[①]

表 14－1　学前教育研究方法分类

分类依据	研究类型	说　　明
收集资料的手段	观察研究	通过直接观察自然发生的现象与过程，收集反映客观现象实际情况的材料
	调查研究	通过不同的间接手段收集反映客观现实的材料
	实验研究	对研究现象进行一定的人工控制操纵某些条件，在实验控制下观察行为反应，以探讨现象间的因果关系
	文献研究	运用文献资料进行研究，对已有的前人研究进行分析研究而导出一个综合性的结论
	测验研究	通过对儿童进行某些测验，收集有关资料并整理、分析，得出某些结论

① 详见王坚红：《学前儿童发展与教育科学研究方法》，人民教育出版社 1991 年版，第 24～25 页。

续 表

分类依据	研究类型	说　明
对资料的分析	描述性研究	对自然呈现的现象进行描述与总结
	相关研究	探讨某两个变量(现象)之间的相互关联关系
	比较研究	据一定的标准,对某类现象在不同情况下的表现进行比较分析
	内容分析	对于明显的传播内容做客观而有系统的量化并加以描述
研究场所	实验室研究	在实验室或高度人工控制的场所进行研究
	现场研究	在儿童日常生活环境中进行研究

三、学前教育研究的过程

尽管各项学前教育研究的具体程序不完全一样,但基本步骤大致相同。通常情况下,一项学前教育研究是由下列互相联系的相关步骤组成的。

(一)选择研究课题

课题就是待研究的问题或问题群。基于研究者的问题意识,提出问题是研究的第一步。问题部分来自学科内部的理论,部分来自教育领域中的实际问题。有些课题在研究之前或之初就已经明确,有些课题在开始时并不明确,而是在研究的过程中逐渐明确的。

(二)查阅相关文献

在确定了研究课题之后,必须尽量收集与研究问题有关的文献,并加以整理归纳。查阅文献的目的在于了解与研究课题相关的研究进展状况,比如,相关的研究已有什么样的研究结果,提出了哪些相关的理论,在哪些方面尚无定论,或者无人涉及。这样一方面可以避免重复前人的研究,另一方面可以为建立研究假设、选择研究方法等后续研究工作提供参考依据。

(三)建立研究假设

研究课题包含一个或若干笼统的问题,研究者必须就研究课题做出尽可能详细的假设。假设就是以一个或若干个命题形式出现的对研究问题的假设性判断。通过建立假设，研究者将所要研究的问题具体化为一些经验事项，在此基础上，研究者可以通过对假设中所包含的概念的操作化，进一步将研究问题从抽象化的形式转换成可观察和可度量的形式，即确定所要研究分析的变量或变项。

（四）选取研究对象

学前教育研究的研究对象，通常是与学前教育活动有关的人、组织机构，或教育环境等。研究对象的选择根据研究目的、研究方法而定，有时也要考虑到研究的人力物力的因素。一般说来，在所要调查研究的总体范围比较广而又无法逐一全面研究的情况下，研究者就必须从研究结果所欲推论的调查总体中抽取样本，并决定选取样本的方法，以及样本的单位，最终确定研究对象。

（五）选择收集资料的方法

研究者依照所要研究的问题、研究对象等因素，来决定收集资料的方法。在此过程中，所谓的方法必须尽量具体化，即将方法工具化、程序化。如果是以观察法为主，就必须编制观察表或观察提纲；如果以调查为主，则编制调查提纲或调查问卷。与此同时，还要考虑到信度与效度问题，以期所得资料准确可靠。

（六）搜集资料

研究资料的获取可以分为两种方式：一是研究者通过观察、试验、访谈等实地调查获取第一手资料；二是直接搜集现成的文字材料，如日记、信件、会议记录、文件、档案、各种统计资料、调查报告等。无论采取何种方式，基本原则是客观与真实，同时也要兼顾研究工作的伦理准则，以免对研究对象造成不利影响。

（七）整理与分析资料

对于调查研究过程中所获得的原始资料，需要进行整理。资料整理工作的主要内容是对原始资料进行检查、核实，对错误和遗漏之处加以修正、补充，有时还要将其分类编码，进一步综合化或简化。资料分析包括统计分析与理论分析。前者主要用于定量研究中,如果是质的研究,也要将原始资料整理后再作适当的描述与理论阐释。

(八)撰写研究报告

撰写研究报告就是依据学术规范,以书面文字的形式呈现研究的主要过程和结果。具体来说,一份研究报告可能包括如下所有或数项内容:研究目的、研究动机的说明,研究问题、研究过程、研究方法的叙述,研究结论的呈现,研究学术价值与运用价值的说明,本研究不足之处与建议的提示等。

需要说明的是,上述学前教育研究过程的八个主要步骤是理念化的。虽然我们区分了先后次序,但在实际研究过程中,这些步骤并非都是一步接一步,其中有些步骤可能是同时在构思与进行,甚至在次序上前后置换。值得注意的是,八个主要步骤也不是每一项研究工作必经的过程。八个主要步骤之间的关系并非确定是线性的关系,一些采用质的研究方法的研究者更加强调研究流程的循环反复性。

第四节
学前教育常用的研究方法

学前教育研究的方法多种多样,本节只能对几种常见的研究方法作一个概括性的介绍。这些常见方法包括观察法、实验法、调查法和人种学研究法。

一、观察法

观察法是在自然条件下,通过直接感知与考察的方式获取研究资料的一种方法。观察法在学前教育研究中具有长远的历史。在20世纪初之前,观察法也是许多教育研究者主要应用的研究方法。由于学前教育研究对象的特殊性,观察法至今仍然是一种十分重要的研究方法。

（一）观察法的类型

观察法有许多类型。首先，按照观察者在观察过程中参与的程度，观察法可细分为三类：(1)完全参与观察，即研究者不暴露其作为观察者的身份，真正参与到被观察群体或事件中进行观察研究。(2)名义参与观察，研究者暴露其作为观察者的身份，并参与到被观察群体或事件中进行观察研究。(3)非参与观察或局外观察，研究者不参与到被观察群体或事件中，而以旁观者的角色进行观察研究。

其次，根据观察过程的结构特点，有标准化观察与非标准化观察。标准化观察往往是事先对各项观察内容和记录方法逐一规定，并严格按规划实施；非标准化观察无周密的计划与控制，而只是根据研究目的进行扩散性观察。

第三，从观察的场所来看，观察法又可分为实地观察和实验室观察。实地观察是在实际发生的社会生活中进行的，不需要对观察场所或观察对象进行控制。实验室观察对观察场所或观察对象有一定程度的控制，并常常借助于单向透镜、摄像机、录音机等辅助设备在实验场所进行观察。

（二）观察法的运用过程

观察法的运用包括观察设计与观察实施两个方面。在观察设计阶段，第一步，根据研究目的确定具体的观察内容，观察内容必须是符合研究目的并能够被观察到的。第二步，选择观察方式和观察策略，研究者基于对各种观察类型的适用条件、优缺点的了解，结合考虑观察目的、外界环境的因素，选择适当的观察方式和观察策略。第三步，制定观察卡片或记录表，在制定过程中可使用观察代码系统，以便观察记录简单便捷。第四步，如果研究需要有若干观察员，就可能要对观察人员进行培训。

研究者在完成观察设计之后，接下来的重要工作就是观察的实施。观察实施过程具体来说，就是观察者按照在观察设计阶段制定的程序进入观察现场(或观察室)，运用事先确定的观察策略、技术设备进行观察，获取研究资料。在学前教育研究中，观察的实施常常不是机械地按观察设计来展开，而是要根据观察情境的特点和变化灵活机动地执行观察设计。当然，这并不意味着观察设计无足轻重，恰恰相反，这说明在观察设计阶段应尽量考虑周全，设想到各种可能性，以便在实施阶段对各种情形做出应对。

（三）观察法的优缺点

观察法的优点是：(1)观察法一般是在自然情境中实施的，它对研究对象的扰动较小，从而使获得的资料比较真实可靠。(2)可以感知和记录下当时当地的行为或事件，掌握第一手资料，并且能够了解到行为或事件发生的情境，有时还能获取其他方法难以获得的隐蔽性资料。(3)观察法可以部分克服由于研究对象语言表达能力不足而造成的研究上的困难，因而，对低龄幼儿的研究，常常运用观察法。

观察法也有它的局限性。(1)观察结果往往容易受到观察者的价值观与情感因素的影响，特别是当观察者参与程度比较高的时候。(2)相对来说，观察所获得的资料不容易整理分析，更难以进行数量分析和统计推断。(3)观察法比较费时费力，对观察人员要求较高，故一般不适用于大规模调查研究。

二、实验法

在应用实验法的研究过程中，研究者根据一定的研究假设，依照事先规划的程序，给予研究对象以特定的刺激，同时研究者要控制可能影响结果的一些干扰因素，之后再观察或测量实验刺激所产生的结果，以确定实验刺激与结果之间的因果关系。实验法的作用可以归结为两个方面：一是检验和确定现象间的因果关系；二是发现未知的新现象。

（一）实验法的要素

除了研究者或实验者以外，实验研究还包括实验对象、实验变量和实验测量三个要素。

1. 实验对象

实验对象也称为受试者。在实验研究中，接受实验刺激的一组对象称为实验组，不接受实验刺激的一组称为控制组。实验对象可能不止一个实验组或控制组，也可能不设立控制组。

2. 实验变量

一般情况下，实验研究目的是验证因果关系。故而，实验变量常常可划分为自变量与因变量。自变量是实验中的刺激因素，是引起因变量变化的原因；因变量是由实验刺激所引起的状况。

3. 实验测量

实验测量有前测与后测之分。在实验实施前对实验对象进行的测量称为前测，而后测指的是在实施实验刺激之后对实验对象的测量。

（二）实验室实验和现场实验

1. 实验室研究

实验室实验是指在实验室或某种人为环境中所进行的实验。其情境特征是控制。在实验研究过程中，研究依照事先规划的程序，给予实验对象特定的刺激，同时研究者要控制可能影响结果的一些干扰因素，经过一段时间实验后，再观察或测量实验刺激所产生的结果，以确定实验刺激与结果之间的因果关系。

实验法宜于探索现象间的因果关系，易于重复验证，可施行控制，减少各种误差。实验室实验最能体现实验法的这种科学性质和特点，因此，在 20 世纪 60 年代，研究者们大力强调模拟现实的实验室实验，设计了精巧的程序来模拟在童年期社会化发生的一些过程，实验室实验一度风行儿童发展研究领域。但是，从 20 世纪 70 年代开始，人们对实验室实验法提出了种种批评：其一，实验设计不可能准确理解人类的社会行为，因为人工环境难以模仿现实生活的复杂情境。有人认为，实验室实验缺乏生态效度。其二，心理学家需要了解儿童在自然情境下的行为。其三，由于考虑到研究的道德标准问题而限制了实验研究的课题，如有人认为不能让儿童受到人工设计的影响，使他们增加攻击性或减少自我控制。[①]

2. 现场实验

为了克服实验室实验研究远离现实性的缺陷，一些研究者将实验控制与现实情境相结合，在实际的教育情境中，如教室、户外活动场所、家庭进行实验研究，这就是现场实验法。与实验法相比，现场实验法具有如下特点：第一，研究者在实际的社会情境中可能会尽量控制无关变量的影响，但不可能像实验室实验那样严密地控制实验条件，因此实验效度较低。第二，它的实验假设不一定是因果关系的假设，也可能是相关关系的假设。第三，研究情境比较接近现实社会环境，研究结果的实际应用价值较高，研究过程中一般不会遭遇伦理道德问题的困扰，这也是它的优点。

（三）实验研究的程序

通常情况下，实验研究可以分解为下列几个步骤。

1. 确定实验研究的问题。从已有的教育理论或教育实践发现问题，厘清问题的性质，明确将要进行的实验研究的价值与可行性。

2. 提出实验假设。分析各个变量间关系，建立变量间的因果模型（或相关关系）。

3. 进行实验设计。选择实验场所，准备实验器材设备，规划实验进程，确定控制方式，测量方法等。

4. 选取实验对象。基于对实验结果的代表性与可推论性等问题的考虑，选取受试者，并采用随机抽样或随机分派等方式进行分组。

5. 实施实验。研究者依据事先的计划，逐步展开实验，记录实验结果。

6. 分析资料。对实验过程中获取的观测资料进行统计分析，检验假设能否成立，并加以解释和推论。

7. 最后是撰写研究报告。

---

① 王耘：《社会性发展的研究方法》，载《心理发展与教育》1991 年第 3 期，第 35 页。

三、调查法

（一）调查法的类型与特点

很多研究工作都可以置于调查研究的名称之下。本章的“调查法”专指以语言（口头语言或书面语言）为中介来收集间接资料，对学前教育现象与问题进行考察、分析的一种科学研究方法。

调查研究常常涉及某些学前教育现象的实况、发展变化、原因、现象间关系等问题。根据调查研究侧重点的差别，可以分为实况调查研究、发展研究、关系调查研究、追因调查研究等。依据收集资料的手段和工具，调查研究有访谈法、问卷法、量表法等。而依据选取调查对象方式的差异，又有普遍调查、抽样调查、典型调查与个案调查之分。

调查研究法的特点之一是，它的资料不是靠直接对所要研究对象的感知、考察而来，而多是通过间接的了解来获得研究资料，调查结果的可靠性受被调查者影响较大。调查研究法的第二特点是收集资料效率高、成本低、受时空约束小，便于进行大规模的研究。这也是调查研究法的优点。

（二）访谈法

访谈法是调查研究中最常用的方法之一。它是通过调查者向被调查者口头提问来了解所要研究的问题的一种方法。由于访谈法是经由研究者和被访者直接互动而进行的，被访者的应付敷衍、记忆不清、对言语的理解错误等情况都可能导致研究结果的偏差。因此，访前准备与访谈过程的技巧十分重要。

在访前准备阶段，研究者要尽可能理清所要访谈的全部内容和有关知识，了解被访者的特点，设计好访谈表或访谈提纲。结构化的访谈表一般要包括如下项目：(1)访前语，包括调查者的自我介绍、访谈说明和一些请求配合的客套话。(2)表头，用于记录调查时间、地点、被访者的性别、年龄、工作单位等基本情况。(3)正题，是调查研究的具体内容。(4)结语，对被访者表示感谢，还可以请被访者对这项调查提意见和建议。当然访谈法并不要求一定用结构化的访谈表,也可以用简要的访谈提纲,甚至自由漫谈。

在实施访谈过程中,研究者首先要选择适当的时间、地点与场合,免得侵扰被访者,争取他的合作。其次在正式提问之前,要善于通过简短的接触营造轻松自如的谈话氛围。最为关键的是熟练掌握正式访谈技巧,这包括问与听的技巧。

(三)问卷法

顾名思义,问卷法是通过问卷向被调查者提问来了解所要研究的问题的一种方法。由于儿童受尚未达到运用书面语言的能力的限制,对儿童直接进行问卷调查的情况极少,但不能由此得出问卷法在学前教育研究中不常用的结论,因为学前研究并不都是通过直接对儿童展开调查来进行的。当通过教师或家长来了解儿童的发展或教育状况时,问卷是一个非常好的选择。

由于问卷调查法的一些特有的优点,使得它成为调查研究中最常用的方法之一。问卷法的优点表现在两个方面:其一是标准化,便于统计分析。其二是匿名性与间接性,便于调查一些敏感问题,可以避免面对面互动的压力,便于被调查者真实地表达自己的意见与想法。另一方面问卷法也有它的缺点,比如,难以断定被调查者是否认真填答、回收率较低从而影响样本的代表性等。

问卷法的核心是问卷设计。标准化的问卷一般包括三个部分的内容。首先是前言部分,这部分一般要说明调查的目的、意义、填答问题的指导语、关于匿名的保证、调查者的身份等。第二部分是问卷主体,由研究问题组成,还可能包括填答问题的要求、答案编码登录格等。第三部分是结束语,包括对被调查者的谢辞,有时还可以提出征询被调查者对本次调查的意见和建议的问题。

问卷设计要注意提问方式的合理性与科学性。问卷中的问题是不是该研究所必需的,所提的问题是否适合于所有被调查者填答,备选答案是否周全,提问中是否带有倾向性和诱导性,所提的问题是否会引起歧义，这些都是检验问卷合理性与科学性时需要加以考虑的。此外，还要注意诸如问卷中问题的排列组合方式，保证问题量不能太大等问题，以免引起填答者厌烦。

四、人种学研究法

（一）含义与特点

人种学研究通常和人种学相联系，但它在西方教育领域研究中的运用正日渐增多。可以预期，它也很快会成为学前教育研究的常用方法之一。人种学的本义是在广义的文化概念下对特定的文化情境作深入、解析性的描述。而把人种学引入教育研究之后，人种学的含义就是："为特定情境中的教育系统、教育过程以及教育现象提供完整和科学的描述。"①

人种学研究是一种质化研究，它与前述的三种研究方法不同，和多数质化研究方法相似，它不是以一套具体可操作的技术程序来划定它与其他研究方法的界限，而是以研究策略、研究原则和宽泛意义上研究过程模式来标示其内涵。

人种学研究在自然的情境中进行，研究者着手之前很少有具体的假设，大量依赖于对所研究现象的观察、描述、定性判断或解释，旨在获得对整体的把握。它的特点体现在研究中所遵循的一系列规范原则上，这些规范原则可总结如下：②

1. 尽可能避免对被研究的现象形成先入之见。

2. 现实应被整体地看待，复杂的现象不能被化约为一些变量。

3. 资料收集的程序和工具，虽有一定的结构，但应把它对被研究现象的影响缩小到最小限度。

4. 要接受对现象的不同理解，这可能会产生另外的观点或改变既

---

① [美]威廉·维尔斯曼著，袁振国主译：《教育研究方法导论》，北京教育科学出版社 1997 年 7 月版，第300 页。

② 同上，第 301 页。

有观念。

5. 有效的理论应该是有资料和事实支持的理论，而不是臆想的理论。

（二）人种学研究的过程

人种学研究并不注重研究过程的程序化，因此，若要具体地以分立的步骤来说明人种学研究的过程，是很容易脱离人种学研究活动的实际情形的。但每一项具体研究都有起点与终点，人种学研究的起点是确定研究的现象，终点是以研究报告呈现研究结果。

人种学研究在确定研究现象过程中，一般以宽泛语词而非命题形式来指明研究方向，并不框定要研究的具体问题，而是尽可能罗列各种预示性问题。在资料收集过程中，依据研究情境灵活运用观察、访谈或录像等手段，并常常将应用各种手段所得的资料进行相互印证。有了一定的综合资料之后，就可以进行分析了，但分析的开始并不意味着收集资料阶段的结束。研究结论也往往不是一次分析之后自然获得的，而常常是在研究中不断修正而明确起来，换句话说，在得出最终结论之前，有一个连贯的逼近过程。总而言之，人种学研究的活动过程不是一个线性的过程，其中间的环节往往是交叉往复的。

第五节
学前教育研究方法的发展趋势

学前教育研究方法的发展趋势与教育学乃至宏观的社会背景有关。自 20 世纪五六十年代以来，随着社会经济发展，社会其他系统与教育之间的关系更为密切，有越来越多的经济学、政治学、社会学与社会心理学研究者对教育显示出极大的兴趣和关注。由于多学科研究与比较方法的介入，极大地拓展了教育学的研究领域和研究视野，也使得教育学研究方法更加丰富多彩。教育的国际化交流趋势为教育的发展和教育学研究提供了新的契机和新的课题，因此，教育学国际比较方面的研究得以发展，教育学中跨文化的合作研究趋势加强。从而有利于先进的研究方法、研究技术的交流传播。在学前教育研究领域，其研究工作及研究方法的发展也出现新的趋势和学术潮流。我们将从三个方面简要勾画这些流行趋势。

一、为行动而研究

为行动而研究，简单地说就是实践者为解决自身面临的问题而进行的研究，西方学者将这种研究称为行动研究。① 从行动研究在教育领域的实践来看，它不仅是一种新的教育研究方法与策略，而且也是教育实践者的工作方法和策略。

行动研究的理念与方法运用于教育领域，大约始于 20 世纪 50 年代，而自 70 年代起，行动研究在西方教育界逐渐发展，至今已成为一种很有影响力的潮流。行动研究在教育研究领域兴起的根本原因是，长期以来教育理论脱离教育实践。它的兴起对促进教育实践的发展，建构新型教育理论，克服教育理论与实践之间的鸿沟发挥了重要的作用。

目前，学术界对行动研究的理解还存在很多分歧，很难给行动研究概括出一个共同认可的确切定义。但行动研究也存在着某些共性的东西，表现出区别于其他研究类型的特征。②

其一，自然性。行动研究的研究课题的产生和研究进程的展开都是在自然、真实的情境之中，研究课题产生于实践参与者现场工作所遇到的问题，对问题的研究解决主要不是依赖“纯”研究，而是将问题置于各种相关因素的有机联系和整体情境背景中予以考察，以定性的方法理解、把握人的精神和活动。

其二，行动性。其研究目的在于在具体情境中提高行动质量，增强

① 郑金洲：《行动研究：一种日益受到关注的研究方法》，载《上海高教研究》1997 年第 1 期，第 23 页。

② 关于行动研究的特点，详见洪明：《西方教育研究的方法论和转向——行动研究探略》，载《国外社会科学》1999 年第 1 期，第 15～16 页。

行动效果，知识体系的建立是为这个目标服务的。在研究过程中，讲求研究者的实际行动，要求研究者参与学校、课堂的实际工作，研究不是在脱离教育、教学实际的书斋中完成的，也不是单纯的资料的收集、阅读和整理，而是研究者在现场的行动中去发现、研究和解决问题。研究过程以行动开始，在行动中进行，并以行动质量的提高与否作为检验研究效果的标准。

其三，多种角色的统一性。首先表现为研究者角色和实际工作角色的一体性。行动研究的主体是从事实际教育工作的教师或教育工作者，专职研究人员只有直接参与到实践中去才能成为行动研究的主体。其次是研究者与研究结果受用者的统一性，为研究成果即时转化为实际运用扫清了障碍。

其四，合作性。通常情况下，行动研究都是由一组教师或研究人员围绕一个共同课题合作承担，大学研究人员与中小学、教育工作者之间的合作是最常见的形式。此外，研究的进行还需与家长、社会人士乃至学生的合作。90 年代以来，教师与校外研究者的合作出现了扩大到各种社会组织机构的势头。鼓励社会各种力量相互合作共同参与研究是近年来行动研究的重要特征之一。

其五，研究成果的非普适性。作为一种直接指向具体情境中具体问题的研究方法，行动研究在特定情境中得出的研究结论一般只适用于该情境、该问题本身，普遍适用于各种情境的概括化知识的获得不是行动研究的目的所在。从这一角度看，行动研究具有个案性质。

学前教育研究领域自觉运用行动研究法大约始于 80 年代，近年来，不断受到专职研究者和幼儿教师的重视，以这种方法来作研究的日益增多。究其原因，一方面是因为，在相当长的时期里，学前教育理论流派林立，观点众多，使得幼儿教育实际工作者无所适从，并且不少理论远离教育实际。另一方面，由于学前教育的研究对象是发展变化快、彼此之间差异大且不稳定的幼儿，往往使得学前教育理论研究成果的普适性受到制约，强化了理论与具体实践相脱节现象。

行动研究法在学前教育研究领域的应用，对于提高学前教育的整体水平，解决一些困扰第一线教育实践者的问题都会产生积极的影响。但是，要真正达到研究为行动服务的目的，我们也必须意识到，虽然行动研究表面看起来不需要周密的计划与严格的研究程序，实际上，行动研究对研究的参与者的素质还是有较高的要求的。要做好一项行动研究，一方面，行动研究参与者应熟悉基本的研究方法，具有一定理论素养，还需要有合作精神、观察思考能力、反思能力等。另一方面，我们也必须清楚，任何一种研究策略、研究方法都有其局限性，行动研究法也存在费时长、可能产生干扰的因素多、缺乏科学研究的严密性等缺陷。

二、质化研究日益受到重视

长期以来，量化研究几乎就是研究的代名词。“不论是教育领域，或是整个社会科学领域，量化研究都十分风行，可算是过去几十年来研究界的主流。这个主流控制了整个研究界，而至‘科学必量化’、‘不量化非科学’的地步。许多期刊以刊载量化的研究为主，研究经费不论私人或政府的，都旨在赞助量化研究，没有数字就没有经费。”[①]当研究者们逐渐意识到量化研究极端化，发展成程序呆板、走入唯数据论的误区之时，质化研究开始崛起。

质化研究的历史渊源可以追溯到久远的前现代时期，对于它作为一种研究范式的发展历程，大约可以分为五个时期：(1)传统期(1900～1950)；(2)现代主义期(1950～1970)；(3)领域模糊期(1970～1986)；(4)表述危机期(1986～1990)；(5)后现代时期(1990～　)。[②]质化研究在实证主义占主导的工业时代，一直处于从属地位，随着西方发达国家向后工业社会转型，各种新思潮风起云涌之际，质化研究范式才逐渐成

① 黄政杰：《教育研究亟须摆脱量化的支配》，《教育研究方法论》，台湾师大书苑有限公司1997年版，第131页。

② Denzin, N. K. & Lincoln, Y. S. (Eds.) (1994). Handbook of Qualitative Research. Thousand Oaks: Sage. 转引自陈向明著《质的研究方法与社会科学研究》，教育科学出版社2000年1月版，第31页。

长为一种主流话语体系，并在与量化研究的对抗中拥有了大量的支持者和实际践行者。

在国内教育研究界，质化研究起步更晚，国内第一本系统介绍质化研究的专著是陈向明的《质的研究方法与社会科学研究》一书，而这本书是教育科学出版社 2000 年 1 月出版的。虽然此前有些幼儿教育研究现在看来也可以归入质化研究之列，但有意识地尝试应用质化研究方法进行研究的研究者和发表的论文数量却是凤毛麟角，影响范围也极其有限。

进入 21 世纪以后，质化研究可能会朝着下述趋势发展：(1)越来越注重行动研究，强调让被研究者参与到研究之中，将研究的结果使用于对制度和行为的改变上。(2)更加尊重文化多元，注意倾听弱小人群的声音。(3)更加重视研究者个人的反思，意识到研究者自己的权利及其对研究的影响。(4)在坚持多元的同时坚持研究的规范化，更加追求方法上的严谨和系统性，要求研究结果的内容高度密集，处于特定的时空情境之中。(5)信息时代高科技的发展将对质的研究手段和建构现实的方式产生重大的影响。① 这些发展趋势是学前教育研究者需要加以关注的问题。

三、迈向多元研究方法

人文范式和质化研究的兴起，打破了科学范式与量化研究一统天下的局面。值得注意的是，伴随着人文范式和质化研究的崛起，科学范式和量化研究遭到了很多的批评与指责，正当人们对这种矫枉过正的倾向表示忧虑之时，一个趋向多种研究方法并存，甚至综合应用多种方法的潮流也很快被许多学界人士所接受。

从理论上来说，一个待研究的教育问题总是有多个可以切入研究的角度，这不是凭一种研究范式或具体方法可以解决的。无论是人文

① 陈向明著：《质的研究方法与社会科学研究》，教育科学出版社 2000 年版，第 447 页。

范式与科学范式，还是质化研究与量化研究，每一种研究思路及其采用的具体研究方法都各有其优势和局限性。将不同的研究范式和研究方法对立起来，对全面深入地了解教育问题没有益处。

在一个学科中，多种不同的研究方法共存；对同一个问题，可以采用多种方法进行研究，相互印证，这些观念比较容易为大家所接纳。问题在于一个研究中同时运用多种不同方法，在这种情况下，差异较大的方法之间如何结合，如何处理不同方法搜集的不同材料，这些都是需要在实践中探索的问题。此外，在同一个研究中同时运用多种不同方法，也会遭到长期以来社会科学研究追求理论和方法简洁之美的习惯的压力。有些学者提倡的多元方法研究或三角法研究，就是试图探求和解决如何在一个研究中运用多种方法。三角法源自土地测量，由于用三角测量方式丈量土地比较精确，研究者们受到启示，在社会科学研究中也用类似于三角测量的方法，即采用多种方法进行研究，希望减少研究结果因单一方法的局限性而导致的失真。目前多元研究方法的综合运用主要还只局限于获取资料的手段方面，但是我们可以预测，在不久的将来，多元方法研究会有新的突破。

第十五章 21世纪中国学前教育展望

在上述各章，我们对学前教育的基本历史、基本概念、基本命题和理论框架作了基本介绍，大致地描画出了学前教育及其理论发展的基本面貌。处于新旧世纪交接之际，正是辞旧迎新、继承与发展、反思与展望的大好时机，所以在本书的最后一章，我们想对21世纪中国学前教育的发展趋向尝试作一预测。

第一节 关于学前教育的理论发展问题

理论的形成与否有其自身的标准。克林格综合了许多人给理论所下的不同定义后指出："理论是一套相互关联的概念、定义和建议，通过详尽地说明各变量之间的关系，对现象提出一种系统的看法。其目的是对这些现象作解释和预言。”[①]显然，目前的学前教育学科内部的各种关系仍然是松散的，相互之间缺乏严密的联系。所以我们说学前教育学目前还不存在成熟的理论。

一、学前教育学应当形成自己的理论

在学前教育领域里，有人认为学前教育只能是实践，不可能形成一套理论。持这种观点的人尽管为数不多，但这种观点的危害是很大的。要发展学前教育理论，批驳这一论调的谬误是十分必要的。

承认不承认学前教育能够而且应当形成理论，这也就是说承认不承认学前教育自身有无内在的规律，以及如果有规律，认识这些规律是否能有效地指导学前教育实践。如果不承认学前教育存在规律，那么显然学前教育学就不可能形成自己的理论。如果只承认学前教育存在着规律，而不承认这种规律的指导功能，那么我们就没有必要研究学前教育的规律，没有必要去发展学前教育的理论。我们不能因为由于学前教育目前没有成熟的理论而断言它将来也不可能存在成熟的理论，不能因为它是一种生动的实践而否认它也可以成为严格的理论。只看到学前教育实践的一面，而否认其理论的一面不仅是十分荒唐的，而且是极为有害的。

理论不是空洞的、无用的。然而实际上，许多教师对教育实践怀有浓厚的兴趣，对理论却淡漠视之。他们认为教育理论枯燥无味、不切实际，甚至一无用处。我认为这种埋怨和批评从某种角度来说是不无道理的，因为目前学前教育书本上的所谓“理论”确实令人难以捉摸，它是一个拼凑起来的大杂烩，没有自己的线索和灵魂。一些学前教育方面的专家很虚心地承认这一点。一种“理论”如果自身没有内在的线索和灵魂，那么就不可能是真正的理论，因此也就不可能对实践发挥出有效的指导功能。但是不能据此而迁怒于教育理论本身。教育理论不是空

① [美]乔治·A.比彻姆著，黄明皖译：《课程理论》，人民教育出版社1989年版，第13页。

洞的，它从教育实践中来，容纳了实践中丰富多彩的内容。教育理论不是无用的，它一旦进入头脑，纳入行动者的认知结构以后，就会产生巨大的指导功能。我们承认学前教育理论要从实践中来并要接受实践的检验，但同时我们也要强调：如果学前教育不能上升为理论，学前教育也就不可能有质的突破。

二、学前教育未能产生成熟理论的原因

学前教育尚未能形成自己的成熟理论，我国如此，发达国家也是这样。这里面有其复杂的主客观原因。这些原因何在？我们以为主要有以下几个方面的原因。

1. 任何一门理论从酝酿到成熟，都要经过一段漫长的历史时期，学前教育理论亦不能例外。学前教育作为一门学科而存在，是从福禄培尔 1840 年正式创立幼儿园开始的，迄今仅一个半世纪。要求这门学科在如此短暂的时期内成熟是不可能的。

2. 与其他学科相比，学前教育只是学科之林中的一株幼苗，许多人还不怎么了解它，甚至对它十分陌生。虽然从一开始就有一些优秀人才从事学前教育事业，但是这远远不能满足这一事业的发展需要。迄今为止，一方面，许多优秀人才仍未注意到它；另一方面，它自身也没有吸引住更多的优秀人才。学前教育需要有更加广泛领域的人才去研究它。

3. 学前教育之所以尚未形成理论，与它的研究方法存在很大关系。许多人都认为，改进研究方法是发展学前教育理论的关键。但是过去的学前教育研究恰恰缺乏方法方面的自我反省，基本上是跟着感觉走。研究方法方面的落后与迟钝，严重地影响了学前教育理论的发展。

三、学前教育研究的方法论思考

缺乏对自己的研究方法的认识，这是学前教育理论水平低下、发展缓慢的一个重要原因。学前教育研究应注意哪些问题，在这里我们谈一些自己的看法。

（一）在众多学科中寻找学前教育的位置，明确这门学科的研究对象

学前教育学目前的状况已经达到了自觉时期，表现在它目前的自我反省，不满足在学科之林中寄人篱下的地位等方面，它渴望建立自己的理论框架。

学前教育学与教育哲学、普通教育学以及儿童心理学、生理学、卫生学、社会学等存在着紧密的联系，但是它又毕竟不等同于这些学科，它必须在这些相邻学科中寻找到自己的独立位置，寻找到属于自己的一块立身之地。如何寻找自己的立身之地呢？学前教育从产生的那一天起，就具备了三个最基本的因素，即学前儿童、学前教师和学前教育影响源。只要存在学前教育，就必须具备这三个最基本的因素。这三个因素也是学前教育理论中最基本的因素。这三个因素自身以及它们不同的组合关系，就是学前教育学的研究对象。根据数学中组合问题的计算公式 $C_n^m = \dfrac{m!}{n!(m-n)!}$ 可以算出，三个因素可以组成 $C_3^3 + C_3^2 + C_3^1 = 7$ 个最基本的单位，即学前儿童、学前教师、学前教育影响源、学前儿童与学前教师的关系、学前儿童与学前教育影响源的关系、学前教师与学前教育影响源的关系以及三者的整体关系。这 7 个单位就是学前教育理论研究的主要对象。

学前教育明确了自己的研究对象后，就应当对内深入开拓，对外伸展并注意借鉴。

（二）拓宽学科视野，注意吸收理论营养

学前教育理论要想充分发展，就必须拓宽自己的视野。对自己的历史演进认识清楚后，它应加强学科本体的研究；对自己在众多学科中的位置认识清楚后，它应注意借鉴相关学科的思想内容和研究方法；某一国家、某一地区的学前教育研究在认识清楚本国本地的特点之后，又要注意吸收其他国家和地区的理论和经验。

世界本身是一个完整的系统。人类把它分成各个部分加以研究，但实际上这些部分并没有真正分离。一种现象在离开所有其他现象的

孤立状态下，是很难被彻底认识的。进行学前教育研究，绝不是只关注学前教育领域内部的事务，而是要把视野尽可能地拓宽，尽可能多地吸收其他学科的理论营养。特别是在目前学前教育理论水平比较低下的情况下，从本学科内所能吸取的营养是相当有限的。所以我认为，要发展学前教育理论，就必须不断地走出学前教育领域。

（三）处理好理论思维与经验研究的关系

学前教育理论发展的需要呼唤着实证方法进入它的领域。实证方法是培根、伽利略创立的，这一方法进入自然科学领域之后，自然科学突飞猛进，取得了许多成果，这无疑都与实证方法有关。实证方法使知识建立在可靠的事实的基础上，一扫传统的形而上学方法所可能带来的幻觉与玄辨。因此，这一方法一旦真正进入学前教育研究的方法系统，一定会发挥巨大的作用。

不过，长期以来许多人以为，实证方法就是量化的研究方法。这种观念导致了不良的后果：研究人时使用了研究僵死的物的方法，从而使那些属于人的本质的信息大量流失。德国的精神科学学派认识到了这种量化方法的局限性，他们认为仅仅量化的方法无法认识精神的世界，所以呼吁精神科学的研究需要引入对话、沟通、阐释等概念与方法等等。一些学者的不断努力终于促进了质化研究方法的发展。现在的观念是，在人文社会科学研究中，量化方法与质化方法并非相克，而是相辅相成。实证研究方法至此有了比较完整的内容。

然而，随着人们对实证方法的重视，在学前教育领域里又出现了忽视甚至否定和排斥理论思维特别是哲学思维的作用的倾向。如果这种思想在学术界得以流行，那么学前教育理论的发展将举步维艰。这是因为，如果没有哲学的宽阔视野，那么实证研究只可能是打一枪换一个窝，不可能设计出系统的研究计划，也就不可能取得系统的研究成果；每次教育实验都需要在理论思维的基础上提出一个或一套有价值的假设，如果不能高屋建瓴地提出假设，那么这种实验结果的理论价值和应用价值都值得怀疑；即使每次实验都有价值，但是如果没有理论思维，那么取得的数据和结论只能是一盘散沙，难以形成一套严密的逻辑体系，难以发展为一套学科理论。

经验认识长于获取和发现新事实，不能直接上升到理论层面，而理论认识则能揭示隐藏在事物内部的本质和规律。但是理论认识不仅要以一定的经验材料为基础，而且理论认识的成果最终要经过事实的验证。所以我们说，经验认识和理论认识在学前教育的理论发展中都具有十分重要的作用。学前教育既要加强实证研究，但也不能忽视理论思维；应当注意各取其长，互补其短。我们对学前教育的认识必须经由经验层面上升到理论层面，在这个过程中，理论思维要发挥中流砥柱的作用。据我们所知，质化研究方法本身就需要理论思维。

四、学前教育的理论发展已具备发生飞跃的条件

目前学前教育正在面临一些不容缓怠的挑战，这些挑战实际上也是学前教育理论发展或明或暗的机遇。学前教育理论的发展已具备发生飞跃的条件，这主要表现在以下几个方面。

1. 全球性的人权概念和男女平权思潮不断深入，女性同男性一样试图在社会竞争中实现其自我价值，所以妇女更加全面地投入了社会工作。母亲外出工作后，幼小的子女怎样得到良好的教育和看护，这是社会必须解决的问题。目前虽然有了许多学前教育机构，但仍然供不应求，发展学前教育仍然是社会的需要。这种需要将为学前教育实践和理论的发展提供巨大的推动力。

2. 传统的教育目的一般是为了实现劳动力的再生产，这种教育目的仅仅把人当作发展生产的手段。现代教育反对仅把人当作手段加以培养的教育目的，并明确指出，人不只是手段，更重要的是目的；教育应当抛弃那种纯粹功利主义的教育价值观念，而要去关注人的幸福和发展。既然学前教育对人的早期发展乃至以后的发展具有重要意义，那么发展学前教育无疑是现代教育追求的目标之一。

3. 学前教育研究已引发了许多的争论，其实这正是学前教育的一

大进步。库恩认为，如果一个范式试图解决这个范式所遇到的问题和异例却再三失败，人们就会把这种失败归咎于范式本身，这门学科便面临着危机。在这个时候，人们会公开表示不满，纷纷求助于哲学和根本原理的辩论，各种解决问题的企图会相互竞争。按照库恩的科学革命理论的说法，这是一门学科发生革命的前奏。

4. 在当代社会，儿童开始受到尊重和爱护，这必然会使儿童教育、包括学前教育受到社会的重视与扶植。目前西方"儿童优先"已取代过去的"女士优先"。"儿童优先"已成为新的道德规范，儿童真正成为社会注目的对象。除此以外，儿童的思想和儿童的生活所蕴含的深刻内涵也开始受到成人的注意。虽然人们对儿童思想和儿童生活的内蕴的认识还处于蒙眬状态，但是成人已试图在儿童的生活中追寻生活的意义了。对儿童的进一步关注，有利于学前教育实践的发展；对儿童的进一步认识，有利于学前教育理论的发展。

上述的内外部条件，尤其是学前教育的自我反省和不满现状，表明学前教育的理论发展已到了发生飞跃的边缘。我们应该抓住时机，促成这种飞跃的实现。

第二节
中国学前教育展望

一、21 世纪将是一个更为光辉灿烂的"儿童的世纪"

1899 年，瑞典作家、教育家爱伦·凯曾预言 20 世纪将成为"儿童的世纪"。如今一个世纪过去了，这一预言成为现实了吗？

在 20 世纪，皮亚杰、格塞尔等心理学家对儿童的心理世界曾进行深入的研究，杜威、蒙台梭利等教育家将儿童置入教育过程的中心。而在哲学界、文艺界等领域，泰戈尔、马修斯、李普曼等许多人士在儿童那里发现了成人所不具有的品质、智慧和能力。联合国通过了《儿童权利宣言》和《儿童权利公约》，用法律手段保护儿童的权益。时代精神的光辉开始照在儿童身上。

处于20世纪与21世纪的交会点上，我们可以说，与以往所有的世纪相比，20世纪大致可称得上“儿童的世纪”。爱伦·凯的预言基本上变成了现实，尽管在世界范围内，儿童的生存状况、儿童的教育状况以及儿童权益的保护工作还存在着许多不尽如人意的地方。

在当今的中国和世界，有的学者提出“向儿童学习”的主张。事实上，这一主张是有其长久历史的。古代哲人老子曾指出圣人的精神状态宛若赤子、婴孩，明代哲学家李贽曾提出有巨大影响的“童心说”，英国诗人华兹华斯曾写出著名的诗句“儿童是成人之父”，丹麦作家安徒生在《皇帝的新衣》中让一个幼童拯救了说谎的腐败的成人社会。蒙台梭利曾提出“向儿童学习”的口号，她认为儿童将帮助成人社会不断地实现更新和完善……今天有关“向儿童学习”方面的材料更广泛、更丰富。

“向儿童学习”这一口号可以帮助教师乃至于整个成人社会认识儿童，尊重儿童，建立更为民主的师生关系，建立更为民主的儿童与成人的关系，这一口号将会使成人社会从儿童生活里得到滋养，从儿童文化中得到“反哺”。我们相信，“向儿童学习”的研究以及成人“向儿童学习”的信念将使儿童空前地凸显在历史与人群之中，他们将获得前所未有的地位和尊严。

在21世纪，儿童研究、个体发生学研究将会成为教育学、心理学、哲学、伦理学、美学、艺术学等领域的重要课题，儿童研究、个体发生学研究将会帮助人们更为深入地了解这些领域的基本概念和基本命题；在21世纪，随着人类在科技、经济、精神等方面文明程度的提高，儿童的权益保护、儿童的生活质量以及所接受教育的质量都将相应地得到进一步的保障和提高……

我们相信与20世纪相比，21世纪将是一个更加光辉灿烂的“儿童的世纪”。

二、21世纪将会建立与世界保持同步同时又适合我国国情的现代学前教育理论

我国近现代形态的学前教育从其产生开始，就受到西方教育理念

的强烈影响。我们先是借鉴甚至在某种程度上移植东邻日本的学前教育建制、模式及观念，杜威来华后我们又开始学习欧美的儿童教育学说，陶行知、陈鹤琴甚至在杜威学说的基础上试图建立有自己民族特色、适合中国国情的儿童教育(包括学前教育)理论与实践。陶行知、陈鹤琴的这种努力在1949年以后曾一度受到了批判和否定。但事实证明，他们的种种尝试对于我国学前教育的发展产生了重要的积极的作用。

改革开放后，我国的学前教育又重上征程，艰难地走在理论探索的道路上。我们的前进在很大程度上是一种恢复，我们试图将我们的探索与当年陶行知、陈鹤琴、张雪门等教育家的追求接续起来。与此同时，我们又像陶行知、陈鹤琴、张雪门等人当年所做的那样，又向被我们曾一度反对的美国的“进步教育”和欧洲的“新教育”等现代教育理论学习。我们的理论与实践看似有许多发明，但是万变不离其宗，甚至有的做法、有的说法还远不如杜威、蒙台梭利的高明。不过，我国的学前教育又确实在探索，在前进。中国有自己的国情，西方的现代观念要与中国的国情相结合，变成中国本土的东西，才有可能在中国发挥其重要作用。

在世纪交会时刻，我们尝试着建立有中国特色的学前教育，怎样建立？我国的学前教育工作者自觉地将自己的理论视野打开，走得出去，又回得进来。“走得出去”，就是要向相邻学科乃至于全部的人文科学、社会科学、自然科学学习，要向国外先进的学前教育理论学习；“回得进来”，就是要将所学的这一切消化吸收，为我所用，成为学前教育观念不断成长的营养成分。只有“走得出去，又回得进来”，我们才有可能在汲取教育史特别是学前教育学历史上一切精华的基础上，建立体现时代精神、民族特色、现代科学水平、与世界同步的现代学前教育理论。

三、21世纪中国学前教育的理论架构中“儿童发展”将真正成为一个关键词

在儿童教育思想的发展史上，那些对儿童教育观念作出贡献的人

物都是以下述观念为基础的：对儿童及其发展进行深入认识，同时，不断强调儿童在教育过程中的主体地位。也就是说，儿童教育思想史是不断强调下述观念的历史：强调儿童是发展的主体，强调儿童成长的内部原因存在于儿童自身，强调教育是儿童发展的外部因素（尽管它不可或缺），强调教育这一外部因素必须通过儿童内部的发展机制才能发挥其预期的作用……在儿童教育的这一思想史中，现代教育理念就是在不断强调这种观念的过程中逐步发展起来，逐步凸显出来，并逐步与旧教育观分道扬镳的。

传统教育观念强调知识获得，强调“美德袋”的灌输，强调成人中心主义的师生关系等等。应试教育便是一种较为典型的传统教育模式。我国近年来出现的素质教育思潮便是针对应试教育而发的。素质教育最初反对的是应试教育在实践层面上存在的种种弊端，但随着素质教育研究的不断深入，人们将会对应试教育背后的原因——传统的教育观念进行理论的反思，进而使素质教育思潮逐步发展为一场反对传统教育观念、建立现代教育理念的运动。“素质教育”这一提法中的“素质”一词本来是模糊不清的，因而屡遭非难。但随着素质教育研究的深入，人们将会发现，所谓教育要落实在“素质”上，实际上就是要落实在儿童身心的发展质量方面，而不是落实在儿童脑瓜里能记诵多少陈芝麻烂谷子或所谓多少“现代科学知识”上。

大约在杜威之前约一个半世纪，卢梭评论道：“那些最聪明的著作家专门论述一个人应知道什么，却不问一个儿童能够学习的是什么。”①杜威在他1915年出版的著作《明日之学校》中高度评价了卢梭对传统教育的批评。众所周知，杜威认为，教育即生长。然而在这本书中，杜威坦言这是取之于卢梭的观念。他说：“教育不是从外部强加给儿童和

① [美]约翰·杜威著，赵祥麟等译：《学校与社会·明日之学校》，人民教育出版社1994年版，第221页。

年轻人某些东西，而是人类天赋能力的生长。从卢梭那时以来，教育改革家们最强调的种种主张，都源于这个概念。”①杜威深受卢梭的著作《爱弥儿》的影响。从这部书中使他觉悟到传统教育“不去研究儿童在生长中所需要的究竟是什么，只是拿成人所积累的知识，也就是和生长的迫切需要毫不相关的东西强加给儿童”。② 这些观念用于批评我们的应试教育应当是非常恰当的。如果想要实现儿童教育的现代化，我们就必须从两个半世纪以前的卢梭以及20世纪上半叶的杜威等人那里寻找理论基础；我们必须认识到，儿童教育应当尊重儿童的发展；我们应当认识到，儿童教育应当以儿童的发展作为教育的起点和归宿。

也许有人会认为这是“儿童中心论”的观念。事实上，儿童中心论并没有错，错的是那些指责儿童中心论的人，他们错误地认为儿童中心论与社会对儿童发展的需要是矛盾的、对立的。事实并非如此。被看作“儿童中心论”代表人物的杜威一直试图调解个体本位论与社会本位论之间的对立，他强调儿童是教育的中心，但同时他又认为“教育是社会进步和社会改革的基本方法”。③

儿童总要成为成人，成为社会的一员，成为文化的继承者和建设者，因而，儿童教育是不可能回避社会对儿童的种种要求的。儿童中心论者认为这种社会需要无可厚非，但欲实现这一需要，仍然要考虑到儿童发展的特点和规律，只有按照儿童的本性实施相应的体现社会需要的教育，才能真正实现社会对儿童发展的要求，也才能真正实现教育对社会进步的推动。儿童中心论者的这一认识并没有错。

在21世纪，在学前教育理论的建构过程中不断强调“儿童发展”这一概念，让人们重视这一概念，我们还有许多工作要做。然而无论如何，“儿童发展”这一概念将是21世纪中国学前教育学中的一个关键词。

① [美]约翰·杜威著，赵祥麟等译：《学校与社会·明日之学校》，人民教育出版社1994年版，第221页。

② 同上，第222页。

③ 同上，第15页。

参考文献

1.《陈鹤琴教育文集》,北京出版社 1983 年版。

2.《张雪门幼儿教育文集》,北京少年儿童出版社 1994 年版。

3.《张宗麟幼儿教育论集》,湖南教育出版社 1985 年版。

4. 戴自俺、龚思雪主编:《陶行知幼儿教育的理论与实践》,四川教育出版社 1987 年版。

5. [捷]夸美纽斯著,傅任敢译:《大教学论》,人民教育出版社 1984 年版。

6. [法]卢梭著,李平沤译:《爱弥儿》,商务印书馆 1994 年版。

7. [瑞士]裴斯泰洛齐著,夏之莲译:《裴斯泰洛齐教育论著选》,人民教育出版社 1992 年版。

8. [意]玛丽亚·蒙台梭利著,马根荣译:《童年的秘密》,人民教育出版社 1990 年版。

9. [意]蒙台梭利著,任代文主译校:《蒙台梭利幼儿教育科学方法》,人民教育出版社 1993 年版。

10. [美]约翰·杜威著,赵祥麟等译:《学校与社会·明日之学校》,人民教育出版社 1994 年版。

11. [美]约翰·杜威著，赵祥麟、王承绪编译：《杜威教育论著选》，华东师范大学出版社 1981 年版。

12. [英]伯特兰·罗素著，欧阳梦云等译：《幸福之路》，文化艺术出版社 1998 年版。

13. [瑞士]C. G. 荣格著，刘光彩译：《怎样完善你的个性》，中国国际广播出版社 1989 年版。

14. [瑞士]荣格著，刘国彬等译：《回忆·梦·思考——荣格自传》，辽宁人民出版社 1988 年版。

15. [德]埃利希·诺依曼著，高宪田等译：《深度心理学与新道德》，东方出版社 1998 年版。

16. [瑞士]皮亚杰著，左任侠等译：《皮亚杰发生认识论文选》，华东师范大学出版社 1991 年版。

17. [瑞士]皮亚杰著，傅统先译：《儿童的语言与思维》，文化教育出版社 1980 年版。

18. [瑞士]皮亚杰著，傅统先译：《儿童的心理发展》，山东教育出版社 1982 年版。

19. [瑞士]皮亚杰著，卢睿译：《皮亚杰教育论著选》，人民教育出版社 1990 年版。

20. [瑞士]皮亚杰著，傅统先、陆有铨译：《儿童的道德判断》，山东教育出版社 1984 年版。

21. [瑞士]皮亚杰、英海尔德著，吴福元译：《儿童心理学》，商务印书馆 1980 年版。

22. [苏]维果茨基著，余震球选译：《维果茨基教育论著选》，人民教育出版社 1994 年版。

23. [美]大卫·埃尔金德：《儿童发展与教育》，华东师范大学出版社 1988 年版。

24. [日]小原国芳著，由其民等译：《小原国芳教育论著选》，人民教育出版社 1993 年版。

25. [苏]苏霍姆林斯基著，唐其慈等译：《把整个心灵献给孩子》，天津人民出版社 1981 年版。

26. [美]Richard H. Hersh 等著，单经文等译：《道德发展与教学》，台湾五南图书出版公司 1989 年版。

27. [挪威]乔斯坦·贾德著，萧宝森译：《苏菲的世界》，作家出版社 1996 年版。

28. [挪威]贾德著，李永平译：《纸牌的秘密》，昆仑出版社 1997 年版。

29. [苏]阿瓦涅索娃等编著：《学龄前儿童教育》，教育科学出版社 1984 年版。

30. [美]乔治·A. 比彻姆著，黄明皖译：《课程理论》，人民教育出版社 1989 年版。

31. [加]罗比·凯斯著，吴庆麟等译：《智慧的发展》，上海教育出版社 1994 年版。

32. [美]威廉·卡尔文著：《大脑如何思维》，上海科学技术出版社 1996 年版。

33. [美]加雷斯·皮·马修斯著，陈国荣译：《哲学与幼童》，三联书店 1989 年版。

34. [美]H. 加登纳著，兰金仁译：《艺术与人的发展》，光明日报出版社 1988 年版。

35. 陈帼眉、冯晓霞编：《学前心理学参考资料》，人民教育出版社 1991 年版。

36. 卢乐珍主编：《幼儿道德启蒙的理论与实践》，福建教育出版社 1999 年版。

37. 卢乐山主编：《学前教育原理》，北京师范大学出版社 1991 年版。

38. 史慧中：《为幼儿奠定良好的素质基础》，科学普及出版社 1997 年版。

39. 王克先：《学习心理学》，福建少年儿童出版社 1989 年版。

40. 章士嵘：《认知科学导论》，人民出版社 1992 年版。

41. 钟叔河编：《曾国藩家书》，湖南大学出版社 1989 年版。

42. 陈汉才：《中国古代幼儿教育史》，广东高等教育出版社 1996 年版。

43. 杜成宪、王伦信：《中国幼儿教育史》，上海教育出版社 1998 年版。

44. 杨汉麟、周采：《外国幼儿教育史》，广西教育出版社 1998 年版。

45. 滕大春：《今日美国教育》，人民教育出版社 1980 年版。

46. 唐淑等：《中国学前教育史》，人民教育出版社 1993 年版。

47. 日本世界教育史研究会编：《世界幼儿教育史》下册，吉林人民出版社 1986 年版。

48. 刘馨、霍力岩编著：《运动中成长》，华夏出版社 1994 年版。

49. 赵云:《儿童的语言世界》,书评书目出版社 1988 年版。

50. 王振宇等:《儿童社会化与教育》,人民教育出版社 1992 年版。

51. 刘润清编:《西方语言学流派》,外语教学与研究出版社 1995 年版。

52. [英]赫德森著,卢德平译:《社会语言学》,华夏出版社 1989 年版。

53. 朱曼殊等:《心理语言学》,华东师范大学出版社 1990 年版。

54. 赵寄石、楼必生:《学前儿童语言教育》,人民教育出版社 1993 年版。

55. 彭聃龄、谭力海:《语言心理学》,北京师范大学出版社 1991 年版。

56. 李绍珠、周兢等:《聋儿早期康复教育》,南京大学出版社 1993 年版。

57. 蒋风:《儿歌浅谈》,四川人民出版社 1979 年版。

58. 李宇明:《儿童语言的发展》,华中师范大学出版社 1995 年版。

59. 王一川:《语言乌托邦——20 世纪西方语言论美学探究》,云南人民出版社 1994 年版。

60. 王福祥、吴汉樱:《文化与语言》,外语教育出版社 1994 年版。

61. [美]R. 阿恩海姆著,滕守尧译:《艺术与视知觉》,光明日报出版社 1986 年版。

62. [苏]斯托洛维奇著,凌继尧译:《审美价值的本质》,中国社会科学出版社 1984 年版。

63. 滕守尧:《审美心理描述》,中国社会科学出版社 1985 年版。

64. 李季湄、肖湘宁:《幼儿园教育》,北京师范大学出版社 1997 年版。

65. 钟启泉:《现代课程论》,上海教育出版社 1989 年版。

66. 庞丽娟、李辉:《婴儿心理学》,浙江教育出版社 1993 年版。

67. 刘晶波:《师幼互动研究》,南京师范大学出版社 1999 年版。

68. 方意英主编:《社区服务——促进早期儿童发展的新途径》,北京医科大学、中国协和医科大学联合出版社 1995 年版。

69. 项宗萍、廖贻执笔:《六省市幼教机构教育评价研究》,教育科学出版社 1995 年版。

70. 潘仲茗等:《农村幼儿教育体系研究》,教育科学出版社 1999 年版。

71. 张文新:《儿童社会性发展》,北京师范大学出版社 1999 年版。

72. 刘晓东:《儿童教育新论》,江苏教育出版社 1998 年版。

73. 刘晓东:《儿童精神哲学》,南京师范大学出版社 1999 年版。

74. 刘晓东:《解放儿童》,新华出版社 2002 年版。

75. Joel Forst: *Play and Playscope*, Delmar Publishers Inc. New York, 1992.

76. Fischer, K. W. & Bidell, T. R.: *Dynamic Development of Psychological Structures in Action and Thought*, *in Handbook of Child Psychology*(W. Damon, Ed), N, R, Wiley, 1996.

77. Kohlberg L: *Collected Papers on Moral Development and Moral Education*, 1973.

78. Weber: *Ideas Influencing Early Childhood Education*, 1984.

79. Janet A., etc.: *Whole Language in Theory and Practice*, *in Language, Speech and Hearing Services in Schools*, Volume 21, October 1990.